刘仙洲传

王向田　编著

清華大學出版社
北　京

内容简介

本书是我国著名教育家、机械工程学家、中国机械史研究的开拓者刘仙洲先生的传记。刘仙洲先生是一位爱国的、先进的科学家，一生胸怀坦荡，严于律己，严谨治学，堪称学界楷模。本书以生动的记述、翔实的资料、珍贵的图片，展现了刘仙洲先生热爱祖国、热爱人民、追求真理，最终成为优秀的共产主义战士的光辉一生；讲述了他数十年如一日从事工程教育和机械工程史研究的勤奋笃实，以及为我国教育事业、科学事业作出的非凡贡献。

全书由十八章及附录组成。第一章至第十四章，讲述刘仙洲先生一生的经历；第十五章至第十八章，讲述他在工程教育、机械史、中国古代农业机械发明史、中国农业机械化方面的贡献。本书的读者对象包括教育工作者，机械行业、机械史、教育史工作者，大中学生等。

图书在版编目（CIP）数据

刘仙洲传 / 王向田编著 . — 北京：清华大学出版社，2021.4
ISBN 978-7-302-57804-8

Ⅰ . ①刘…　Ⅱ . ①王…　Ⅲ . ①刘仙洲－传记　Ⅳ . ① K826.16

中国版本图书馆 CIP 数据核字（2021）第 056266 号

责任编辑： 刘　杨　冯　昕
封面设计： 钟　达
责任校对： 王淑云
责任印制： 沈　露

出版发行： 清华大学出版社
网　　址： http://www.tup.com.cn, http://www.wqbook.com
地　　址： 北京清华大学学研大厦A座　　**邮　　编：** 100084
社 总 机： 010-62770175　　**邮　　购：** 010-62786544
投稿与读者服务： 010-62776969, c-service@tup.tsinghua.edu.cn
质量反馈： 010-62772015, zhiliang@tup.tsinghua.edu.cn
印 装 者： 三河市金元印装有限公司
经　　销： 全国新华书店
开　　本： 160mm×230mm　　**印　　张：** 17.75　　**字　　数：** 251千字
版　　次： 2021年4月第1版　　**印　　次：** 2021年4月第1次印刷
定　　价： 68.00元

产品编号：091900-01

前　言

刘仙洲，我国著名教育家、机械工程学家、中国机械史研究的开拓者。原名鹤，又名振华，字仙洲（后以字行）。1890 年 1 月 27 日出生于河北完县（今河北顺平县）。先后就读于保定崇实中学、育德中学。1913 年入北京大学预科，次年考取河北省公费生，入香港大学机械系就读。1918 年毕业，曾在育德中学附设留法勤工俭学高等工艺预备班、保定甲种工业学校及河北大学等任教。1924—1928 年出任北洋大学校长，后执教于东北大学和唐山交通大学工学院。1932 年 8 月起，执教于清华大学机械工程学系，此后四十多年一直在清华大学（抗战期间在西南联合大学）任教。新中国成立后，历任京津高等院校调整清华大学筹备委员会主任委员、清华大学副校长和第一副校长，卓有成效地协助蒋南翔校长领导清华大学工作，对清华大学和新中国高等教育事业发展作出重要贡献。1955 年荣膺中国科学院首批学部委员。还曾担任中国机械工程学会副会长（副理事长）、中国农业机械学会理事长等学术职务，河北省人民政府委员、华北行政委员会委员、第一届至第四届全国人大代表等社会职务。1975 年 10 月 16 日在北京逝世。

刘仙洲是一位爱国的、先进的科学家。早年 1908 年加入同盟会，曾参加山西太原倒袁运动等。1955 年，他以 65 岁高龄加入中国共产党，是解放初期最早入党的知名老教授之一，在国内外引起强烈反响。从同盟会员到共产党员，他强烈的爱国主义精神随着时代的进步而升华。

刘仙洲曾用六个字概括自己的一生：读书、教书、写书。他立志“教育救国”“科学救国”，怀着强烈的使命感和责任感改进和发展中国工程教育。当他认定“工读协作制”是适合中国国情的理想工程教育模式后，就满怀热情，不遗余力地积极倡导。虽多次受挫，仍无怨无悔。在教学和科学研究中，他具有强烈的民族意识。无论是带头编写中文教材，统一机械工程名词，还是研究中国机械工程发明史都饱含了他热烈的爱国思想与富国强民的良苦用心。他生平著述约三百万字，编写了十余种大学和中等专业学校的教科书。其中，《机械原理》《经验计划》《热工学》等，是我国最早自己编写的一批工科大学中文教科书。他编订的《英汉对照机械工程名词》，促进了我国机械工程名词的逐步统一。他还结合国情研究农业机械，参与主持制订我国农业机械化电气化的长远规划。作为中国机械史、农业机械史研究的开创者和奠基人，其研究活动和成果影响深远。

刘仙洲是一代教育名家，执教五十多年，治学严谨，教学严格，桃李满天下。他以严格认真的作风，培养、影响了中国几代机械工程人才。

科学家取得的成就可能会被后人超越，他的爱国情怀、科学精神却历久弥新。2020 年是刘仙洲先生诞辰 130 周年，2021 年是他服务多年的清华大学建校 110 周年。值此，特以此传记梳理他一生的事迹和贡献，以示纪念。

刘仙洲先生德高望重，成就卓著。由于他多方面的巨大贡献和深远影响，多年来有关宣传、研究和纪念从未间断，报刊刊载多篇、各类文章，1990 年清华大学出版社出版了《刘仙洲纪念文集》。本书是刘仙洲先生的传记，完整记述了刘仙洲先生的一生经历及贡献，全书由十八章及附录组成。第一章至第十四章，讲述刘仙洲先生的一生经历；第十五章至第十八章，讲述他在工程教育、机械史、中国古代农业机械发明史、中国农业机械化方面的贡献。本书的附录，由刘仙洲生平活动年表、主要论著目录、代表性著述节选组成。其中，代表性著述节选收录了他自 20 世纪 20 年代《我国工业教育当酌采工读协作制意见书》到五六十年代《清华大学 1958 年科学研究工作的总结》等十篇文章，涉及工程教育、机械发明史、加入中国共产党、学校教育工作等各个方面。

在刘仙洲先生近七十年的教育和学术生涯中，除去抗战期间远赴昆明西南联大执教及 1946—1947 年赴美考察之外，他在清华园工作、生活了约三十三年。自 1932 年到清华执教至 1975 年去世，他与清华大学的渊源超过四十年。他为清华大学的建设和发展付出了多年的心血。为他作传，作为清华大学校史工作者，责无旁贷；随着工作的深入，更多地领略到先生的高情远致和独特人格魅力，写作过程充满了乐趣。

本书大多是在日常工作之外的业余时间完成的，刘仙洲先生经历了从清末、民国到社会主义新中国三个历史时期，一生坎坷曲折，他涉猎广博，学术造诣深厚。限于作者的才疏学浅、时间的仓促、资料收集的不尽完整，本书难免存在不足甚至错误，欢迎读者批评指正。

本书在收集资料过程中，得到了清华大学校史研究室、清华大学档案馆、清华大学图书馆、中国第二历史档案馆等单位诸多同仁在资料方面的热情帮助。

本书是在清华大学校史研究室田芊教授、徐振明研究员、范宝龙研究员、金富军副研究员的支持和不断鼓励下写作并完成的，2006 年完成初稿，2019 年至 2020 年进行了增补、修订。

刘仙洲先生的贤孙刘明先生，清华大学科学技术史暨古文献研究所、所长冯立昇教授通读初稿，提出了中肯建议并无私提供相关资料。清华大学校史编委会副主任、原校党委常委孙道祥研究员耐心细致地通读初稿并提出详尽的修改意见。中国机械工程学会副秘书长陈超志先生对个别疑难问题提供了资料并提出了意见。孙铄、杨海龙、杜文斐等同学参与了资料查证及校核工作。

感谢专业、认真、负责、耐心的刘杨编辑，他的辛勤劳动使本书得以如期付梓。

对所有帮助、支持完成此书的人，一并表示深深的、诚挚的谢意！

作　者

2006 年 6 月完成初稿

2020 年 12 月修改

目　录

刘仙洲先生标准照

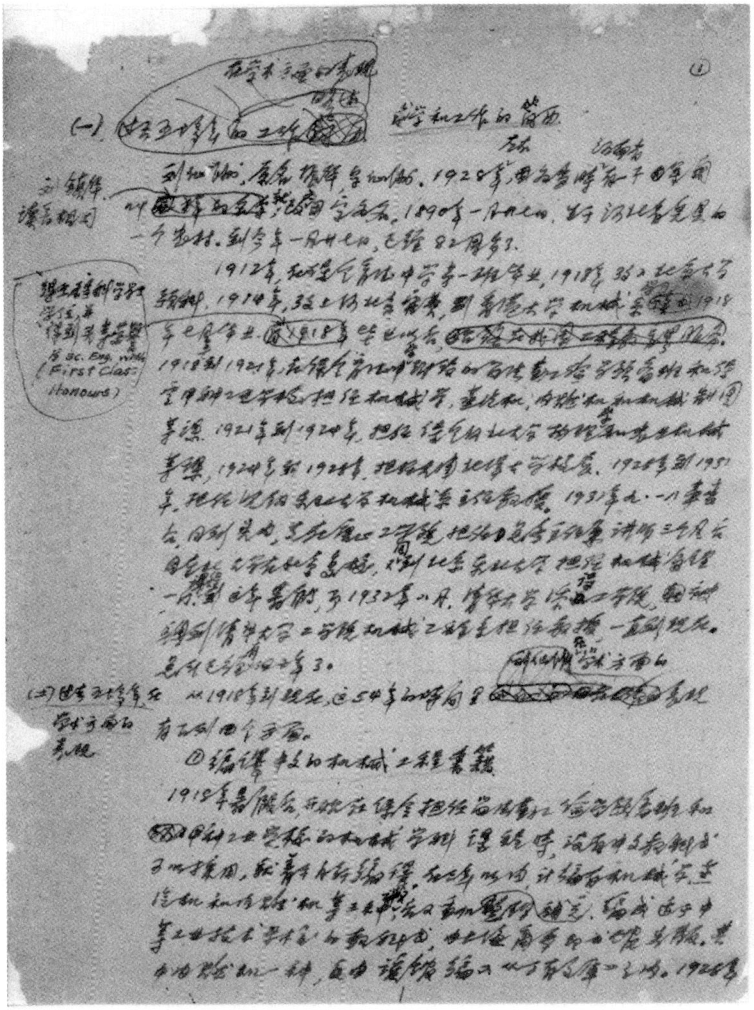

刘仙洲手迹："求学和工作的简历"（清华大学档案馆）

第一章　早年的求学经历

艰辛的童年[①]

刘仙洲，原名鹤，又名振华，字仙舟，又字仙洲（后以此字行）[②]，1890年1月27日出生于河北完县唐行店村的一户农家（完县即今河北顺平县），其父刘秉钧。唐行店是完县东北部比较偏远的一个小村落，东距保定城四十里[③]，东北距满城县十八里，西南距完县县城三十里。

刘仙洲长到四五岁时，和大多数孩童一样，最喜欢听人讲故事。慈祥的祖母很疼爱这个天真可爱的小孙子，常常满足他的要求。祖母最经常讲的、给刘仙洲留下终生难忘的印象的是刘家经历的艰难往事：

刘仙洲的曾祖是一位秀才（刘仙洲长大后，在本村的寺院里见到了曾祖写的碑，曾祖的身份是儒学增广生员），学问很好，在本村教私塾多年。那时家里有七十多亩地，尚可温饱度日。有一年，华北大旱，庄稼几乎颗粒无收，饥民啮草啖土，饿殍载道。刘家也遭受了沉重打击，日子困窘不堪。曾祖连饿带病卧床不起，病中只有稀薄得照得见影子的小米粥可吃，他对家人感叹："我们几时才能够吃上把筷子插上去不倒下来的粥啊！？"病中卧床的老人尚且感到饥肠辘辘，终日劳作的精壮劳力更是备受煎熬。曾祖身体虚弱，嘴里没有味道，想吃一点点咸菜，家里都没有。刘仙洲的祖母拿个碗到邻家讨，走了几家，赔着小心，最后才讨到几根腌的倭瓜茎，老人家很满意，说："吃着很好。"祖母一阵心酸，几乎掉下泪来。

曾祖去世时，因为是读书人家，丧葬按习俗要办得体面一些，不得已，

---

① 刘仙洲：《我在求学时期的一些艰苦经历》，清华大学档案馆藏。

② 后改名刘仙洲，为叙述简便清晰，全书始终以"刘仙洲"称呼之。

③ 1里=500米。

家里卖了七十来亩地。灾荒年间，地价极低，每亩地买主只肯出一千八百文，还附带了苛刻的条件：一定要卖死契[①]。这件事过后，家里只剩了祖母的体己地六七亩没有卖掉，全家陷入了极其艰苦的日子。

刘仙洲的祖父是个克勤克俭、善于持家的人，他下定决心重整家业，带领全家起早贪黑，努力劳作。在祖父的统一调度下，一家人就像辛勤的蜜蜂一样终日忙碌，男耕女织，一年到头很少有空闲的工夫。男人们农忙时到田间劳动，农闲时到外村打短工。刘仙洲的祖母、姑母、母亲、叔母都纺纱织布，母亲还用蓝靛替人染蓝布，得些工资。

辛勤劳作之外，还加以极度的节俭：只有干重活的男子才能吃得好一点；冬季一般不买白菜，或到人家的菜园拾点废弃的菜帮、菜叶，或帮菜农装车，换取几棵菜带回家过年。祖母告诉小仙洲："我们的日子是从牙床上刮下来的。"在全家近三十年的刻苦努力下，到刘仙洲七八岁时，家境已渐有起色，陆续购置田地一百二三十亩，还使上了两只牲口。

长期艰苦的日子使祖父的性格受了很大影响，他非常节俭。刘仙洲晚年回忆，幼年时曾跟着祖父赶集，卖棉花或卖白薯，清晨上路，下午四五点钟才能回家。中午在集上祖父只让花很少的钱买两个烧饼或一碗"饸饹"[②]充饥，说："不太饿就行，家去再吃。"他终身勤劳和俭朴，最恨吃闲饭的人，在83岁临终前不久，还常到地里劳作，最后一次由地里回家时，背上还背着一个筐。

惨痛的生活经历使祖父重视生产劳动，非常不情愿拿出钱来培养子女学文化受教育。他经常以曾祖为例教育小仙洲，说曾祖"念书念得不错，到老了落个饿死！念书有什么用？！不如好好地学习做活"。在那个时代，祖父身为一家之主，对家里大小事情说一不二，他轻视读书的态度自然给刘仙洲后来的求学造成了不少困难，拿出几十甚至几百元送孙子到外边学校念书，他无疑是

---

① 从前乡间出卖土地，有活契（即典契）、死契（即卖契）之分，活契指在规定期限内可以赎回，死契则不许赎回。

② 一种杂粮面做的面条。

舍不得的。

刘仙洲的童年，就是在这样一个勤劳简朴的农家度过的。

在私塾读书

1897年刘仙洲7周岁时，入了本村田家办的私塾读书。先生思想陈旧，教学方法老套，信奉“读书百遍，其意自见”，从不给学生们讲解文章含义，只要求会认字写字，能背诵。如此三年下来，刘仙洲识了不少字，“念了一些《三字经》《百家姓》《千字文》《大学》《中庸》《论语》《孟子》之类”[①]，但对文章含义却只是似懂非懂、模模糊糊。

1900年（光绪二十六年），即庚子年，义和团起事，八国联军入侵中国，古老神州风雨飘摇。自鸦片战争以来，帝国主义进一步瓜分中国，洋教恃帝国主义势力，欺压中国人民。清朝政府惧洋压民，又遇光绪二十五年大旱，百姓无衣无食。在忍无可忍的情况下，保定地区村村学拳，迎师立场，红巾黄带，千百成群，往来游荡，无处不有。八国联军从塘沽登陆后，一路烧杀抢掠，逼近北京。7月，北京失陷，西太后、光绪皇帝西逃，守卫京、津的清军和义和团多集于保定周围。直隶总督李鸿章命直隶各军遇洋兵切勿开仗。由天津出发的法军，于闰8月19日抵保定。由北京向保定进发的英、法、德、意四国军队，23日到达保定。侵略联军所到之处，奸淫烧杀、肆意抢掠，大肆搜捕、屠杀“拳民”，被诬陷者甚众。侵略军逮捕了布政使廷雍、城守尉奎恒、淮军统领王占奎，以廷雍等三人纵拳杀西人、烧洋房为罪名，将其押至南城外凤凰台（义和团杀

① 刘仙洲：《我在求学时期的一些艰苦经历》，清华大学档案馆藏。

英、美传教士处）枭首示众。至清政府和侵略联军订立了“辛丑条约”后，侵略军方撤离保定。

这年 9 月，刘仙洲跟随家人到离家十八里的辛庄村亲戚家避乱。辛庄村坐落在山里，相对安全一些。这期间，他的学业被迫中断，经常跟着亲戚上山打柴割草。那些兵荒马乱的日子里，满清政府的腐朽衰败、帝国主义列强恃强凌弱的野蛮行径给年幼的刘仙洲留下了终生难忘的印象。

避乱期间，出现了一位影响刘仙洲学业的重要人物——史振声。史振声，刘仙洲本族姑母家的表兄，原住在清苑县张登镇，因庚子之难逃到刘仙洲的家乡。他是个秀才，学问很不错，也很有见识。逃难期间，为谋生计，他在刘仙洲家里办了个私塾，由刘家提供住宿和伙食。1901 年到 1904 年夏，刘仙洲跟着史振声读了三年书。刘仙洲性格文静，读书时很专心，对很多问题有自己独到的见解。史振声很喜欢这个学生，拿出自己的全副本领，尽心尽力地教，让他把四书重念了一遍，还念了《诗经》《左传》《唐诗》。和以前的先生不同的是，史振声先把书详细讲解后再让学生背诵，这样便于学生深入理解掌握。刘仙洲许多以往读书时迷惑不解的问题得到了解答。

史振声的思想非常开明，甚至允许学生课余时间看诸如《封神演义》《水浒传》《三国演义》这些被一心只读圣贤书、专攻科举的读书人所不屑的“杂书”。刘仙洲兴奋地读了一本又一本。几年下来，他博览群书，养成了勤于学习、勤于思考的良好习惯，不仅学业突飞猛进，而且对中国古典文化产生了浓厚兴趣，打下了深厚的古文功底，培养了文化素养，为以后做文章，乃至从事中国机械史的研究奠定了坚实基础。

转眼到了 1905 年正月，刘仙洲满 15 周岁了，祖父看着已长成英俊少年的孙儿，非常欣慰，但他还是固执地不太愿意让孙儿继续求学。史振声先生认定刘仙洲是可造之才，亲自出马并发动亲友们一再劝说，祖父终于同意让孙儿外出求学。

很快，刘仙洲到了满城县西茼村陈家私塾，跟着王聚五先生学做文章。在此之前，尽管读了几年书，刘仙洲还从未做过文章，而学做八股文是走科举之路的必备的敲门砖。开学几天后，王聚五先生出了个文题试试学生的水准。直到晚年，刘仙洲还清楚地记得先生出的题目是“主忠信”。刘仙洲略作思考，试着写了二三百字交上去。先生看后大为惊异，竟说他以前一定做过这个题目。这年3月王聚五先生就让刘仙洲参加县考，考题是“立身行道，扬名于后世，以显父母，孝之终也义”和“专制、立宪、共和三种政体得失论”等。恰恰这年9月2日，清廷下诏宣布废止科举制，中国历史上实行了一千三百年的科举制度从此成了历史上的名词。由此开始，一个贯穿百年的现代化教育在中国艰难地兴起。刘仙洲参加的这次县考也就不了了之。

废除科举后，学而优则仕的读书人没有了出路，在苦闷、惆怅、无奈之后，为了生计，他们不得不另谋出路。10月间，陈家私塾散了馆。刘仙洲的科举之路虽然中断，所幸的是，八股文之外，王聚五先生还教了一些笔算，并使刘仙洲接触到一些新学报刊，拓宽了他的知识面。

断断续续的私塾就读期间，刘仙洲始终没有中断参加农业生产，这是家里老人们，尤其是祖父的主张。刘仙洲最经常干的虽然只是送水送饭、帮耧①、点豆、摘棉花尖、摘豆角等轻活，但仍使他真真切切地接触了农业劳动，了解了农民的疾苦。在农村生活、参加生产劳动的经历甚至影响了刘仙洲以后的学术研究方向。他在新中国成立后回忆这段往事：

> 在这一段时间的农村劳动训练，对我的益处是很大的。我自一九二一年华北五省大旱后就注意搞水车，参加河北省工作后，就特别注意全省的农田水利和一九四六年有机会到美国进修时，就搞农业机械，以及始终对农民有深厚的感情，都是和对农村艰苦的情况有亲身的了解有关系的。②

---

① 播种时在前面拉着牲口，使它走直。

② 刘仙洲:《我在求学期间的一些艰苦经历》，清华大学档案馆藏。

在高小读书

科举制废止后，祖父认为刘仙洲已经识文断字，文化程度足以应付日常生活，不必再去念书，应该留在家中成家立业，学些发财致富的本领。此时的刘仙洲已非懵懂孩童，不愿重走老一辈人盖房买地置田产的旧路。他已初步见过一些世面，感受到了外面世界的不同，见识了人类创造的精神文明之丰富，萌生了进一步学习的强烈愿望。

不久，传来了完县高小（当时全县只有一个高小）在1906年正月中旬招考的消息，刘仙洲向家中老人们请求报考，不出意外遭到了祖父的拒绝。无奈，他只好再次请来本村的亲友们代为说情，直到考期前一天的下午，终于得到祖父的允许。这个来之不易的许可使刘仙洲既激动又兴奋，一家人决定当夜就由父亲陪伴刘仙洲步行去完县县城投考。

那时的农家，家里没有钟表。生怕误了考试时间，夜半时分，父子俩就冒着刺骨的寒风动身出发，徒步三十里赶到完县县城，到完县县城东门时天还没亮。因刘仙洲事先没有参加报名，父亲决定先去投奔刘仙洲的表舅、在城里开店铺的刘幹忱，请他帮忙找学校临时报名。刘幹忱家在完县县城东南亭乡西庄，离城八里。时间太早，城门未开，父亲说："索性我们先到你表舅家里去看一下，如果他在家，就请他和我们一同来；如果不在家，就一定在城里，我们再回来也不晚。"[①] 不顾劳顿，父子俩赶到刘幹忱家，扑了个空。又奔向完县县城南门，这时城门才开。几经周折，父子俩在店铺中找到了刘幹忱。匆匆说明来意后，刘幹忱请他们用过简单的早点，即带他们到学校报上名。约一个小时后，考试开始。出了两道算数题，刘仙洲胸有成竹，不但做对了，还给加上

① 刘仙洲：《我在求学期间的一些艰苦经历》，清华大学档案馆藏。

了解说。国文题是“作新民”。刘仙洲跟王聚五先生念书时，已看过《中国魂》《新民丛报》等进步书刊，略作思考，一挥而就。五六天后发榜，刘仙洲以第一名的优异成绩被录取。

1906 年春，刘仙洲进入完县高小读书（当时是春季始业）。入学后，刘仙洲如饥似渴地学习，因为成绩优异、为人正派被同学们推选为班长。

完县高小离唐行店村三十里，为节约路费，刘仙洲假期往返都是步行。暑假在家时，他仍旧下地劳动。

秋去冬来，转眼到了年底，学校里发生了一件意想不到的事：年底那一个月，因放假在即，在学校吃饭的日期只有半个月，学校却仍让学生按整月交纳饭费四千文，说是学校有亏空，要拿学生们多交的饭费补。这事引起了一片哗然，学生们大不以为然：学校的亏空，应由学校想办法，怎么可以揩学生的油？正直质朴、品学兼优的刘仙洲被学生们推举为代表与学校交涉。校长态度蛮横，对学生们的要求竟以开除学籍相威胁。学生们忍无可忍，索性闹起风潮来，向县长递呈控告校长，并试图联合一些士绅与校长作一番较量。在腐朽没落的清末，官官相护是普遍的风气，学生们“造反”的结果可想而知：他们败下阵来。这位校长并不爱惜人才，为杀一儆百，开除了为首“闹事”的五名学生，刘仙洲是头一个！

第二章　辛亥革命中的热血青年

投考保定崇实中学

被完县高小开除后，刘仙洲回到了家乡。他没有为自己的正义行为后悔，但惋惜失去的学习机会。时间一天天过去，他身在乡村，心却时时渴望着继续外出求学。1907 年春，唐行店村办了一个小学，约二十多个学生，村里请刘仙洲担任教师，他爽快地答应，明确提出不要报酬，贯穿他一生的热心教育、不计个人得失的特点此时已初见端倪。因为求学心切，他还提了另一个要求：半年或一年以后，遇到考学校的机会他即去考学，考上后，要允许他离职。

这年暑假，刘仙洲考上了位于保定北关的崇实中学。崇实中学是保定高等师范学堂的教务长（那时叫教务提调）李备六（谐瑛）[①] 和国文教员步梦周（以庄）等创办的。刘仙洲找到了一位姓李的老师做他的后任，为本村的小学做了妥善的安排后，即启程赴保定读书。

保定，位于河北省中部，地处首都南大门，与北京、天津三足鼎立，有着独特而优越的地理环境和区位优势，素有"京畿首善之地"的美称。保定历史悠久，是尧帝的故乡，春秋、战国时期，燕、中山就在境内建都，具有三千多年历史，是全国历史文化名城。在中国近、现代革命史上，保定作为北方的文化中心城市，一直站在时代前沿。刘仙洲走出乡村，来到保定，开始了他一生中重要的一个时期，这一年，他已 17 岁。

从乡村到县城，从私塾到正规学校，刘仙洲进入了一个全新的环境，眼界开阔了许多。他珍惜这次的学习机会，入学后，"非常地努力学习，学期考试的成绩，几乎是平均一百分"[②]，因品学兼优被推选为班长。这个聪敏好学的

① 括号中为名，如李备六，名谐瑛，字备六。其他人名字同此。
② 刘仙洲：《我在求学期间的一些艰苦经历》，清华大学档案馆藏。

学生引起了一些进步教师的注意。

20 世纪初的保定地区，聚集了一批革命志士。崇实中学的不少教员是中国同盟会会员，他们思想进步，充满革命热情，理化教员陈幼云就是其中的佼佼者。陈幼云，名兆雯，字幼云，他在日本留学期间追随孙中山进行革命活动，加入同盟会。1906 年冬，陈幼云在日本弘文学院毕业后，奉孙中山之命返国回到保定，受聘于崇实中学，主讲数学、物理等学科。他以教学为掩护，秘密筹组同盟会河北分会，策动同仁反清。他遵循孙中山的组织方针，重点联络教育界的知识分子。他将从日本带回的《民报》《天讨》《支那革命之运动》《革命军》等进步书刊在师生中传看，并经常托人购买革命书籍，宣传鼓动人们的革命热忱。陈幼云先后发展历史兼国文教员郝仲青（濯）、英文教员郭瑞浦（凤洲）、数学兼地理教员苏少衡（莘）等加入同盟会。这几位老师学问好，担任的又是主课，讲课效果好，在学生中威信很高。他们经常利用各种机会借题发挥，向学生宣传民族思想和革命思想。比如有一年年考，郝仲青先生出的国文题是“汤放桀武王伐纣论”，这在清朝统治时期，是不寻常的大胆行为，对于不少同学的思想都产生了影响。

这些进步教师对成绩优秀的学生尤其注意引导。好学的刘仙洲经常到老师宿舍求教，有一次，他到郝仲青先生的住处去问功课，郝先生拿出《民报》给刘仙洲看。《民报》是中国同盟会机关报，在国内进步分子中广泛流传，是辛亥革命时期比较著名的报刊。《民报》刊登的一系列文章以犀利的笔锋和严密的逻辑，从政治上、理论上、历史上对保皇派提倡的君主立宪以及清王朝的假立宪进行了系统的批判，同时宣传了资产阶级民主革命思想和革命党人的主张。刘仙洲翻阅了一下，觉得耳目一新，希望借回去再细看看。郝先生说：“可以，不过这是犯禁的书，要谨慎一些，先不要让一般同学看见。”刘仙洲如获至宝，“像偷着看父兄不让看的小说那样，一两天就看完一册，又去换别的。”[①] 在这样的环境里，在革命思想的熏陶下，刘仙洲等一批青年学生的思想进步得很快，开始关心国家大事，关注民族的未来。

① 刘仙洲：《辛亥革命先后保定革命运动回忆录》，清华大学档案馆藏。

加入同盟会、到育德中学读书

崇实中学校长高某思想顽固，当他觉察出几位老师有革命思想和行为后，就常常直接或间接地加以干涉。有一次他宣布了几十条开除学生的条例，其中有若干条是针对学生具有革命思想而制定的。陈幼云对此很为不满，而且高某的举措也限制了同盟会的行动。陈幼云决定辞职，于1907年冬离开崇实中学，在保定西关创办了育德中学，并出任该校第一任校长。1908年春，育德中学正式开学，陈幼云办学的目的，一是为了培养更多的革命青年，二是为中国同盟会提供在保定秘密集会的场所。

育德中学位于保定西关一座典型的清末时期砖木结构的四合院内，院内松柏苍翠，花木繁茂，幽静清雅。学校草创之初，经济拮据，且又谋教育之改革，实是让“智者忧，愚者笑，官府且视为狂妄”之事。陈幼云于万难之中挺身而出，发挥了其极强的领导能力和组织能力，除亲自教授数理化学之外，兼集校务于双肩。在教学之余，还纠合同志，策划革命。此时的陈幼云已成为华北革命的中心人物，育德中学亦成为华北同盟会活动的中心。

1908年春天，刘仙洲和同班同学贺季高（肇城）经郝仲青、苏少衡两位先生的介绍，加入了中国同盟会[①]，入会的仪式在保定西关张公祠（当时由育德中学租作教职员宿舍）举行。陈幼云先生是主盟人。刘仙洲、贺季高二人分别亲笔写下入盟誓词：“入盟人当天发誓，志愿驱除鞑虏，恢复中华，建立民国，平均地权。矢忠矢信，有始有终。倘渝此盟，俾众共弃。”随后入盟人、主盟人、介绍人分别签字。

这年冬天，崇实中学校长高某以看禁书为由给贺季高记了一大过，引起

① 刘仙洲：《辛亥革命前后保定革命回忆录》，载《辛亥革命回忆录》，374页，北京，文史资料出版社，1961年。

学生的普遍不满。大家涌入他的办公室和他理论，要求他收回成命。高某固执己见，还要开除刘仙洲、贺季高等带头的学生，致使两个班的学生声援刘、贺而罢课，并搬出学校住到客栈。后经育德中学校长陈幼云出面调停，把贺季高、刘仙洲等七名学生转入育德中学，其他学生仍回崇实中学学习。次年，郝仲青、郭瑞浦两位先生也离开崇实，到育德中学任教。

刘仙洲转入育德中学后，积极投身政治活动，他参与向保定各区各校印发宣传革命的材料，联络进步学生，在同盟会支部的领导下，在青年学生里成立了同盟会的外围组织——“实行会”（后曾改名为“共和会”），其中条件成熟的学生就被吸收入盟。不久，这个外围组织就遍及育德中学、保定高等师范、高等农业、法律学堂、陆军学堂、盲哑学堂、陆军小学等各校，力量大为增强①。在不到一年的时间里，保定军警学政绅界入会者不下千余人。

不久，陈幼云先生因操劳过度罹患肺病，他在病中仍坚持为实现共和而奔波。1909 年春病情加重，辗转床褥五六个月后不幸辞世而去，时年仅 31 岁。他临终时仍谆谆以同盟会事务及学校事务为念。

五十年后，刘仙洲回忆道：

陈先生气量宏毅，做事开展，对人诚恳和蔼，凡同他接触过的人多容易受他的感化。我记得他最后由家中来人接回家去养病的那一天，他把我叫到他的办公室，嘱咐我说：“将来的革命工作主要是你们青年的责任。我们学校的目的主要也是培养一些‘可靠的’青年（他对人的品质经常好说‘可靠的’三个字）。现在盟里和学校的事情有我们这几个‘破人’（因为他有病，所以自称为‘破人’）支撑着，你们应该在学问上努力，多作准备……”他这几句话使我极为感动，终身不忘。②

陈幼云辞世后，郝仲青被公推为校长，同盟会支部也推他为主盟人。

---

① 佚名：《胡鄂公节略》，载《武昌起义档案资料选编》下卷，203 页，武汉，湖北人民出版社，1983 年。

② 刘仙洲：《辛亥革命前后保定革命回忆录》，载《辛亥革命回忆录》，377 页，北京，文史资料出版社，1961 年。

投身辛亥革命

1911 年 10 月 10 日，武昌起义的枪声响起，辛亥革命爆发。辛亥革命推翻了统治中国二百六十多年的清王朝，结束了延续两千余年的封建帝制，刘仙洲积极投入这场伟大的变革中，接受了政治风暴的洗礼。

武昌起义的消息震惊了清王朝，急忙派陆军大臣荫昌率北洋军队赶往武昌镇压革命。但袁世凯一手培植起来的北洋军不听荫昌指挥，清政府束手无策。袁世凯的老友们乘机掀起一股拥袁登台的声浪，理由是：不用袁世凯，指日可亡；如用袁世凯，或可不亡。东交民巷使馆区也有“非袁出来不能收拾大局”的传言。10 月 14 日，清政府任命袁世凯为湖广总督，兼办“剿匪”事宜。但袁世凯嫌官职太小，借口“足疾未愈”拒绝出山，并指使他的亲信、北洋军将领采取观望态度，不要贸然向革命军进攻。此刻湖南、陕西、江西等省又相继独立。27 日，清政府不得不任命袁世凯为钦差大臣，授予指挥水陆各军的全权。袁世凯仍不满意，提出召开国会，组织责任内阁，授他军事全权，保证供应充足军饷等条件。清政府不肯接受这些条件。这时，起义省份日增。29 日，山西宣布独立，革命烽火已烧到清政府脚下。同一天，驻滦州新军第二十镇统制在袁世凯指使下致电清政府，提出组织责任内阁等十二条主张，扬言如清廷不允，就要率军进攻北京。在此压力下，10 月 30 日摄政王载沣连忙下“罪己诏”，解散皇族内阁，宣布解除党禁。11 月 1 日，清政府任命袁世凯为内阁总理大臣，组织“责任内阁”。这样，清政府的军政大权实际落入袁世凯之手。袁世凯出山后，首先对武昌革命军发动进攻。11 月 2 日攻陷汉口，27 日又占汉阳。袁世凯不想立即攻占武昌，企图利用南北对峙的局面，逐步窃取全国政权。

辛亥革命爆发后，保定地区各校停课。育德中学成为保定一带的革命总机关。郝仲青先生居中策划，夜以继日。在山西宣布独立后，郝仲青即派王濬明、张纪五两位先生前往联络，准备成立燕晋联军都督府，准备宣布独立。还邀请陕西同盟会支部的李敬之先生到保定教授装配炸弹的技术，刘仙洲等育德中学的几名学生被选中参加培训，曾装配了一批炸弹放在学校理化仪器室备用。

11 月 14 日，袁世凯任命段祺瑞为湖广总督，率部南下。为了阻止袁世凯扼杀革命军，同盟会保定支部决定派刘仙洲等三人炸毁唐河大桥，事先派人实地勘察，又请陆军学堂的一位教官对所用炸弹的力量作了分析和估算。一切准备就绪后，刘仙洲一行三人携带炸弹坐晚车到清风车站。下车时天色已晚，三人沿着铁路向大桥走去。在夜幕掩护下，两位同伴望风保护，刘仙洲将自制的两枚炸弹放到桥墩上几块钢板的中间，用香头点燃炸弹的引线，之后迅速离开。不久，听到轰隆一声巨响，三人马上转移。遗憾的是，这次行动并未成功，原因是炸弹的威力不足，桥的结构未被破坏。

其后，刘仙洲又被派到蠡县，带着八个炸弹壳及必要的器械和炸药到当地装配，冒着生命危险，准备举行暴动，可惜又因敌人已有戒备而未成。不得已，刘仙洲等人连夜潜回保定。

1912 年 1 月，南北双方达成一项协议：革命党人同意让袁世凯当大总统，袁世凯则同意宣布赞成“共和”，并且逼清帝退位。同盟会的很多成员对此结果不满意，认为袁世凯不可靠，一定达不到革命的目的。一些同盟会会员积极准备进行倒袁。

1912 年初，刘仙洲因为会装配炸弹，受到晋军第二旅旅长、同盟会会员刘越西的邀请，赴太原参加倒袁运动，在太原晋军第二旅司令部住了两个多月。

1912 年春，保定育德中学重新开学，同学们纷纷给刘仙洲写信让他回校。刘仙洲受刘越西等人“倒袁”议论的影响，对于继续从事革命活动还是回去读书有些犹豫。郝仲青先生了解刘仙洲的才华，对他寄予殷切期望，亲笔写信劝说，信中有“吾弟正在青年，仍旧以求学为急”等语[1]。读到这封信，刘仙洲深为感动，同时他感到“欲求国家各种事业之独立前进，非先求各种学术之独立发展不可”，于是下决心走“科学救国”“教育救国”之路。郝仲青等师长的

① 刘仙洲：《我在求学期间的一些艰苦经历》，清华大学档案馆藏。

循循善诱和倾心帮助对刘仙洲的成长影响很大，刘仙洲对他们怀有很深的感情，终生都特别尊敬他们。直到抗战前以及新中国成立后，他还与郝仲青先生经常有书信往来。这些来往书信多用毛笔书写，刘仙洲非常珍惜，精心积存，订册保留。可惜，这些充满了师生情谊的珍贵的书信在“文革”浩劫中横遭查抄，荡然无存，此是后话了。①

在恩师和同学们的鼓励和劝导下，刘仙洲决意回校学习。回到学校几个月后即迎来毕业，刘仙洲五年的总成绩平均为96.4分，名列第一。

在崇实中学、育德中学，刘仙洲度过了重要的五年时光。这几年他生活上仍然非常艰苦：吃低等伙食；学校距家四十里，往返步行；衣服鞋袜都是家织土布家里自己缝制的，质地结实但样式土气。对于种种物质上的艰苦，刘仙洲毫不在意，精神上反而觉得自由、充实、快乐。这几年的中学生活使他增长了知识，开阔了眼界，思想上发生了深刻的转变，他把振兴中华民族看作自己的重要使命，不只是坐而论道，而是奋起力行，勇敢地以青春的热情去实践救国救民的理想。

1912年冬，在保定（右二：刘仙洲）

① 刘纪霖：《父亲永远活在我心中》，载《刘仙洲纪念文集》，198页，北京，清华大学出版社，1990年。

第三章　步入大学

在北大预科

轰轰烈烈的辛亥革命推翻了满清王朝的统治，结束了中国长达两千多年的封建君主制度。1912 年元旦，孙中山就任中华民国临时大总统，中华民国诞生。尽管混乱、动荡远未结束，中国还是发生了天翻地覆的变化。在这一年，年轻的刘仙洲仍在为自己的未来彷徨。

1912 年夏，刘仙洲从育德中学毕业，时年 22 岁。毕业了，今后又当如何，他感到前途迷惘。如果继续求学，显然花费更大，会加重家里的负担，而且一时间也没有什么合适的学校报考，他只好留在家里，等待时机。

1913 年春，事情发生了转折。这年，北京大学预科招考。这时的育德中学校长、同盟会保定支部的负责人郝仲青先生已当选为北京政府参议院议员，教师张纪五先生当选为众议院议员。他们风闻北京大学预科招考的消息，立刻想到了刘仙洲。几年的师生共处，他们了解刘仙洲是个品学兼优、正直向上的青年。他们同情刘仙洲的处境，热心地主张他一定要升学，甚至提出：经济上如有困难，可以先行借给。就这样，在恩师的鼓励和企盼下，刘仙洲决定到北京报考。

清朝末年，我国诞生了三所正规的国立大学：1895 年创办的北洋大学堂，后改称天津大学；1896 年创办的上海南洋公学，交通大学的前身；1898 年创办的京师大学堂，民国后更名为北京大学。北京大学是一所国立综合性大学，也是当时中国的最高教育行政机关，它是维新变法的产物。十九世纪末，随着中国社会资本主义经济的发展，以及西方近代文化、科技的影响，知识分子中出现了资产阶级改良派，康有为、梁启超是其中的代表性人物。改良派认为，中国衰弱的根本原因之一在于教育不良，学术落后。他们主张废八股，变科举，改试策论，设学堂，派人出国学习西方先进文化，等等。在“百日维新”变法期间，光绪皇帝采纳改良派的建议，发布了数十道改革令，其中关于教育，最突出的是兴办京师大学堂。1898 年 9 月，以慈禧太后为首的顽固派发动政变，维新运动被扼杀，新政停止实行，惟有京师大学堂硕果仅存，于当年 12 月正式开学。辛亥革命后，京师大学堂于 1912 年更名为北京大学。

京师大学堂时期，学校育人的主旨就是为了培养官僚，民国初期虽改称“北京大学”，但离现代化的大学相距甚远，学生读书也以求得功名利禄为目的，念念不忘“书中自有颜如玉，书中自有黄金屋”，毕业后谋求做官发财。为此，学生从预科毕业后多入法科，入文科者甚少，入理工科者更少。清末民初，北大学生的衣食也以奢侈浪费而引人注目。这种种不良风气直到 1917 年蔡元培先生出任北大校长时才被打破。

1913 年刘仙洲投考时，北京大学预科招生分文、实两部，考文部的是预备到正科学习文法商等科的，考实部的是预备到正科学习理工农等科的。这年春，刘仙洲考取北京大学预科实部。当时北京大学校址在北京景山东马神庙路北，刘仙洲入学后，先住北大东斋，在马神庙校本部上课。以后又迁到译学馆旧址（新中国成立后为一机部所在地），上课住宿都在那里。[①]

古都北京，拥有辉煌壮丽的皇宫殿宇、雄伟高大的城垣王府、气势恢宏的庙观祠坛、威严肃穆的帝王陵墓，其风景优美、繁华热闹远胜保定。在京学习期间，刘仙洲依然十分勤奋，生活也一如既往，相当朴素，他穿的衣服鞋袜都是家里做的，在京城繁华之地仍然保持着农家子弟的本色。伙食是这样解决的：包饭，吃低等的伙食，每月算下来五元。穷学生还有更省钱的办法，刘仙洲和他的老同学靳钟麟（字灵一，后来成为数学家）常常停包一个月，到东安门外小饭铺里买大饼和咸菜吃，或吃简单的面条，这样算下来每月比包伙又可省下一二元。就这样精打细算、省吃俭用，从入学到 1914 年暑假，前后约一年半的光景，除家中供给一部分钱以外，刘仙洲共借了郝仲青、张纪五两位先

① 刘仙洲：《我在求学期间的一些艰苦经历》，清华大学档案馆藏。

生约八十元，直到几年后大学毕业工作了才还清。

1914 年暑假，河北省（当时称直隶省）当局应香港大学的请求，送八名公费生到香港大学去念书。刘仙洲抓住这个机会，顺利考取了香港大学机械工程系。动身之前，刘仙洲平生第一次穿上了洋袜子和店铺里买的布鞋，“因为怕到香港大学以后被外国先生和同学看着太质朴”。[①]

在香港大学

香港大学成立于1911年，是一所历史悠久、享有盛名的大学。在香港大学，刘仙洲开始学习机械工程知识，进入了他一生从事的专业领域。他是一位专心致志、一心向学的好学生，据同在香港大学学习的同学石志清回忆：学习的笔记，全班就数刘仙洲记得最全，下课后大家都争着借抄。由于刻苦努力，刘仙洲的成绩一直名列前茅。因为学习过硬，他名震全校，被称作当时香港大学中国学生中的“四大金刚”之一。

在香港大学读书期间，刘仙洲通过亲身经历，深深体会到理论与实际结合、动脑与动手结合是培养学生的好方法，这个认识贯穿了他以后数十年的教育思想。1957 年，他回忆道：

“在香港大学学习时，我有两件事至今不忘，一件是在发动机实验室做实验，教师一定要每个学生自己动手起动各种发动机一次，考试的时候还要考验一次，看是否还会自己起动，这样可以巩固学习成果，加深学习印象；另一件是做镟工实习，我本来想退刀，由于操作不熟练，反而进了刀，咔嚓一声把刀

① 刘仙洲：《我在求学期间的一些艰苦经历》，清华大学档案馆藏。

折了，我心里很不自在，心想一定会受责备。不久，实习教师来了，我向他说明，想不到他说：没关系，你若想训练成一个好镟工，至少得折断一打镟刀。”①实习教师的话让刘仙洲放松下来，也给他留下了终生难忘的深刻印象：工科教育一定要与实践结合起来。

1917 年，刘仙洲与同学在香港大学锅炉实验室做实验后拍照（左五：刘仙洲）

这些在学习期间的实际体会，为他后来倡导“工读协作制”和坚持教育与生产实际相结合埋下了种子。

作为一名公费生，刘仙洲在香港大学的费用全部由直隶省供给。学费每年港币三百元，饭费每月港币二十四元，书籍文具等费每学期六十元，每月每人还给十元钱的零用钱，经济上本来是没有问题的。不过，省里应寄的费用，常常拖延迟到，使学生发生一些不应有的困难。有一次，应给的零用钱迟迟未到，急等钱用的刘仙洲无奈之下同一位姓赵的同学去当铺里当了一套西服，“因为怕人耻笑，就晚间去当，到当铺里也觉得不好意思，匆匆忙忙地当了两元港币就跑回学校，仿佛偷了人家什么似的！等零用钱寄来，就赶快在晚间又赎回来。”②

在香港大学学习的四年期间，刘仙洲每年暑假都可以回家一次，由省里

① 刘仙洲：《我在求学期间的一些艰苦经历》，清华大学档案馆藏。
② 同①。

供给旅费。为了有更多的时间学习，使毕业成绩好一些，第三学年和第四学年之间的暑假，刘仙洲没有回家，他把四种实验课所有的实验好好地整理了一遍，把附图都用彩色画了。根据学校的规定，在1918年暑假毕业考试后，所有毕业生的考试卷和实验报告，都要送到伦敦大学一个委员会审查。经过审查，刘仙洲获得了头等荣誉（First Class Honors）毕业文凭证书，被授予工程学学士学位。作为香港大学一名优秀的毕业生，如果想出国深造，应该是有机会的，但刘仙洲并没有走这条许多人竞相争取的道路，决定留在国内干一番事业。

1918年6月，刘仙洲（左五）在香港大学毕业，获"头等荣誉"文凭

从1897年入私塾起，到1918年大学毕业止，刘仙洲共经历了二十一年的艰苦求学生涯，其间有经济上的压力，还数次面临着辍学的危险。"天将降大任于是人也，必先苦其心志"，对于这二十一年的经历，刘仙洲看到了其中光明的一面，他在晚年这样回忆：

……其中因经济的困难，劣绅的压迫等，曾受过一定的折磨，但是因家庭历史和家庭环境的关系，使我在幼年时期参加了一部分农村劳动，使我能习惯于艰苦朴素的生活，这对于我过去几十年的处事处人都是有很好的影响。[①]

① 刘仙洲：《我在求学期间的一些艰苦经历》，清华大学档案馆藏。

第四章　执教育德

回报母校　执教育德

刘仙洲与育德中学关系深厚，他在育德中学求学、工作长达 11 年："自光绪三十四年到民国元年，当了五年学生，——那时中学是五年毕业。——自民国七年到民国十三年，又回来当了六年教员，所以我终年在学校的时间，就有十一年，……我的精神上，总觉着这个地方是我的家似的。"[①]

河北省育德中学始建于 1905 年，党和国家领导人，老一辈革命家刘少奇、李富春、李维汉等都曾就读于育德中学留法预备班。这是一所历史悠久、享有盛誉的学校。据《育德中学简史》[②]记载：

育德中学由直隶高等学堂肄业生何风华、农业学堂肄业生张凌云联合两校学生靳东阁、王国光等创办，于 1905 年 3 月 15 日招生开学，定名直隶讷公祠公立高等小学堂。无专任教员，教学均由两校学生轮流担任。1906 年 6 月，清督署以"各校肄业生不准在外担任教授"相约束，学校经费仅以学费维持。为使学校发展扩充，靳东阁便与陈幼云商议改设中学。陈幼云，字兆雯，1906 年毕业于日本弘文学院，受孙中山先生的委托，归国组织中国同盟会河北分会。他接受保定崇实中学聘任，同时发展同盟会员。后因崇实中学不容反清活动，陈幼云遂与靳东阁、何风华、王国光等 13 名同盟会员改设公立高等小学堂为保定育德中学，于 1907 年 11 月 28 日禀准督署立案，1908 年正月开学。全校教职员均是同盟会员，薪金无定额，创办人多为崇实中学教员，义务兼任育德中学教员，经费收学务公所补助银和各界捐助款，以及学费充之。公举陈幼云

---

① 刘仙洲：《牺牲精神与育德中学》，载《育德双周》第 10 期，第 1 版，1933 年。

② 保定育德中学：《百年育德》，1、2 页。

为校监督。学校以“教育救国”为宗旨，成为同盟会活动的阵地。

1909 年 7 月，陈幼云因积劳病故。同盟会员公举郝仲青同时继任育德中学校长和中国同盟会河北支部主盟人。辛亥革命前夕，育德中学成为北方革命的总机关，郝仲青校长“居中策划、昼夜不息”。他派人到军队和各县进行宣传联络，进行反清活动，并拟派人炸唐河铁桥、新乡黄河桥，阻止清军南下。郝仲青还积极筹划、参与了燕晋联军独立等革命活动，动摇了清政府在北方的统治。民国成立后，郝仲青受同盟会本部委任担任燕支部组织员及总务干事，同年当选为顺直临时省议会议员，不能兼顾校务，推举张纪五任育德中学校长，后由王国光接任。1913 年 4 月，郝仲青因提案质问袁世凯，遭到袁政府仇视而受监视去西安任教，张纪五回原籍。袁政府刁难育德中学，停发补助经费，迫害进步师生。育德中学在失去一半经费的情况下，电邀各发起人回校商议，董事会决定以私立育德中学维持，大多数教职工只给生活费，不发薪金，多尽义务。郝仲青、张纪五等相继返校任教务，继续办学。后省署恢复了对育德中学的补助费，并追补薪金，学校教职员一概不收，全部用于扩充校址和完备教学设施。

育德中学的创办，是为了掩护同盟会的工作，更是为了培养有志青年。学校之所以能够历尽重重困难生存和发展，是由许多志同道合者饱尝艰苦、付出相当高的代价而取得的。

作为一所私立中学，学校经费来源始终是个困扰学校发展的问题。时任校长王国光晚年回忆：“1918 年暑假，…… 刘仙洲同志（现任清华大学副校长）从香港大学毕业回来。当他过天津时已应天津高等工业学校之聘为机械学讲师，月薪百五十元，因为他是育德第一班的毕业生，我就坚决地请他辞掉高工资，回母校担任留法预备班的机械教员，月薪五十元。他因为爱护母校，毫不推辞，慨然允诺，并且连续数年未曾离职。我这种请教员的方法似乎不近人情，他这样的牺牲也是人所罕见。他教机械学、蒸汽机、内燃机和机械画图等课。所编机械学、蒸汽机与内燃机等讲义，后来都交商务印书馆排印成书，畅销全国。”王国光评价这件事，感慨地说：“我们要为祖国成就一件事，必须有积极性和创造性。遇到必须牺牲个人利益时，就不能不仿效刘仙洲同志为成就勤工俭学而抛弃个人比较高级的地位和待遇的牺牲精神。”①

在育德中学，刘仙洲除担任中学班的物理课外，还担任留法预备班的机械、制图等学科，教学任务非常繁重。他教书认真、严格，讲课深入浅出、条理清晰。为了使学生们掌握知识，他精心备课，耐心辅导，诲人不倦。据他当年的学生回忆，刘仙洲讲授物理课，在讲到升力时，曾自己制作了一个螺旋桨模型，用线绳拉转竖轴，螺旋桨即向上升入空中，给学生们留下了深刻印象，几十年后仍历历在目。②

刘仙洲发自内心地热爱学生和学校。他关心学校的发展，为给学生们增加课外读物，他建议设立学生图书馆，据《育德中学简史》记载："1921 年，教员刘仙洲提议募款资助建校图书馆，于 1922 年落成使用。"③

1919 年，五四运动爆发，消息传到保定，育德中学师生首先罢课响应，并上街张贴标语，集会演讲，学生们推举吴震寰、刘仙洲到北京，寻求支援，和全国进步学生汇成统一大军，相互支持。④

离开育德中学后，他仍关心学校的发展，长达数十年。1928 年冬，他当选为育德中学董事。1949 年 10 月 1 日，北京市人民政府将大中中学改为北京私立育德中学，刘仙洲是董事之一。⑤

---

① 王国光:《开办留法勤工俭学高等工艺预备班的回忆录》，载《百年育德》，211、212 页。

② 赵今声:《回忆刘仙洲老师》，载《刘仙洲纪念文集》，161、162 页，清华大学出版社，1990 年。

③ 保定育德中学编:《百年育德》，4 页。

④ 保定育德中学编:《百年育德》，3 页。吴震寰（1901—1949），原名吴宗俊，水电专家。是著名的革命家吴玉章的独生子，曾在保定育德中学就学，1919 年冬到法国勤工俭学。

⑤ 保定育德中学编:《百年育德》，4、10 页。

留法勤工俭学运动

踏入育德中学的校园，一股清新、质朴、向上的气氛扑面而来。这里从1917年开始附设留法高等工艺预备班（简称留法班），预备班的学生既学习又做工，生活紧张有序。

说到育德中学的留法预备班，先要追溯留法勤工俭学运动。

民国初年，留日热潮渐退，中国留学运动转向到留学欧洲尤其是法国，以留法勤工俭学掀起留学运动的第二次高潮。从1919年3月起，中国青年知识分子开始成批赴法勤工俭学。他们在国内的筹划则始于1917年。如果再将这一运动兴起之前对它曾产生过直接影响的旅法华人教育活动计算在内，那就要追溯到辛亥革命后的1912年，甚至更早。谈到留法勤工俭学，不能不提到这一运动的主要倡导者和力行者李石曾先生。留法勤工俭学运动之所以形成全国性热潮，与李石曾先生的积极努力是分不开的。

李石曾，名煜瀛，号石曾，祖籍河北省高阳县，1881年5月29日（清光绪七年五月初二）生于北京，1973年病逝于台湾，享年93岁。其父李鸿藻是清末重臣，曾被咸丰特召为皇太子的师傅，在同治、光绪年间历任兵部尚书、军机大臣等职。

1902年，李石曾自费赴法求学，到法国后选修农业专业，并出版了专著《大豆》一书。为了继续研究和推广大豆，他于1908年在巴黎西郊创办“巴黎中国豆腐公司”，最初工人全部来自家乡高阳、蠡县一带。为了提高工人的文化水平和工艺技能，李石曾在豆腐工厂内开办夜校，工人白天做工晚上学习。几年以工兼学的实践后，豆腐工厂的工人提出了“勤于工作、俭以求学”的主张，这就是“勤工俭学”一词的由来，同时也促成李石曾勤工俭学思想的萌生。

为了鼓励更多的青年学生以低廉的费用和苦学的精神赴法留学，以达到普及教育、改良社会、振兴实业之目的，李石曾与吴稚晖、蔡元培、汪精卫、张继等人于1912年在北京发起组织了“留法俭学会”，口号是“尚俭乐学”。

留法勤工俭学运动的发起者们希望把西方文明，主要是欧洲先进的科学技术和文化知识输入中国。他们试图让中国青年通过勤工俭学来掌握这些知识和技术，以便将来归国后用“科学救国”“实业救国”“教育救国”的办法，使中国富强起来。

随着五四运动的发展和马克思列宁主义在法国的传播以及国内中国共产党的建立和旅欧共产主义组织的建立与发展，留法勤工俭学运动的方向盘逐步从运动的发起者那里转到赞成俄国革命的具有初步共产主义思想的先进分子手中。这是留法勤工俭学运动的倡导者们当初所没有料到的。在留法勤工俭学的酝酿和发展期，国际国内发生了四件大事：一是1914年到1918年的第一次世界大战；二是1917年的苏联社会主义革命；三是1915年的新文化运动；四是1919年的五四运动。这些事件，不但大大激发了中国留学运动，而且促使留学生深入思考探求中国强国富民的道路。留法学生身处第一次世界大战主战场的法国，面临法国失败后经济萧条的影响，勤工俭学的遭遇非常艰难，目睹法国社会主义运动的兴起，又受到苏联社会主义革命后人民当家做主现实的吸引，部分留学生转向寻求共产主义运动的道路。组建中国共产党成为留法学生最有影响的事件。周恩来、蔡和森、赵世炎、李富春、邓小平等在留法勤工俭学期间确立了马克思主义信仰。

留法预备班

1917年，留法勤工俭学发起人李石曾到育德中学参观，校长王国光请李石曾给学生讲话，李石曾“讲留法勤工俭学的办法，不需要家里供给费用，就能在法国留学，学他们的机械学和各种科学”。学生们大受感动，立刻就要实行。李石曾说：“要先预备，学法文、学铁工，预备一年再去。”①酝酿筹备了一个时期，到1917年李石曾、蔡元培等委托育德中学开办一个“留法勤工俭学高等工艺预备班”，简称留法预备班，由“华法教育会”辅助一些经费。“预备班的第一班主要由本校毕业生四十人组成”，②学制一年。到1921年共招收四班，赴法学生一百三十八人。③李富春、李维汉、贺果、张昆弟等七十多名湖南学生在第二班学习，该班被称为“湖南班”。革命前辈刘少奇曾在第三班学习，但毕业后未赴法，后赴莫斯科东方劳动大学学习。随后，华法教育会在保定城市与乡村分别开办留法预备学校（班）成功的基础上，将其经验推广到全国二十余所留法预备学校（班）。布里村留法工艺学校和保定育德中学附设留法预备班不仅是全国率先成立的留法勤工俭学预备学校（班），而且教学质量较高，教学设备优良，赴法人数多，对留法勤工俭学事业的贡献最为突出。毛泽东、蔡和森等人在1918年10月6日曾专程由北京到保定，看望在育德中学留法预备班学习的湖南籍学生。④

留法预备班的学生们对刘仙洲有深刻的印象。刘仙洲对留法勤工俭学运动非常赞赏，对留法预备班别具一格的教学方式更是推许。留法预备班采用半工半读制，上午上课，下午劳动。学习内容包括法文、机械学和木工、钳工、锻工、翻砂等技术。学校的实习工厂设有锻、锉、钳、木、机械加工等工种，这样学生赴法后无论求学还是做工均比较容易。刘仙洲负责机械制图和机械学的教学任务，还曾担任留法预备班的班主任。他把机械理论与生产实际紧密结合，自编了一套适应学生特点的《机械学》讲义。为了使学生掌握生产实践知识，和校长王国光一起试行“在学校求理论，在工厂求实验”的新学制，使学

① 王国光：《开办留法勤工俭学高等工艺预备班的回忆录》，载《百年育德》，210页。
② 王国光：《开办留法勤工俭学高等工艺预备班的回忆录》，载《百年育德》，210页。
③ 胡永波：《育德中学简史》，载《百年育德》，3页。
④ 贺果：《育德中学求学日记》，载《百年育德》，206页。

生们受到各方面知识的熏陶和动手能力的锻炼。[①]

育德实习铁厂的开办，还在一定程度上解决了农业生产的实际困难。刘仙洲根据河北平原的实际情况，自己设计了从井里提水的新式农业灌溉用汲水车。传统水车都是用熟铁锻造的，制造麻烦，极其笨重，要靠骡马拖动，工作效率低。刘仙洲设计的水车，改用铸铁，用平竖两个齿轮连接，水斗用木架铁皮制造，非常轻便，用人工推动，效率高，造价低，适合农村采用。这种新式水车一经推出，立即受到广泛关注，吸引了不少人前来参观、购买。1921 年 5 月 12 日《大公报·天津版》以“令各县购用新式水车”为题对此事进行报道：“保定公立育德中学教员刘振华因鉴旧式水车费力多而成效少，特意改良特制成各种齿轮组成一种新式水车，于本年 2 月就该校工厂开始制造，以校内为总发行处，规定每水车一架价洋七十元，并为顾全公益广济民生起见，拟任人仿造不求专利。日前已由该校长王喜曾将此项水车详图及说明书具呈直隶教育实业两厅转呈省长，令行各县知事布告乡民购买或仿造，并请农商部酌予奖励。昨经曹省长除将原送图说一份咨请农部查核给奖外并通令各县即便查照布告农民一体约购试办，以观成绩而重水利云。”

但由于当时农村贫困，国家又不注意推广农业机械，水车没能得到广泛推广。刘仙洲一生关注农业生产，关心中国农业生产机械化。这次设计、制造水车，是他采用现代机械原理改造农具的开始。此时的刘仙洲，也已经开始关注、研究中国历代农业机械的发展情况。

在育德中学的教学实践中，刘仙洲尝试将在香港大学就读时深有体会的“理论与实际结合、动脑与动手结合”的教育理念付诸实施。他不仅严格认真教好所承担的课程，而且积极思考改革中国的工业教育制度，结合外国的经验，远见卓识地提出“工读协作制”。他主张工业技术学校学理与实践并重，即学校附设实习工厂或者工厂附设补习学校，学生在学校学理，又在工厂求实践，把学和工结合于一体，把学生和工人融合于一身，用最经济的办法造就出理论与实际兼优的工程人才。他指出，这种教育制度不仅可以解决大批清寒子弟学

---

① 胡永波:《育德中学简史》，载《百年育德》，2、3 页。

习的困难，而且可以纠正工科学生只注重书本、自命清高的通病。为了倡导“工读协作制”，1920 年他曾上书教育当局，提出《我国工业教育应酌采工读协作制意见书》[①]，并在《新教育》上发表，阐述了工读协作制的历史、组织形式、我国应采取工读协作制的理由等。他的主张被当局以“暂缓推行”“留备采择”为名，不了了之。

刘仙洲与刘少奇的师生缘

1955 年 5 月 16 日，时任中共中央政治局委员、书记处书记、全国人民代表大会常务委员会委员长的刘少奇同志到清华大学视察工作，清华大学校长蒋南翔和副校长刘仙洲一起接待和陪同视察。参观座谈后，刘少奇同志一定要到刘仙洲家中坐坐，说“要去看望一下师母”。在清华大学校园内胜因院 20 号刘仙洲教授的客厅中，刘少奇关切地询问了刘仙洲夫妇的生活、健康和子女们的工作、学习情况，愉快地回忆起三十多年前在保定育德中学的那段师生情谊。

1919 年，刘少奇到北京求学，因经济困难，无法踏入大学校门。在李石曾、范源濂等人的帮助下，他到保定育德中学附设的留法预备班第三班学习。1920 年 6 月毕业后，因种种原因，未曾赴法，转至上海外语补习学校学习，1921 年赴莫斯科东方劳动大学学习。[②]尽管最终未能赴法留学，留法预备班的这段生活对他仍有深刻的影响，而且刘仙洲等教师的学识和人品给他留下了终生难忘的印象。

---

① 《新教育》第三卷第五期，597–609 页，1921 年。

② 见中共中央文献研究室《刘少奇传》，20–22 页，北京，中央文献出版社，1998 年。

新中国成立后，在一次维修中南海的劳动中，刘少奇熟练地拿起刨子干起木匠活来，在场的人们惊异地问他什么时候学会的木工，他说是在保定育德中学留法班实习工厂学会的。育德中学留法预备班给刘少奇留下的不仅仅是一些劳动技能，而是一种教育思想，这种思想在他成为党和国家领导人后被着重提了出来。

1958 年 5 月 30 日，在中共中央政治局扩大会议上讨论教育工作时，已是中共中央副主席的刘少奇发表讲话，提出著名的“两种教育制度、两种劳动制度”的观点，他说：“去年春季，我接触了一些学生，也接触了一些工人。在那些学生中有这么两个思想是特别突出的：一个是轻视体力和体力劳动者。……还有一个思想，就是学生中间，青年中间，强烈地要求升学，要求多读书。我看，这个要求是正当的，国家应该想法子，创造条件，尽可能地满足他们的升学要求。我们国家不怕知识分子多，不怕学校多，而怕学校太少了。当然，有个经费问题，办那么多学校，国家拿不出那么多钱。此外，还有不少的家庭不能供给所有的子女都读完中学和大学……”①

“这个问题，我最近又想了一下，又有所发展，就是搞半工半读。我想，我们国家应该有两种主要的学校教育制度和工厂农村的劳动制度。一种是现在的全日制的学校教育制度和现在工厂里面、机关里面八小时工作的劳动制度。这是主要的。此外，是不是还可以采取一种制度，跟这种制度相并行，也成为主要制度之一，就是半工半读的学校教育制度和半工半读的劳动制度。也就是说，不论在学校中、工厂中、机关中、农村中，都比较广泛地采用半工半读的办法。我青年时在保定育德中学上过一年半工半读，有一个技师、两个技术工人教我们。作坊就是三个小房子，一个五马力的发动机，三部车床。我们一班六十个人，上午上四小时课，下午做四小时工，书也读了，身体也很好，还能赚钱。现在清华大学的刘仙洲副校长，那个时候教我们机械学。一年的半工半读，我们就学会了打铁、翻砂、钳工、车床工、模样，五样都学了，还学了一

① 《刘少奇选集（下卷）》324–326 页，北京，人民出版社，1985 年。

门法文，准备到法国去勤工俭学，后来我没去。”

受育德中学留法预备班教学方式的启发，刘少奇提出：“现在是不是可以办这样的学校呢？比如新设的中学，可以盖几个作坊，配几件机器和一些工具，使那些家庭无法供给上学的青年搞半工半读。中等技术学校更可以半工半读，某些大学也可以半工半读。可以有全部半工半读的大学，也可以在现有的大学里面办几个半工半读的班。要把这也当成一种正规的学校制度。当然，学习的年限以及课程、待遇等，需要加以相应的调整。这样，就可以多办学校，国家经费不至于增加很多……”他还提出在工厂、农村都可以大搞半工半读，以此“比较充分地满足许多人的升学要求……多快好省地培养工人阶级和劳动人民的知识分子”。[①] 以后，刘少奇在各地视察时，又多次讲到两种教育制度、两种劳动制度的问题。

育德中学的留法预备班从 1917 年起，共办了四期，刘少奇是该班的第三期学生。刘仙洲后来回忆这段历史时说：少奇同志在校时间不长，他思维敏捷，学习刻苦，给我留下深刻的印象。[②] 后来亦成为党的重要领导人的李富春、李维汉，是该班的第二期学员。有一次开人代会时，李富春看到刘仙洲的一份提案，特意找到刘老说：“您的建议很好，我们一定实行！”正说着，陈毅走过来，李富春马上向他介绍刘老说：“这是我的老师。”爽快的陈毅元帅大声说：“你的老师就是我的老师！”然而，对于这段经历，刘仙洲自己很少提及，更不以当过刘少奇等国家领导人的老师而自居。1962 年暑期在三堡休假时，学校一位同志与他闲聊谈起此事，刘仙洲平淡地说：“那都靠他们自己的努力和党的功劳。我只不过是教教书，谈不上什么功劳。”[③]

1954 年，刘少奇和刘仙洲分别在北京市和河北省的人民代表大会上，当选为第一届全国人民代表大会代表。刘仙洲后来又连任第二、三、四届全国人大代表，并应毛泽东主席邀请出席过最高国务会议。刘少奇在第一届全国人大

---

① 《刘少奇选集（下卷）》，324-326 页，北京，人民出版社，1985 年。

② 《王光美同志谈刘少奇在育德中学》，载《百年育德》，181 页。

③ 胡健：《红专路上的老将》，载《刘仙洲纪念文集》，32 页，北京，清华大学出版社，1990 年。

上当选为首任人大常委会委员长，在第二、三届全国人大上连续当选为中华人民共和国主席。他们在每年一次的人大会议期间常有接触，刘少奇同志就一些国家大事认真征求刘仙洲教授的意见。1955 年底刘仙洲入党时，也得到了刘少奇同志的关心和赞扬。

“文化大革命”中，刘少奇同志蒙受冤屈，他的夫人王光美还被造反派抓到清华批斗，进行人格污辱。刘仙洲亦被打成“反动学术权威”，有人联系刘仙洲与刘少奇的师生关系对他进行批判。就在这处境十分艰难的情况下，刘仙洲去看望当时正遭批斗的校党委副书记何东昌时却十分直率地表示：“对人民代表限制自由应通过人代会常委会，随便抓人是违犯宪法的。少奇同志对党的贡献很大，打倒刘少奇是历史所不允许的。”①

粉碎“四人帮”后，已经去世的刘仙洲教授被平反昭雪，刘少奇主席也恢复了名誉。他们的这段师生佳话也一直流传至今。

① 何东昌：《代序·学习刘仙洲先生的爱国主义精神》，载《刘仙洲纪念文集》，5、6 页，北京，清华大学出版社，1990 年。

第五章 执掌北洋大学

光阴荏苒，刘仙洲在育德中学一干就是三年。1921 年 7 月，他离开育德中学。8 月，到保定河北大学[①]任物理教员和农业机械讲师。[②]年轻的刘仙洲以学识出众、治学严格闻名于直隶省教育界。

1924 年 8 月，刘仙洲受北洋政府教育部委派，出任北洋大学校长，直至 1928 年 7 月辞职，任期四年。他在任职期间"坚持实事求是的校风，严谨治校，兢兢业业，办事认真，勤勤恳恳，对北洋大学建设与发展作出了突出贡献。"[③]

刘仙洲任北洋大学校长正是在北洋军阀执政时期，战乱不断，学校亦动荡不安。

北洋大学

1895 年北洋大学创办于天津，是中国最早的新型大学之一。北洋大学是正式的名称，天津市民习惯叫它"西沽大学堂"。西沽桃花堤，风景宜人，是天津八景之一。曲折的北运河堤岸，春暖花开的日子，桃红柳绿，燕舞莺飞，吸引了多少游人。

北洋大学创于天津，并非偶然。自金、元以来，天津地区就以"河海之冲""畿辅门户"著称。明、清时，天津由一个军事据点和漕运转运中心发展

① 崔林涛:《中国历史文化名城大辞典》"保定"条载：1921 年直隶农专（农务学堂）、医专（原医务学堂）、法律、法政、高等师范学堂合并，在保定建立综合性的河北大学。北京，人民日报出版社，2000 年。

② 《刘仙洲简历》，清华大学档案馆藏。

③ 北洋大学—天津大学校史编辑室:《北洋大学—天津大学校史》（第一卷）（1895 年 10 月—1949 年 1 月），133 页，天津，天津大学出版社，1990 年。

为新兴商业城市。鸦片战争后，成为通商口岸，建立英、法租界。清末，我国辽宁、河北、山东等沿海各省称为北洋，南方沿海各省称为南洋。北洋的中心是天津。1870 年，清政府中号称最精通“洋务”的李鸿章被任命为直隶总督兼北洋大臣。李鸿章在天津前后任职二十余年，天津成为了北方洋务运动的中心。

北洋大学的创办，与中国近代饱受列强欺凌的屈辱历史息息相关。

1894 年清王朝在中日甲午战争中战败，北洋海军全军覆没。1895 年 3 月，甲午战争的硝烟尚未散尽，中国北洋大臣、直隶总督李鸿章东渡日本，作为清朝政府的特命全权大使，与日本政府签订了丧权辱国的不平等条约——《中日马关条约》。

《马关条约》规定：(一) 中国承认朝鲜独立。(二) 中国向日本割让山东半岛、辽东半岛、台湾和澎湖列岛。(三) 中国赔偿军费白银二亿两 (加上赎回辽东半岛的 3000 万两，共 2.3 亿两)。以及新开通商口岸，增加内河航线等共十一款。甲午战败及《马关条约》的签订，使中国从此走向更深重的灾难。巨额战争赔款相当于全国三年的财政收入，清政府根本无力承受，只能向英、法、德、俄列强贷款，不但利息很高，还要以海关、税收、财政的管理权作抵押。大面积割让国土直接导致帝国主义列强掀起瓜分中国的狂潮。战后的几年里，列强纷纷在中国划分势力范围。长城以北属俄，长江流域十省属英，山东属德，云南、两广属法，福建属日。而美国这个后起的帝国主义国家，则打着“利益均沾”的旗号，以支持日本为主要手段，谋求在中国的更大权益。战后朝鲜沦为日本的殖民地，成为日本侵略中国的跳板，中国东北部的安全受到严重威胁。台湾被日本割占，使数百万同胞离开祖国的怀抱，饱受欺凌五十多年。

甲午战败和《马关条约》的签订使中国陷入深重的民族危机，面临生死存亡的关头。清廷腐败尽露，朝野上下震动，人心激愤，各派人士都在积极探索救国之路。梁启超在《戊戌政变记》一文中指出：“唤起吾国四千年之大梦，实自甲午一役始也。”在甲午战败的第二年，改良主义者康有为、梁启超发起了有名的“公车上书”，反对签订《马关条约》，抨击清政府的投降路线和腐朽统治。民主革命的先驱孙中山组织了反对清朝统治的广州起义。维新派提出改制，维新运动兴起，其中涉及教育。维新派的代表人物康有为、梁启超、严复、谭嗣同等认为，中国衰弱的根本原因之一在于教育不良，学术落后，救亡图存之道应从改良教育入手，主张“废科举，兴学校”，批判“中学”，提倡“西学”，倡导兴办西式学堂，探索兴办新式教育。在这种历史环境中，在维新运动的影响下，一些清政府官员也积极筹办新式学堂。盛宣怀是其中代表人物之一。

盛宣怀（1844—1916），字杏荪，又字幼勖，号愚斋、止叟。江苏武进人。1870 年经人引荐入李鸿章幕，深得李的信任。1872 年，参加创办轮船招商局（总局在上海）。1885 年升任该局督办。1875—1896 年间，先后任湖北开采煤铁督办、电报总局总办、上海华盛纺织总厂督办、津海关道兼津海关总督等职，1895—1897 年任北洋大学堂第一任督办。

1895 年，盛宣怀吸取了洋务运动的经验，依据当时中国国情，在天津创办了以“西学体用”为指导思想的“北洋西学学堂”。第二年更名为北洋大学堂。

辛亥革命后，1912 年北洋大学堂更名为北洋大学校。次年，根据教育部令改称国立北洋大学。此时，北洋大学共有三个学门五个本科班，即法律学门乙班、丙班，采矿冶金学门丙班、丁班，土木工学门丙班。工科为三年制，法科为四年制。1917 年工科改为四年制。同年 2 月，教育部分别训令北洋大学和北京大学，令北洋预科第一部毕业愿入法科学生，转入北京大学法科学习，北京大学预科第二部毕业愿入工科学生入北洋大学工科学习。并决定北洋大学的所有法科正科（即本科）及北京大学所有的工科，各办至毕业为止。1920 年 6 月，北洋大学法科最末一班学生毕业，法科从此停办。

北洋大学自建校初期，就以美国著名的大学为模式，以“西学体用”为办学方针，严谨治学，形成了朴实勤奋的良好风气，聚集了众多名家大师，培养了一批品学兼优的高级人才，如外交家王宠惠、王正廷，经济学家马寅初，医学家刘瑞恒，数学家秦汾，盐政名宿钟世铭、朱庭祺、马泰钧，银行金融家钱永铭，冶金学家温宗禹、蔡远泽，法学家赵天麟、冯熙运等。

1924 年，北洋大学校长冯熙运辞职，刘仙洲任北洋大学校长，1928 年辞职，任职共四年。他是民国后北洋大学第五任校长。

受命于危难之际

刘仙洲出任北洋大学校长令世人瞩目，关于他的举荐人，目前看到的材料有北洋政府众议院议长吴景濂向直隶省省长王承斌举荐[①]、直隶省省长王承斌委任[②]、直隶省教育厅厅长张谨举荐[③]、得某人有力保荐[④]等数种说法。《北洋大学—天津大学校史》(第一卷)(1895年10月—1949年1月)载：1924年冯熙运辞职后，教育部委任刘仙洲为北洋大学校长，到1928年刘仙洲因对试行大学区制有看法而辞职，任职四年。[⑤]

在天津北洋大学任校长时的刘仙洲（前排右一）

① 《大公报·天津版》1924年8月17日、1924年12月23日、1928年7月10日。
② 《大公报·天津版》1925年2月12日。
③ 《大公报·天津版》1924年8月17日；张维：《回忆刘老》，载《刘仙洲纪念文集》，58页，北京，清华大学出版社，1990年。
④ 《大公报·天津版》1925年9月17日。
⑤ 北洋大学—天津大学校史编辑室：《北洋大学—天津大学校史》(第一卷)(1895年10月—1949年1月)，133页，天津，天津大学出版社，1990年。

34 岁的北洋大学校长刘仙洲，给人的印象是年轻有为，并且非常严肃、正派、认真。[①] 他受命于危难之际。他赴任之际的北洋大学，处在北洋政府统治时期，军阀混战，时局动荡，各系军阀争权夺利，不真正重视教育，给学校办学造成了极大困难。

北洋初期的办学经费主要是盛宣怀凭借职务之便，从国家财政税收及电政收入中拨给。辛亥革命后，由教育部核准，由直隶行政公署拨发。民国初年，军阀混战，学校经费来源困难，办学经费严重不足，致使学校发展缓慢。

刘仙洲掌校四年间，正是国内第一次国内革命战争时期，北伐军胜利进军，北洋军阀惶惶不可终日。北洋大学虽名为国立大学，但学校经费来源于直隶省[②]。北洋军阀濒临灭亡，学校应拨给的经费常常拖欠。北洋大学在风雨飘摇中艰难度日。在《国立北洋大学校略史》中提到："惟近数年来，历受时局重大影响，经费积欠达二十三个月之多，维持现状，深感困难，因陋就简，实所难免。"刘仙洲发动校友，奔走筹款，勉强维持校务。学校往往连教职工薪金都开不出来。刘仙洲带头不拿或少拿薪金，与教职工同甘共苦。据他晚年回忆："1924 年至 1928 年，在北洋大学时，薪水的数目比较高，但那时，经费常常不能按时发，或每月只发几成。维持了四年，合计只领到了两年的经费……我由天津去东北沈阳大学任职时经费都是借的。"[③]

有时甚至因经费拖欠，教师拿不到薪水，学校不能按时开学。

北洋大学老校友魏寿昆回忆那段艰苦的日子，清晰地记得刘仙洲校长在开学典礼上曾几次以凄凉的口吻说："我们现在总算能够开学上课了。"当时教师不仅不能及时按月拿到工薪，而且得到的钞票多是河北省银行发行的，其一元大约等于当时的权威银行（如中国银行、交通银行等）的钞票八角。有时教授干脆拒绝接受河北省银行的钞票，学校就必须担负票面贬值的损失，这更增加了学校财政的困难。

---

① 张维：《回忆刘老》，载《刘仙洲纪念文集》，58 页，北京，清华大学出版社，1990 年。

② 1928 年改省名为河北省。

③ 刘仙洲：《我在求学期间的一些艰苦经历》，清华大学档案馆藏。

刘仙洲“在北洋的四年是呕心沥血惨淡经营的四年”，也“是继往开来中流砥柱的四年”。[①] 在经费积欠、校务推行非常困难的情况下，刘仙洲殚精竭虑，不仅维持学校的日常运作，还思考制订学校改善计划，甚至扩充办学，展示了其出色的才干，也显示了一个爱国教育家的宏大胸怀、坚定意志和远大目光。

为造就“东方麻省理工学院”而努力

刘仙洲兢兢业业，勤勤恳恳，殚精竭虑，为北洋大学的建设发展作出了贡献。

在经费常常拖欠、校务执行困难的情况下，刘仙洲放眼将来，以扩充北洋大学为目标，制订了学校发展计划。

1925 年，刘仙洲在北洋大学（一）

北洋大学创建之初曾设机械工学门，1900 年八国联军入侵，北洋亦遭涂炭，校舍先被美军侵占，后为德军兵营，校务被迫中断三年。庚子后，1903 年复校时因经费拮据而停办。刘仙洲认为恢复机械工学门很有必要，1925 年 3 月 19 日，他呈文教育部：“本校因各种工业以机械工之应用最为普遍亦最为吾国现时社会所需要”，请求添设机械工学

① 魏寿昆：《怀念敬爱的刘仙洲校长》，载《刘仙洲纪念文集》，168 页，北京，清华大学出版社，1990 年。

门。同年暑假，经教育部批准，北洋大学采矿、冶金两学门合并为采矿冶金学门，恢复了北洋大学停办二十四年之久的机械工学门。[①]

刘仙洲极为重视校史考证，他认为学校的历史和传统可以激发师生热爱学校、建设学校的热情。北洋创建初期的有关历史档案、文献资料在八国联军入侵的战乱中遗失殆尽。至刘仙洲到任之前，北洋大学没有确切、完整的学校历史记载，甚至校庆日到底应定于哪一天也没人能说得清。1925 年，他亲自进行“本校成立纪念日考”的研究，“本校成立纪念日，因庚子以前案卷毁于兵燹，向来未有记述。仙洲到校后，时遇学生询问，亦未能置答。今春穷治校史，将历年档案暨印行之一览同学录等，尽量搜讨……”经一番严密的考证，刘仙洲得出结论:“若专就庚子以后言，规则定正式开办及启用关防之日或正式开学之日为本校成立纪念日，自属明确。惟本校庚子以前数年，曾有极重要不可删之历史，其正式成立及正式开学之日期，虽无从征信，而奉旨批准之日实为本校一切进程发源之日，故定光绪二十一年八月十四日，即一八九五年十月二日为本校成立纪念日似较为合宜。”他确定 10 月 2 日为学校成立纪念日。后来的天津大学校史工作者对这个问题也进行了考证，他们查阅了中国第一历史档案馆文献档案记载中，北洋大学创办人津海关道盛宣怀呈直隶总督王文韶的奏禀、王文韶呈光绪皇帝的奏折、皇帝朱批王折的日期。根据历史材料，他们认为刘仙洲的考证是准确的，他为北洋大学创建历史的确定作出了杰出贡献。刘仙洲掌校时还曾主持编写了《国立北洋大学校略史》及当时教职员一览表、各科设备择要等，为治校作出了典范，也为后人留下了极为珍贵的历史文献。

1925 年 10 月 2 日，适逢中秋佳节，北洋大学举行了成立 30 周年纪念活动，这是北洋大学自创办以来首次举行校庆活动。校庆活动既俭朴又隆重，校庆日当天，“举行 30 周年纪念会于本校体操室，室之四壁张挂序文、祝词、统计表及前任教员之玉照，讲座两侧陈置纪念银盾，国旗、校旗飞扬交叉于其上，中悬纪念横额一方，师生全体莅场，咸谓初次风光，诚 30 年来未有之盛举也。”[②]

① 张凤来:《刘仙洲在北洋大学》，载《刘仙洲纪念文集》，185 页。
② 同上，182 页。

刘仙洲在纪念会上发表演说，告诫人们饮水思源，鼓励师生同心同德，为学校的发展共同努力。他说："今天是我们北洋大学三十周年纪念日，并且是本校确定纪念日的第一年举行周年纪念会的第一次，又恰遇着中秋节，实在是极可庆祝的事。""我们学校里边对于事情都是重事实而不重虚声的，所以这一次办这一个纪念会仍然拿定主意是重精神不重形式，决不从事铺张，专注意出一本纪念册，把我们北洋大学过去这三十年的历史，都分类使它有一种有系统的记载。至于我们所以要注意一个纪念册和办这一个稍微有一点形式的纪念会的原因，就我的意思包含着以下三种希望。"第一，他希望"现在我们在校的同人和诸位同学就着这一次纪念会和这一个纪念册，大概的知道我们学校所以有这样长久的历史，所以能得到社会与大多数人的信仰，所以在这样环境之下我们还能够得到一个最平静最切实的研究学术的地方，都是过去这三十年里边诸位教职员先生们的实事求是，诸位老同学们的奋勉求学和出校以后也是本着实事求是的精神去做事，费尽无量的心血换出来的。知道这样，我们就应当同心同力地保持这种固有的精神来做事来求学，使我们北洋大学将来的历史更光荣更有价值"。第二，他希望使外界对北洋大学更加了解。第三，他希望毕业同学对母校、毕业同学相互之间、毕业同学对肄业同学的感情更为增进。[①]

在为《北洋大学30周年纪念册》所作序中，刘仙洲阐述了"理想中之将来扩充计划"，从学校的历史和现状及社会需要出发，为北洋大学的未来十年的发展提出了具体计划，绘制了一幅美好的蓝图，他提道：

（一）添足机械工学门设备。各种工业以机械工之应用最为普遍，如铁路、矿厂、造纸、纺织、洋灰厂、面粉厂，推而至于任何工业，倘规模较大设备较完备，莫不为需用机械工程人才。本校庚子以前，开办之初原设有机械学门。庚子以后重行开办，不知何故，将此学门裁去。本年暑假因冶金学门不能成班，遂改办机械工学门，将冶金仍并入采矿。惟是经常经费用虽不成问题，而设备费除金案分配之一万八千余元外，其余尚无着落。在二年以内，无论如何须再

① 张凤来：《刘仙洲在北洋大学》，载《刘仙洲纪念文集》，182-183页。

筹四五万元以备添足本学门设备之用。

（二）添设电气工学门。各种工业以电气工发达为最晚，然其进步之速则超各种工业而上之故居。今日而办工科大学如不事扩充则已，若从事扩充，电气工学门似应在必行添设之列，且本校机械工学门已开始办理，并已有相当设备，倘二年以内能将各种发动机与机械添足，则添设电气工学门实极为经济，盖属于发动机与机械之一部均可与机械工学门并用，所须添置者仅属于电机之一部，预计有两万元即可完备也。

（三）附设机械工学门工读协作班。学校之造就人才，原所以备社会之用，故社会上需用何项人才最急，学校即应设法应之。查本校历史当庚子以前及庚子以后续办之初，均极能在此点用力，如庚子以前因京奉铁路需铁路人才则设一铁路班，庚子以后因需译学人才则附设法文班、俄文班，因各中学缺乏师资则附设师范班，皆为极显著之实例。……现在最感缺乏者实为学理与实践兼优之机械工人才也，欲造就此种人才以采用工读协作制最为适宜。

（四）改办理工大学。工科为理科之实用，理科为工科之根基（有时虽不能尽谓其如是，然至少有大部分互相关联），理科之主要课程如数学、物理、化学、地质等，倘工科学生对之有良好成绩，则其工科课程必易达于高深。工科之主要设备如机械、仪器、电机等，倘理科学生对之有充分参考，则理科课程必更较为切实。故本校如始终仅限于办工科则已，如能再进一步则以改办理工大学为最相宜，亦最为经济。

以上所述各节倘能于十年以内逐项添办，俟本校办四十周年纪念会时，工科为土木、采冶、机械、电气四学门；理科为数学、物理、化学、地质四学门，共为八学门，外附一工读协作班，学生人数达一千以上，造成“东方麻省理工学院”之始基，则理想之北洋大学实现矣。[①]

在政局动荡、经费拖欠、办学艰难的情况下，实现这个计划，难度可以想见。刘仙洲寄希望于时局出现转机，他提出学校远景发展目标，鼓励师生努

---

① 北洋大学—天津大学校史编辑室：《北洋大学—天津大学校史》（第一卷）（1895年10月—1949年1月），133–135页，天津，天津大学出版社，1990年。

力奋斗，展现了一个教育家的胸怀和魄力。计划中提出的理工结合，这是当今工科大学发展的共同趋势，北洋大学的办学方针也为今天提供了可资借鉴的经验。

聘用中国教师

自北洋大学建校以来，聘用的教务长和教师大多为美国人，他们的工资一般比中国教师高二三倍。比如 1895 年学校创办之初，洋人教习月薪二百两白银，华人教习月薪四十两至一百两不等。此后数十年间，外籍教师与中国教师薪金差别一直很大。刘仙洲任校长期间，因政府拖欠教育经费，学校常常发不出薪金，刘仙洲带头不拿或少拿薪金，而一些美国教师则因为学校常常欠薪，先后离去。

1925 年，刘仙洲在北洋大学（二）

美籍教师的离去，给北洋大学的办学带来了极大的压力。面对师资短缺的困境，刘仙洲大胆实行改革，逐步聘用一批从国外学成回国的中国学者来校执教，以代替美籍教师。他慧眼识才，知人善任，任命何杰为教务长。何杰，我国高教界的老一辈教育家、科学家，后为中国科学院学部委员。1906 年考入河北省唐山工学院，1909 年考取清政府游美学务处第一批直接留美生，9 月赴美国留学，1914 年回国，在北京大学任教。1925 年，受刘仙洲之聘，转教于北洋大学，任矿冶系主任和教务长。在北洋大学任职期间，他协助刘仙洲大胆进行教育改革，以使学校教育适应中国国情。

刘仙洲抓住机会，积极罗致人才。1926 年夏，结构学教授美国人阿罗克（O. Rouke）合同期满回国，经李书田先生推荐，刘仙洲专程到北京拜访并聘请茅以升到北洋大学任教。茅以升被刘仙洲的诚意打动，欣然应允。到校后，茅以升主讲结构工程及有关各科，深受学生的欢迎。

当年，刘仙洲先后聘请的中国教授有石志仁（机械专家）、侯德榜（化工专家）、何杰（地质采矿专家）、茅以升（桥梁专家）、张含英（水利专家）等。从这时起，北洋大学的教师结构发生了变化，各科系的课程基本由中国教师教授。他们多为北洋校友，对母校怀有深厚的感情，体谅学校困境，对工资多少或拖欠也不那么计较，枵腹从公，为学校的发展尽力。他们授课往往能联系中国实际情况，很受学生的欢迎。北洋大学在困境中仍然有严整不苟的教学计划、丰富完整的课程体系、充分的实验设备、认真从教的师资队伍，为国家培养了不少栋梁之材。

一切从实际出发的教育理念

一切从实际出发，贴近社会，“造就人才”以备社会之用，是刘仙洲办教育的指导思想。

刘仙洲认为，大学的培养目标首先在于造就人才，服务社会。他力主恢复机械工学门，“因各种工业以机械工之应用最为普遍亦最为吾国现时社会所需要”，造就人才是为了适应社会之用，满足国家发展的需要。1927 年，刘仙洲进一步明确阐述了他对于大学责任的理解，“大学所负之责任，非仅造就所有在校之青年，使研究高深学术以备国家社会之需用而已，同时至少尚负有两种责任：其一，对于社会上所发生之困难问题应随时与以学理上之研究与指导，例如各种实业组织在工程上发生任何困难问题均可请求工科大学相当之教授加以研究与指导；其二，关于各学科之最新学理与最近历程应随时向社会加以介绍，俾校外一般人士得各取与一己事业相关之点加以比较与采用。”[①]

从工业救国、科学救国的思想出发，刘仙洲认为中国所急需的是机械工程人才。1925 年在《北洋大学 30 周年纪念册》序中，刘仙洲阐述了自己的观点：“学校之造就人才，原所以备社会之用，故社会上需用何项人才最急，学校即应设法以应之。……现在最感缺乏者实为学理与实验兼优之机械工程人才也。欲造就此种人才以采用工读协作制最为适宜。”

关于如何造就机械工程人才，刘仙洲颇有远见地提出了“工读协作制”，这是他几十年教育生涯中一贯主张、呼吁、奋力实行的教育方法。“工读协作制”是从中国积贫积弱的国情出发，参考国外教育制度，设计的一种以最经济的办法为国家造就理论与实践兼优的工程技术人才的教育制度。刘仙洲首次提出“工读协作制”，是 1920 年在育德中学执教时。1925 年北洋大学校长任期内，他又提出《本校附设工读协作制机械工学门意见书》及《本校附设工读协作制机械工学门计划书》。他认为，学校附设实习工厂，工厂附设补习学校，二者取长补短，在学校学习理论，在工厂求得实践经验，学校与工厂合二为一，学生与工人集于一身，从课程安排上使工读力求结合，既可解决只重书本、轻视实践之弊端，又可使工人有提高理论素养、提高文化水平的机会。

刘仙洲生长于乡村，备知求学的艰辛，对中国社会和国情的深刻了解使他的思想贴近于中国实际，他的教育主张是从中国国情出发的。对于他的建议，当时的教育部以学生思想不稳定、难免影响工人、改变工人思想为由，主张缓行，“留备采择”，未予支持实施。直到新中国成立后，刘仙洲才有机会实践这个理想。

① 刘仙洲：《北洋大学季刊第一卷第一期序》，1927 年 11 月。

“大学区制”的实行与刘仙洲离开北洋

刘仙洲在北洋大学任校长四年，校务建设卓有成效，受到全校师生的爱戴。他主持校务期间，在教师问题上进行了有效的改革，所聘的教授皆国内外知名之士；继续维护了学生专心读书的好校风，学生功课严格，力争上游。在国内，北洋大学是与唐山交大、上海交大等校齐名的著名大学。

20 世纪 20 年代，中国教育界曾涌动“教育独立”思潮和运动，其核心是仿效西方“学术自由，大学自治”模式，力主教育摆脱来自政治的、宗教的种种牵扰，达到某种独立运行状态，由教育家办教育，实现“教育独立”。在全国部分区域试行的大学区制，其主持人是蔡元培、李石曾等国民党元老。

1927 年 6 月，蔡元培出任大学院长，同时变更教育行政制度，在地方上实行大学区制，由大学区内的核心大学校长代行省教育厅长职能，以使教育、学术合一。首先在苏、浙两省试行，渐次推向全国。大学院的实际功能虽与教育部无异，但下设的大学委员会由各大学校长及主管官员、知名学者组成，决定全国教育学术大政，是体现“教育独立”主旨的关键机构。蔡元培等人在国民党初建全国政权之际，利用元老地位和影响，凭借行政力量，意欲改变北洋时代官僚化教育体系，创立新型的教育机制。

1928 年 7 月 31 日，南京国民政府在教育上开始试行大学区制，划河北、热河两省和北平、天津两市为北平大学区，大学本部设文、理、法、工、医、农、艺术、师范等学院和文、理两预科、俄文专修馆。实行大学区制后，“北洋大学”名称被取消，改为“北平大学第二工学院”。这一举动影响北洋大学的发展，引起师生们的强烈不满。内外交困，刘仙洲感到教育理想难以实现，加之经费困难，办学本就举步维艰，遂于 7 月辞去了北洋大学校长职务，去东北大学任教。校务工作暂由何杰教务长代理。

1928 年 7 月 8 日《大公报・天津版》“北洋校长辞职”：“振华自民国十三年八月受任北洋大学校长，于今将近四载。经费欠领，积逾两年；战乱濒临，计凡四次。支持无力，百孔千疮。前曾于民国十五年七月暨十六年九月，迭为时事艰难、智能竭蹶、困劳致疾，力请避贤。徒以其时政由武健，运属危疑，全校前途，匹夫有责，既不得请，遂且苟延……”掌校四年，经费拖欠、战乱频繁、种种矛盾几乎一直困扰着刘仙洲。

关于刘仙洲辞去北洋大学校长，中华民国十七年（1928 年）十月一日出版的《育德月刊》第一期“同学会消息”有记述如下：“第一班毕业同学刘仙洲，任北洋大学校长四年，成绩卓著，于暑假前，因少数学生之嚣张，教育经费之难困，坚决辞职……”

刘仙洲离开北洋大学，师生深感痛惜，他对北洋大学的贡献永载北洋大学（即今天津大学）的史册。

蔡元培等人实行大学区制的试验最终以失败而告终结。人们批评大学区促使大学教育畸形发展，偏重学术而忽视教育，行政效率极低，且被少数人操纵，不仅不能使政治学术化，反而使教育官僚化。试办的浙江大学区尚差强人意，而江苏大学区则风潮迭起，无日不在扰攘之中。北平大学区则引发更大的风潮，影响甚烈。国民政府于 1929 年夏宣布停办大学区，大学院随即改为教育部，蔡元培、李石曾的改制以失败结束，各校又恢复了独立。

第六章　赴东北大学任教

1929年，刘仙洲在沈阳东北大学

刘仙洲本名刘振华，因与陕西督军兼省长刘振华重名，遂在离开北洋大学去东北大学执教时以字代名，以“刘仙洲”行于世。

东北大学始建于1923年4月。富饶的东北，在历史上曾是日、俄帝国主义争夺的地区；尤其是日本帝国主义，早在其明治初年就制定了以征服“满蒙”、征服中国为核心的“大陆政策”，到了20世纪20年代，它已将其侵略势力伸到了我国东北的所有地区，不仅进行了残酷的掠夺，还开办各类学校，实施奴化教育，进行文化侵略。这时，兴办教育，发展经济，振兴东北，是东北民众的当务之急，1921年，时任东三省巡阅使、奉天督军兼省长的张作霖，采纳了奉天省代省长王永江和教育厅厅长谢荫昌“欲使东北富强，不受外人侵略，必须兴办教育，培养各方面人才”创办大学的意见，作为抵制外敌侵略的一项举措。是年10月25日，奉天省议会根据张作霖的建议，一致表决通过了联合吉、黑两省创办东北大学的议案。

1922年春，奉天省公署设立东北大学筹备委员会，经数月研讨，制定了东北大学规程和东北大学组织大纲，规定“东北大学由奉天、吉林、黑龙江及所辖蒙旗合力组织之”“大学设于奉天省城”“大学暂定六科，分年组织”，拟将东北大学办成包括文、理、工、农、商、法等学科的综合性大学。王永江兼任东北大学校长。1923年4月26日东北大学正式成立，校址设在奉天省省城沈阳，以原国立沈阳高等师范学校和原奉天公立文学专门学校的校址，为新成立的东北大学校址。东北大学是一所设有多种学科的综合性大学，是当时东北地区的最高学府，它的诞生对促进东北地区的发展有着重要的意义。

1928年8月16日，震惊中外的皇姑屯事件刚刚过去两个多月，身负国仇家恨的东北保安委员会委员长张学良继任东北大学校长。一直以教育为立国之本的张学良对东北大学的发展倾注了大量心血，明确提出以“研究高深学术，培养专门人才，应社会之需要，谋文化之发展”为办学宗旨，在学校建设和管理方面采取了一系列新举措。在他的指导和关注下，东北大学得到了迅速发展。到1930年秋，东大有6个学院24个系8个专修科，舍宇壮丽，设备充足，经费充裕，良师荟萃，学风淳穆，极一时之盛。

东北大学广招良师，章士钊、梁漱溟、罗文干、冯祖恂、梁思成、林徽因等一批名师曾先后执教，一时间可谓英才荟萃，俊彦云集。1928年9月，辞去北洋大学校长的刘仙洲，被工学院礼聘为东北大学机械系专任教授兼机械系主任[①]。此时的刘仙洲，经历了北洋大学艰难的办学历程，已倦于行政领导工作，但校方鉴于他的才能与经验，凡有关机械系方面的事情仍向他请教。他除了主讲机械原理、热机学、经验计划等课程，并取得很好的教学效果以外，还对机械系的创建和发展作出了很大贡献。

1928年10月，刘仙洲（右一）、高镜莹、张倬甫、姚南坡、石志清、毛春蒲、萨本栋（照片拍摄者，故照片中未出现）游东陵（沈阳）时在清太祖陵之宝顶上摄影

在东北大学任教期间，刘仙洲致力于用中文教学。他对教学工作认真负责，受到学生们的欢迎。据当年的学生回忆，刘仙洲在东北大学的主要任务，“是教授有关各班的机械学。他讲课时，言语清晰，不快不慢，交代清楚，凡是较

① 《刘仙洲简历》，清华大学档案馆藏。

难的地方，都解释得特别详细。他批改作业非常认真，即使是一字之差，也给你改过来，一丝不苟。他考试时出的题目，难度适中，凡是注意听讲的都能答得出来。”①

这一时期，刘仙洲的生活获得了短暂的平静，1924—1928 年，他在北洋大学时，薪水的数目比较高，但那时，经费常常不能按时发，或每月只发几成。维持了四年，合计只领到了两年的经费，刘仙洲由天津去东北大学任职时经费都是借的。在东北大学时，薪水按时发给，三年除生活费以外还积蓄了两千多元。②

不久，刘仙洲平静的教书生活再次被打破。正当东北大学蓬勃发展之际，1931 年 9 月 18 日晚，日本关东军南满铁路守备队炸毁沈阳北郊柳条湖附近一段路轨，反诬中国军队破坏，突然袭击中国军队驻地沈阳北大营，并轰炸沈阳城。震惊中外的“九一八”事变爆发，一夜之间，日军兵不血刃，占领沈阳。南京国民政府命令不准抵抗。“九一八”事变后，东北大学被迫先后迁徙北平、西安、开封、四川三台等地。刘仙洲也离开沈阳，他对国民党政府的不抵抗政策非常气愤，认为是丧权辱国的行为。

当时发薪，都是发给一私人经营的“北平公司”的支票，余款就自然存在该公司。“九一八”事变一爆发，该公司立即关闭，分文也支不出来。刘仙洲又借了朋友五十元，才勉强带着家属从沈阳返回关内。③

1931 年 10—12 月，刘仙洲来到河北唐山，任交通大学唐山工程学院部总务主任兼讲师。1932 年 1 月，东北大学在北平复校，他又回校任教半年④。当时张学良驻防北平，曾在顺承王府接见了东北大学教师，表示国难家仇一定要报。⑤

---

① 张殿执：《回忆刘仙洲先生》，载《刘仙洲纪念文集》，176 页，北京，清华大学出版社，1990 年。
② 刘仙洲：《求学和工作的简历》，清华大学档案馆藏。
③ 同上。
④ 《刘仙洲简历》，清华大学档案馆藏。
⑤ 赵今声：《回忆刘仙洲老师》，载《刘仙洲纪念文集》，164 页，北京，清华大学出版社，1990 年。

第七章　抗战前在清华大学

1932—1937年，刘仙洲在北平清华大学期间

1932年8月，刘仙洲来到北平，受聘为国立清华大学机械工程学系教授。此后，他在清华工作、生活了四十余年，几乎把后半生都贡献给了这所学校。

在中国，无论对官员学者，还是平民百姓，“清华大学”都是一个家喻户晓的名字。清华大学是中国最著名的高等学府之一，坐落于北京西北郊风景秀丽的清华园内，是中国高层次人才培养和科学技术研究的重要基地之一。

清华大学的前身是清华学堂，成立于1911年4月29日，是清政府建立的一所留美预备学校。

清华学堂的建立，有着特殊的历史背景。1900年，德、英、法、美、俄、日、意、奥等国组成“八国联军”，对中国发动侵略战争，镇压了中国的义和团运动。清政府腐败无能而战败，于1901年9月被迫签订了丧权辱国的“辛丑条约”。按条约规定，西方列强向中国勒索一笔骇人听闻的战争赔款——白银四亿五千万两，分三十九年还清（到1940年），加上利息共达九亿八千万两，史称“庚子赔款”。这笔巨款相当于清政府十二年的财政收入，若以当时中国的总人口按人平均分摊，则要从每个国民身上榨取白银二两多。

美国作为“八国联军”参战国之一，分得白银三千二百多万两（合两千四百多万美元）。1904年，美国国务卿海约翰（John Hay）在与清政府驻美公使梁诚就如何支付赔款进行的商谈中，承认向中国索取的赔款“实属过多”。经过多次艰难交涉，美国同意“退还”部分“额外”的赔款。1906年，美国伊利诺伊大学（University of Illinois）校长詹姆士（Edmund J.James）在给美国总统西奥多·罗斯福（Theodore Roosevelt）的备忘录中说：“中国正临近一次革命。……哪一个国家能够做到教育这一代青年中国人，哪一个国家就能由于这方面所支付的努力，而在精神和商业的影响上取得最大的收获……我们现在一定能够使用最圆满和巧妙的方式，控制中国的发展。——这就是说，使用那从知识上与精神上支配中国的领袖的方式。”[①]1907 年 12 月 3 日，美国总统罗斯福在国会正式宣布：“我国宜实力援助中国厉行教育，使此繁众之国能渐渐融洽于近世之文化。援助之法，宜将庚子赔款退赠一半，俾中国政府得遣学生来美留学。”[②]美国“退款办学”之举，显然意在施加其在中国的影响，但同时为大批中国有志青年提供了接受西方现代科学文化教育的机会。由“退款办学”建立的清华学堂，曾被称作“国耻学校”“买办学校”。清华虽身负国耻的印记，但植根于中华优秀文化传统的肥壤沃土，荟萃中西，贯通古今，发展成为一所具有爱国革命传统、为国家兴盛和科技文化发展作出重大贡献的学校。

1911 年清华学堂开学，当年 10 月辛亥革命爆发，1912 年清华学堂更名为清华学校，1916 年起由一所留美预备学校逐步向完全的综合性大学过渡。1925 年以后设大学部，招收大一新生，此时的清华学校由留美预备部、大学部和国学研究院组成。

1928 年，清华学校被南京国民政府接管，正式命名为国立清华大学。1929 年秋开办研究院。清华进入了一个突进发展阶段，由于学风严谨、师资雄厚、办学经费充裕，由大学“新军”而迅速成为全国一流的高等学府。学校形成了优良的办学传统，尊师重教，广聘名师，教学严谨，要求严格，培养了大批栋梁之材。

国立清华大学的院系设置，在学校的发展过程中逐渐定型。设有文学院、理学院、法学院（皆建于 1929 年）和工学院（建于 1932 年），共 16 个学系，以及研究院。1932 年设立的工学院，是抗战前清华各院中设立最晚的。当时北方各工业院校除唐山交大外，北洋工程馆遭到火焚，东北工学院停顿，北平工学院因经费不足不能发展，都面临严重困难。而清华却具备建立和发展工学院的良好条件。原因有二：一则清华经费较为充裕，二则清华理学院的数学、

---

① 引自《清华大学史料选编》第一卷，73 页，北京，清华大学出版社，1991 年。
② 清华大学校史编写组：《清华大学校史稿》，4 页，北京，中华书局，1981 年。

物理、化学等系有一定的基础，有利于工学院的发展。此外，清华自 1926 年成立工程系（附属于理学院）以来，全校每年新生有 30%~40% 进入该系。1932 年 1 月，评议会通过动用庚款余额于下学期添设工学院的决议。同年 6 月，教育部亦指令清华筹建工学院。

1932 年暑假，清华大学工学院正式成立。成立之初，由梅贻琦校长兼任院长，至 1933 年，改由顾毓琇担任。1932 年夏，机械工程学系设立，以“造就各项机械工程专门人才，适应国内社会需要为宗旨”，陆续聘用了庄前鼎、王士倬、刘仙洲、李辑祥、殷祖澜、冯桂莲、美籍教师华敦德等一批名师。1935 年春季，机械工程馆落成，“宽五十尺，长二百三十尺，二层楼房，上层课堂、绘图室、办公室、图书室及会议室等，下层全系机器引擎试验场所，上有三吨重吊车一架……”该系实验室非常先进，“比之欧美各大学机械实验室设备，实不相上下，堪称国内最完备之机械实验室。”[①]

清华大学机械系原动力组 1936 年第一届毕业生（前排左起：葛祖彭、曹国惠、史久荣、李辑祥、汪一彪、庄前鼎、殷祖澜、刘仙洲、钱启福、戴中孚）

刘仙洲到清华后，即参加了工学院和机械工程系的筹建工作，直至 1937 年“七七”事变，日本强占北平为止。在这六年中，他对机械系的课程设置、教学方法以及实习工厂和热工试验室的建设等方面提出了许多行之有效的倡

① 庄前鼎：《机械工程学系概况》，载《清华大学史料选编》（第二卷下），490–491 页，北京，清华大学出版社，1991 年。

议。他为工学院各系主讲的机械原理、热机学、经验计划等课程，理论联系实际，教学作风严谨，讲课条理分明，富于逻辑性，深受广大师生的赞誉。

清华大学工学院有着严格认真的教学作风，“在全国中声望最高”“工院的教授是认真严格，工院的学生是在埋头苦干”。[①] 课程内容，所用教本，为当时中国大学工科院校大都采用的教材，但通过教师的备课，不断采用英美等国教科书或国外科技杂志上一些新的内容，历年所讲，均有所不同。给学生的习题，既有教科书上的，也有教师自己编选的。往往在学期开始之前，习题就已选定。选定之后，助教要把习题做过一遍，有的题目，特别是自编的题目，还要由教授亲自做一遍。

刘仙洲此时除从事教学、科研外，还高瞻远瞩，怀抱“科学救国”“教育救国”的理想，为国家富强、科学进步日夜筹划，他认为欲求国家富强必要工业发达，工业发达则必需合格的工程技术人才。在培养工程技术人才的实践中，他注意到了当时工程教育中重理论轻实际的现象。以清华大学工学院为例，各系在读完三年级课程后，在暑期内到工厂实习一个月左右。除土木系的测量实习，学生能受到一些实际工作的训练外，其他实习都只是参观性质，由学生自行前往，没有教师指导，也没有一定的计划。[②] 为以培养学理和实验并重的机械工程人才，他曾与系主任庄前鼎商议，在清华大学机械系试办工读协作制，并提出了详尽的计划。后来因为时局和种种关系，未能付诸实施。

在从事教学、科研工作的同时，刘仙洲关注着中国机械工程的发展，积极参与机械工程学界的活动。他经常与清华大学机械系的有识之士讨论机械工程发展及机械工程教育对于中国的重要性，他们认为：“机械工程是一切工程之基础，因近代物质文明之进步，机械工程亦随分类日繁，应用日广，例如飞机、火车、汽车、电车、轮船、潜水艇种种工具军事器械甚至农业及吾人日用品中之各种制造业，无一不利用机械，其对于现代文明人类幸福上之重要性，

① 古城：《谈谈清华的工学院》，载《清华大学史料选编》（第二卷下），544-545 页，北京，清华大学出版社，1991 年。

② 《清华大学校史稿》，228 页，北京，中华书局，1981 年。

不待赘言也。”

他们认识到：“我国近十数年来对于学术方面日趋专门化及分工合作化，此实一极好之现象。各种学会，纷纷成立，有如雨后春笋，如中国科学社，物理学会，化学会，数学会，天文学会，地质学会，动物学会，植物学会，又如中国工程师学会，矿冶学会，电机工程师学会，水利工程学会，纺织工程学会，自动机工程学会等，均已相继成立。机械工程之重要既如上述，其成立专科学会实属必要……”①

1935 年 10 月 10 日，庄前鼎、王季绪、杨毅、顾毓琇、王士倬、刘仙洲、李辑祥等七人，向国内机械工程界发出通函，发起成立中国机械工程学会。中国机械工程学会是中国机械工程科技工作者的群众性学术团体，最初是中国工程师学会的一个分支，而中国工程师学会的前身又是 1912 年由詹天佑发起成立的中华工程学会。1936 年 1 月 15 日，在北平国立清华大学正式成立“中国机械工程学会筹备委员会”，庄前鼎、王季绪、杨毅、刘仙洲、李辑祥五人当选为筹备委员会委员。1936 年 5 月 21 日，在杭州国立浙江大学举行中国机械工程学会成立大会，其使命是“促进吾国机械工程学术之前进，及使吾国机械工程事业之发展”。在这次大会上，黄伯樵当选为会长，庄前鼎当选为副会长，此后蝉联数年。刘仙洲等三十人当选为编辑委员会编辑委员。中国机械工程学会的主要活动是组织大型综合报告会，编译图书，参加机械工业标准化工作，并

1934 年夏，在北平三贝子花园（即今天的北京动物园，左三：刘仙洲）

① 李辑祥：《中国机械工程学会述略》，载《清华机工月刊》第一卷第一期，5 页，1936 年 10 月 20 日。

出版《机械工程学报》。1937 年抗日战争爆发，学会停止活动。1941 年学会改选负责人，发展会员 983 人，成立地方学会 7 处。1943—1944 年及 1944—1945 年，刘仙洲当选中国机械工程学会副会长[①]。

为了促进机械工程研究，交流研究心得，介绍机械工程知识，清华大学机械工程系、清华大学机械工程学会合编了《清华机工月刊》，于 1936 年 10 月 20 日出版了第一卷第一期，刘仙洲出任总编辑。《清华机工月刊》是学术性的刊物，出过 8 期，后因抗战爆发、清华南迁而被迫结束。

20 世纪 30 年代，清华遵从“所谓大学者，非谓有大楼之谓也，有大师之谓也”的办学理念，积极延聘国内外著名学者来校执教，团结全校教职员共同致力于学校之发展壮大。中文系主任朱自清深有所感地说：“在清华服务的同仁，感觉着一种自由的氛围，每人都有权利有机会对学校的事说话。”刘仙洲虽无意于行政，但对学校事务仍热心参加，据 1936 年清华大学“本校常设委员会名录”，计有聘任委员会、招考委员会、出版委员会等 20 个委员会，刘仙洲是奖学资助委员会的成员。[②]

清华历来注重科学研究，国立清华大学第一任校长罗家伦曾说：“研究是大学的灵魂。专教书而不研究，那所教的必定毫无进步。”1931—1948 年在清华掌校 17 年的梅贻琦校长也认为：“办学校，特别是办大学，应有两种目的，一是研究学术，二是造就人才”，积极倡导学术研究。抗战前的清华大学处于迅速发展上升的时期，清华园成为教授们传道授业、研究学问的乐土。那个时期，刘仙洲的生活比较稳定，教学之余，他积极开展科研活动。他主要从事的科学研究工作有：

（一）英汉对照机械工程名词的编订。这项工作，对当时机械科学技术界有重要的意义。中国自有近代机械工业，至 20 世纪 30 年代，已有八十余年的历史。进入 20 世纪 20 年代，中国的工业发展较快，已有大小工厂近千个，产

---

① 《刘仙洲自撰履历》，载《清华大学史料选编》（第三卷上），322 页，北京，清华大学出版社，1994 年。

② 见《本校常设委员会名录》（民国二十五年度），载《清华大学史料选编》（第二卷上），163 页，北京，清华大学出版社，1991 年。

业工人达到二百多万。机械工程名词不统一、不规范的问题日益突出。在实际运用中，或编著书籍、发表论文之际，所用机械工程名词，概不统一。这种状况有碍于学术发展和技术应用。1928 年 8 月，中国工程师学会对此做过一些工作，但搜集词数太少，仅两千余。1932 年，中国工程师学会推选清华大学工学院院长顾毓琇为编译工程名词委员会委员长。这年，顾毓琇委托刘仙洲编订机械工程名词。1932 年秋，刘仙洲接受中国工程师学会的委托，在校外石峻吉和校内青年教师曹国惠、金希武的协助下，着手搜集和编订，以“从宜、从熟、从简、从俗”为原则，共订出一万一千余个工程名词。历时一年半，完成了这项工作，编订了《英汉对照机械工程名词》一书。该书 1934 年由商务印书馆正式出版，极受欢迎，不出数月即销售告罄。这年秋天，又重新增订，印第二版，名词数增至两万以上，颇受机械工程技术界的重视。这部著作影响广泛深远，奠定了我国机械工程名词统一的基础。

（二）编著中文机械工程书籍。这项工作一部分是刘仙洲来清华之前的工作的继续，一部分是他在清华这一时期的著述。列为当时商务印书馆的大学丛书者，有《机械原理》《热机学》《经验计划》，共五十七万多字；作为中等工业学校教材的，有《机械学》《蒸汽机》《内燃机》，共二十四万多字。这一时期已经着手而未完成的有《机械画》及《工程热力学》等。

（三）在清华任教期间，刘仙洲开始研究中国机械工程发展史。他经常到琉璃厂购买古书，特别是科技工艺类古书，积累了大量资料，著有专著《中国机械工程史料》，约两万五千字。

第八章　抗日烽火中在西南联合大学

随着日本帝国主义侵华步伐的加剧，华北之大，已经安放不得一张平静的书桌了！1937 年 7 月 7 日，卢沟桥的枪炮声揭开了日本发动全面侵华战争的序幕。“七七”事变后，清华大学先南迁长沙，与北京大学、南开大学共同组建了国立长沙临时大学，10 月 25 日开学。年底，南京沦陷，武汉危急，战火逼近长沙。

1938 年 2 月，学校第一学期结束后，师生便启程奔赴云南昆明。1938 年 5 月 4 日，1937 年度第二学期开学，校名改为国立西南联合大学，简称西南联大。由长沙临时大学抵昆明入学的学生有九百九十三人，其中清华学生四百八十一人，清华教职员共达两百多人[①]。西南联大会聚三校菁华，以刚毅坚卓精神，在民族危难时刻维系着中华教育命脉。

西南联合大学至 1941—1942 年度，设立了文学院（含中国文学、外国语文学、哲学心理学、历史学系），理学院（含算学、物理学、化学、生物学、地质地理气象学系），法商学院（含政治学、法律学、经济学、商学、社会学系），工学院（含土木工程学、机械工程学、电机工程学、化学工程学、航空工程学系及电讯专修科），师范学院（含国文、英文、算学、史地、理化、教育、公民训育系及师范专修科），共计五个学院二十六个学系及两个专修科和一个先修班；在校学生约三千人，规模之大，在抗战时期堪称全国第一。三校各有光荣历史，各有优良校风，相互尊重，患难与共。联大名师荟萃，阵容强大，且各有所长，造诣良深。

“七七”事变后，刘仙洲坚决不愿留在被日军占领的北平做事，他抛家别母辗转南下，先随校到湖南长沙，任长沙临时大学机械系教授。

抗战爆发后，中英庚款董事会因平津各大学合并设校，教授有余，特拨专款，酌选各科教授，聘赴边省各大学任教，以加强这些大学的教学力量。他们聘请了刘仙洲前往广西大学任教。经一番信函来往商谈，刘仙洲表示：自

---

① 清华大学校史编写组：《清华大学校史稿》，292 页，北京，中华书局，1981 年。

1932年在清华大学任教，他已在学校服务满五年。依照清华规定，在学校服务满五年的教师可休假一年。在休假期内，经学校评议会通过可赴欧美研究，研究者除可支取半薪外，还可由学校提供往来川资，此外还给予每月在外的研究费用。学校已同意刘仙洲出国研究，所以对赴广西任教一事，他只愿意借调，而不愿接受正式聘任。这样，1938年1月，由中英庚款委员会借聘，刘仙洲到广西梧州，任广西大学理工学院机械工程学系教授，清华这边出国研究的权利仍予以保留。[①] 原定借调一年为期，后因梧州常遭日机空袭，学校被迫迁移，无法继续正常的教学。不得已，1938年夏，刘仙洲来到昆明，作为受清华聘任的教授，在西南联大任教。

1938年春，刘仙洲在梧州广西大学理工学院

1938年秋起，刘仙洲在西南联合大学工学院机械系任教，直至1945年抗日战争胜利。

他任教的机械工程学系，是西南联合大学工学院中规模最大、学生人数最多的一个系。系主任先是庄前鼎，后为李辑祥。先后担任过主要课程的教授有庄前鼎、刘仙洲、李辑祥、殷文友、张阔骏、吴承佑、张友生、刘德慕、王师羲、曾叔岳、褚士荃、孟广喆等。

西南联大时期，国家在艰苦中抗战，学校也在万难中支撑，此中甘苦，一言难尽。那段艰苦的生活，对每一个联大师生都是严峻的考验。几年之中，物价飞涨，昆明更是首当其冲。教授的实际收入江河日下。1943年下半年，

① 《关于中英庚款董事会借聘刘仙洲的信函往来》，载《清华大学史料选编》(三上)，198、199页，北京，清华大学出版社，1994年。

昆明物价为抗战初期的404倍[①]，而联大教职员薪金则为原薪金的10.6倍。这微薄的薪俸怎能养活一家老小？自1942年春天起，形势更为严峻，联大教职员几乎没有一个不靠举债与售卖物品度日，大部分的家庭已经是无债可举，无物可卖。若遇到疾病，其窘况更是可想而知。令人感动的是，联大师生在这样极其清苦的生活条件下，始终不厌倦地为国家学术教育而努力，为抗日救国大业而尽责。他们不因生活的艰苦，而对教学工作有所懈怠。教师们除了授课外，还从事著述与研究。在他们的努力下，联大历年的毕业生都能保持相当高的质量。1942年，英庚款派送的留学生中，联大学生占到80%。[②]

战前刘仙洲的月薪三百元[③]，据刘仙洲晚年回忆："1932年到1937年，在清华大学任教，因为按时发薪，又加上几本书的出版，每年得到一部分版税（由三百多元到六七百元），到'七七'事变，曾积蓄七八千元。我于1937年7月南行，参加西南联合大学，把存款留给家属做生活费。等1947年，我回校时，完全花光。我在此十年，也是深受当时通货膨胀之苦。我记得在昆明的后期，当时的教育部给了一个部聘教授的名义，每月多发给二百元的研究费，数目似乎并不算小，但是积累一年，二千四百元，只够买一支毛笔！"[④]

刘仙洲没有因为生活的艰苦而懈怠教学工作。他怀着拳拳爱国之心读书、教书、写书。这一时期他先后讲授过的课程有：机械学、经验计划、热力工程、热机学等。[⑤] 他教学严谨，对学生要求严格。

学生对这位认真负责的老师印象很深，1938年考入联大机械系的张德骏回忆："当时刘师给本系讲机械原理，给外系讲热机学，课程很重。我印象最深的是刘师从住处到教室有很长一段路，但他总是提前到达，或是先在黑板上

---

① 西南联合大学北京校友会：《国立西南联合大学校史（修订版）——一九三七至一九四六年的北大、清华、南开》，59页，2006年。

② 据《为征募清华服务社股本告全体校友书》（1943年8月20日），载《清华大学史料选编》（三上），210–215页，北京，清华大学出版社，1994年。

③ 《国立清华大学二十二年度教职员名册》，中国第二历史档案馆藏。

④ 刘仙洲手稿：《求学和工作的简历》，清华大学档案馆藏。

⑤ 《西南联大各院系必修、选修学程及任课教师表》，载《清华大学史料选编》（三下），240–241页，北京，清华大学出版社，1994年。

画图，或是先向早到的同学回答问题。由于刘师认真的和理论联系实际的授课，我们的机械原理是学得很扎实的。”[①]

1945 年毕业于联大机械系的储稼季回忆：“凡是在工学院读书的各系同学，都至少要上刘仙洲先生的机械原理课。他是一位德高望重的老师；在机械系更是如此。系或班级有什么活动，都请刘先生参加指导，系主任李辑祥也经常教导我们要尊敬刘先生，遵循刘先生的教诲……刘先生教课是严肃认真的……不论课室在什么地方，刘先生总是在上课铃声未断以前步入教室。有时甚至比同学先到十多分钟，把课堂用的图表画在黑板上，或带了已画好图的小黑板来上课，所以每堂课都是满点，但也不拖堂。他对同学们的要求也很严格。上课不允许迟到早退，更不能上课时自由出入教室。每个同学均按学号的顺序排定座位，每堂课按座位点名。习题作业也必须按时交给助教，助教向他报告作业完成情况。如果缺课多了，作业交少了，即使考试有好分数，学期终了视情况也不会有好成绩，甚至不及格、得不到学分而要重读。那时上课缺乏或根本没有教本。虽然多数是百人左右的大课，大家都安静地听讲、做笔记。他讲课总是简明扼要，使大家都能听清听懂……[②]

一贯对学生要求严格的刘仙洲有时也会放学生的“假”。1941 年 12 月 8 日，太平洋战争爆发，英美对日宣战，日军进逼香港，滞留香港孤岛的不少文化名人、民主人士如西南联大教授陈寅恪以及何香凝、茅盾、邹韬奋、柳亚子等，无法及时撤离。重庆政府派专机去香港抢救那里的一批元老。飞机返航时，文化名人及民主人士的家眷们接到通知都前往机场迎接。谁知机舱一打开，却走出了孔二小姐带着她的宠物洋狗。原来孔祥熙等达官贵人垄断中央航空公司的班机，专事抢运私家财物，甚至连孔家的洋狗也占了飞机的座舱！

12 月 22 日，王芸生在《大公报》发表《拥护修明政治案》一文，披露了“飞机洋狗事件”，国人长叹，舆论大哗。12 月 24 日，昆明《朝报》以醒目标题《从

① 张德骏：《纪念吾师刘仙洲诞生 100 周年》，载《刘仙洲纪念文集》130 页，北京，清华大学出版社，1990 年。

② 储稼季：《怀念刘仙洲老师》，载《清华校友通讯》第 16 期，80-82 页，北京，清华大学出版社，1987 年。

修明政治谈到飞机运洋狗》介绍了王芸生的文章，由此引发一场“倒孔”运动。

消息传来，联大学生群情激愤，纷纷走上街头游行。刘仙洲正在给学生们上课，听到街头传来了“同学们，游行去！”的呼声，由于他平时对学生要求十分严格，没有得到他的同意无人敢于擅自离座。刘仙洲问学生们：“为什么游行？”当他得知是“打倒孔祥熙”时，便立即说：“打倒孔祥熙！应该去！”刘仙洲这种疾恶如仇的性格给学生们留下了深刻印象。

一个正直的人，人格是不容侮辱的。抗战时期，国民党当局曾企图拉一些名教授加入国民党。一次国民党派人动员刘仙洲加入国民党，遭到拒绝后，竟擅自从他的薪金中扣除“党费”，以造成既成事实。刘仙洲立即提出抗议。国民党派人对他说：“你是同盟会员，参加国民党是理所当然的事！”刘仙洲义正词严地驳斥说：“我当初加入同盟会，正是为了打倒你们这样的作风！”事后有人劝他说：“为人要内方外圆。”他说：“不对，为人应当内方外也方！”

除了授课之外，他也从事著述与研究，孜孜不倦地查阅机械工程方面的书籍和文献，进行教科书、机械名词以及中国机械发明史等方面的编写工作。

刘仙洲战前编著的《机械原理》，原为商务印书馆出版的大学丛书，1940年被部定大学用书编委会选定，重新修订后，于1944年出版。受部定大学用书编委会特约，刘仙洲这一时期编著了《热工学》、《画法几何》（与褚士荃合编）、《气阀机关》（与曹国惠合编）。

在实际工作方面，西南联大机械系曾与云南省建设厅合作，研究改良该省的农具。刘仙洲还为云南明良煤矿公司研究设计“用汽车发动机带动轻便列车运煤”之装置法。①

在联大期间，刘仙洲教学、科研之外还参与了一些清华重要事务的讨论议定。

1941年9月17日，清华教授会选举清华各院长：文学院冯友兰，理学院吴有训，法学院陈岱孙，工学院施嘉炀。选举清华评议会评议员：陈省身、周

① 《机械工程学系教授副教授研究著作调查表》，国立清华大学档案，《研究工作卷》，1942年。

培源、萧蘧、张奚若、王裕光、陈福田、刘仙洲、王信忠、李辑祥当选。[①]按照清华大学规程规定，评议会以校长、教务长、秘书长、各学院院长及教授会互选之评议员七人组成（后改九人），其职权为：议决重要章制；审议预算；依据部定方针，议决建筑及他项重要设备；依据部定方针，议决各学系之设立或废止；依据部定方针，议决本大学派遣及管理留学生之计划与留学经费之分配；议决校长交议之事项。[②]

1944 年刘仙洲再次当选。这年 8 月 24 日，清华教授会选举清华评议会评议员：张奚若、朱自清、雷海宗、陈福田、刘崇鋐、刘仙洲、赵访熊、金岳霖、黄子卿当选。[③]

刘仙洲也参与到联大的校务管理中。

1942 年 11 月 26 日，联大教授会选举出席第五届校务会议之教授代表。周炳琳、张奚若、陈雪屏、潘光旦、罗常培、陈岱孙、陈福田、钱端升、燕树棠、萧蘧、张景钺、李辑祥十二人当选为代表，李继侗、杨振声、王信忠、郑华炽、刘仙洲、陈省身、冯文潜七人当选为候补代表。[④]

1943 年 11 月 17 日，联大教授会选举出席第六届校务会议之教授代表。罗常培、陈岱孙、张奚若、叶企孙、潘光旦、萧蘧、周炳琳、杨振声、刘仙洲、钱端升、燕树棠等当选为代表，李继侗、雷海宗、郑华炽、王裕光、朱自清等当选为候补代表。[⑤]

1944 年 9 月 20 日，联大教授会选举出席第七届校务会议之教授代表。张奚若、燕树棠、叶企孙、钱端升、潘光旦、闻一多、陈雪屏、刘崇鋐、刘仙洲、陈岱孙、朱自清等当选为代表，冯文潜、李辑祥、杨武之、张景钺等当选为候补代表。[⑥]

---

① 清华大学校史研究室:《清华大学一百年》，129 页，北京，清华大学出版社，2011 年。
② 评议会（民国二一五年度），《清华大学史料选编》（二上），161 页，北京，清华大学出版社，1991 年。
③ 清华大学校史研究室:《清华大学一百年》，142 页，北京，清华大学出版社，2011 年。
④ 清华大学校史研究室:《清华大学一百年》，135 页，北京，清华大学出版社，2011 年。
⑤ 清华大学校史研究室:《清华大学一百年》，139 页，北京，清华大学出版社，2011 年。
⑥ 清华大学校史研究室:《清华大学一百年》，142 页，北京，清华大学出版社，2011 年。

1943年12月16日，教育部学术审议委员会会议通过部聘教授人选，共确定十五位教授为部聘教授，“教育部学术审议委员会，十六日续开大会，由蒋梦麟主持，通过议案多起，其中重要者有决定部聘教授人选、审议经济建设高级干部人才培养方案初步实施计划大纲、审议国际学术文化合作之初步方案、审议学生志愿服役办法暨修正审查学术奖励作品标准等案。兹悉通过之部聘教授为：胡光炜（中国文学科）、楼光来（外国文学科）、柳诒征（史学科）、冯友兰（哲学科）、常道直（教育科）、何鲁（数学科）、胡刚复（物理科）、高济宇（化学科）、萧公权（政治科）、戴修钻（法律科）、刘秉麟（经济科）、邓植仪（农科）、刘仙洲（工科）、梁伯强（医科）、徐悲鸿（艺术科）等十五人。”① 刘仙洲是其中唯一的工科教授。

怀着对抗战胜利的无限信心，刘仙洲度过了在昆明艰苦的八年。1939年，他在昆明曾与老朋友茅以升先生同聊共勉，两人约定待胜利后要回天津北洋大学欣赏桃花。然而，残酷的战争持续了八年之久，它考验着人们，给人们带来了苦难。抗战期间，刘仙洲经历了与亲人的生离死别。

刘仙洲是有名的孝子，对老母亲特别孝顺，对母亲的养育之恩，总是觉得报答不尽。他常念及母亲生育他及弟弟刘宝华，并历尽艰辛将他们抚养成才之不易。抗战前，刘母尚康健，愿意在农村老家居住，刘仙洲与弟弟商议，为母亲翻修老宅，修建了一座甚有格局的四合院，以使母亲安享晚年。战乱既起，刘仙洲只身南下，母子天各一方。自古忠孝不能两全，刘仙洲的思母之痛，无可排遣，萦绕于怀，挥之不去。抗战爆发后，刘母避战乱到北平城内居住，后不久，病故于北平。刘宝华将母亲灵柩暂寄于法源寺。此时刘仙洲远在昆明，未能守灵尽孝。“树欲静而风不止，子欲养而亲不在”，他后来写的一段日记回顾了对母亲的依依深情：

1941年6月10日始得知先母去世的确信，痛哭欲绝，真所谓抱恨终天矣。在这以前不久，同事孟广喆曾绕道香港回京一次，我心里动过省亲之念，又怕

① 《大公报》，1943年12月17日，第2版。

到北京以后，被敌人扣留不能再出，有一个时期，经过我住的望苍楼北窗向北望，每看到一位老太太由西向东走去，她穿的衣服的式样和身躯的轮廓及行动的步伐，实在像先母的情形。我心里常管她叫“像母婆”。每当她由西边走来，我就注视着，心里觉得像是见到母亲，等最后被东墙遮住，就觉得看不到母亲了。1947年我回京后听家里人说：先母那几年也是最想念我。在绒线胡同启明医院大门口的台阶上坐着，有一位坐洋车的人从西向东去，她老人家看着那人的背后像我，就喊着叫人家站住，真是母子二人相隔万里，但是具有同样的想念心情啊！我每一念及，就不禁堕泪。陆游的诗说：“死去原知万事空”，但是人就是有这些感情，有什么办法呢！①

1940年1月，同大女儿、女婿在昆明金汁河岸

在昆明几年，刘仙洲住在西南联大工学院所在地之一迤西会馆，过着简单清苦的单身生活。迤西会馆前后院主要用做工学院的教学、办公，从后院的东北角门出去，是一个小花园，坐北朝南的五开间建筑是“望苍楼”，楼上中间一间作饭厅，其余四间是单身教授宿舍，各隔成两间，共住八人，刘仙洲、孟广喆等就住在这里。② 他一向崇尚简朴，对艰苦的生活条件安之若素。他衣着朴素，一般总是身着灰色长衫，冬天则穿黑色棉裤，用黑丝带绑着裤脚。他自己操持生活，常常要做洗衣服等家务。其时，刘仙洲的女儿刘玉素、女婿朱弘复也在昆明，住在昆明福照街五福巷，工作之余，刘仙洲常与女儿一家共享

① 刘纪霖：《父亲永远活在我心中》，载《刘仙洲纪念文集》，197、198页，北京，清华大学出版社，1990年。

② 西南联合大学北京校友会：《国立西南联合大学校史（修订版）——一九三七至一九四六年的北大、清华、南开》，49页，2005年。

天伦之乐。当时的昆明，有一批保定育德留法班学生，如范秉哲、李苏、赵雁来、张玺等，常来到寓所与敬爱的老师相会，虽已离开育德数十年，师生们仍情深意浓。

1943 年 6 月，西南联大机械工程系一九四三级师生合影（前排右二为刘仙洲）

1945 年 7 月，刘仙洲与西南联大炔社成员合影（前排右二为刘仙洲）

1945 年，在全世界正义之师的打击下，日本天皇于 8 月 15 日宣布无条件投降，穷途末路的日本法西斯轰然倒下。日本宣布投降的消息传来，自“九一八”事变以来，浴血奋战了十四年的中国人民，顿时奔走相告，欢欣鼓舞，庆祝抗日战争的胜利，全国汇成了一片欢乐的海洋。

在昆明，日本投降的消息一经传到这里，便猛烈地爆炸开去，千百万人的热情，也因而燃烧起来，浴成一片火海。街上挤得水泄不通，人们排成一条队伍，高喊着，跳跃着。“剑外忽传收蓟北，初闻涕泪满衣裳”，一向严肃、不苟言笑的刘仙洲也被这普天同庆的欢乐深深感染。胜利的喜悦之后，思乡之情像洪水一样向他袭来，他多么想快快回到家乡，回到北平，与多年未见的亲人们团聚，还要在老母灵前祭拜。当年他写给梅贻琦校长的信件中表达了他的这种急迫心情：“……弟自事变南来，至十月六日即十足的八年。先母于四年前在平逝世，迄今仍停灵于法源寺中。内人亦抱病两年，只三小女随侍。老家住宅无人居住者已将五年，大门用土坯堵起，所有房屋毁坏到何种程度，不得而知。倘校中有派人北归查视计划，不识能否将弟列入？”接下来他又恳求，“曾忆数年前，在望苍楼曾当面请求‘将来战事胜利后，请准单身南来且中间并未北归者，先行北返’。校长曾点首笑允。此时虽不敢据此笑谈而申请，但此种希望，似甚合理，究竟有无可能？”①

待到备受思乡之苦折磨的刘仙洲回到家乡，已是两年以后了，因为这期间他获得了一次赴美考察学习的机会。

---

① 《刘仙洲函梅校长报告候船赴美情况》，载《清华大学史料选编》（三上），323页，北京，清华大学出版社，1994年。

第九章　赴美考察

自清华大学发展的初期，学校就有学术休假制度：教授每五年可享受出国休假半年的待遇，专任讲师、教员和助教在校连续服务五年后，成绩优异者，可享受出国休假一年的待遇。清华由一所大学新军迅速成长为国内大学佼佼者，与这种学术休假制度不无关系，此举体现了学校特别注重对师资的培养。教师平时的研究环境备极精良，加之学校支持教师出国研究，“在学术独立之努力中，兼不忘他山之砥砺”，此清华之大计，亦清华之特色。学校教师能与时俱进，学术人才亦大多乐于萃集清华。“他山之石，可以攻玉”，刘仙洲也一直渴望着能获得出国考察研究的机会。自 1932 年到清华大学任教至 1937 年正是五年，这年 4 月 14 日，校评议会议决：通过本届休假出国研究之教授：雷海宗、赵忠尧、张子高、周先庚、萧公权、顾毓琇、刘仙洲。①

然而风云突变，随着抗战全面爆发，学校不得不一再迁移，在艰难中勉强维持，学术休假制度亦随以暂置。教师们对学校面临的困难，给予了理解。

自 1939 年起，清华渐渐恢复了教师国内休假的制度，而迫于形势及各方面的困难，出国休假的制度一时难以恢复实行如前。②

在抗战胜利前的 1944 年，德、日、意轴心国败迹已经显露，重庆国民党政府教育部决定从全国理、工、农、医学院各选派教授去英、美、加三国进修两年，学习国外先进技术，为战后改革中国高等教育、推进科技更新做准备。选拔条件是教学成绩优异、过去没有到外国留学的教授，刘仙洲入选。1944 年 11 月 15 日，联大常委会会议议决：关于教育部令联大就理科工科中各选派教员二名出国研究一案，本大学应遴荐张景钺、杨石先、刘仙洲、任之恭出国研究。③

此次遴选，在陕西省固县古路坝西北工学院任教的赵今声教授也名列其

① 清华大学校史研究室：《清华大学一百年》，100 页，北京，清华大学出版社，2011 年。

② 《历次校务会议及评议会关于教工待遇问题的报告与议决事项》(1937 年 9 月—1946 年 4 月)，载《清华大学史料选编》(三上)，281–288 页，北京，清华大学出版社，1994 年。

③ 清华大学校史研究室：《清华大学一百年》，143 页，北京，清华大学出版社，2011 年。

中。在育德中学读书时，赵今声曾师从刘仙洲。师生双双获此学习良机，自是欢喜，二人约定于 1945 年 4 月去重庆办理出国手续，然后乘飞机去印度，转往美国。

战争时期，去美国的轮船少，需在印度等候数月方能搭上赴美船只。刘仙洲与赵今声商议，暂先各自返回学校，待交通情况改善后再行出国。数月之后，日本投降，抗战结束。而此时国内、国际交通还远未恢复正常。刘仙洲等滞留重庆，面对交通的困境，加之思乡痛苦的折磨，刘仙洲萌生退意，曾想过先回到北平，将家事稍做安排，待次年春天再走。但是很快事情出现了转机，1946 年 1 月，刘、赵二人乘飞机到达上海，2 月搭上一条美国运载士兵回国的轮船，横渡太平洋，历经约二十天，抵达美国西雅图。

1946 年 3 月，乘轮船横渡太平洋赴美途中（左一为刘仙洲）

旅行期间，刘仙洲备受颠簸晕船之苦，幸而有弟子赵今声无微不至的悉心照顾。到西雅图后，二人先在一家旅馆休息，两天后参观了华盛顿大学。然后乘火车到旧金山，参观加州伯克利大学和一家造船厂。之后再乘火车到芝加哥，二人分手，赵今声到密执安大学学习港口工程，刘仙洲则去伊利诺伊大学进修农业机械。这时刘仙洲已年近花甲，仍不畏辛劳，远渡重洋，为获取最新科学技术，为推进中国农业机械化，孜孜不倦地学习。[①]

1946 年夏，刘仙洲（右一）在伊利诺伊大学农业工程系旁听暑期班

刘仙洲在美访问期间，女儿刘玉素一家恰在伊利诺伊大学。刘仙洲租了一间房，离女儿寓所仅数十步，可到女儿寓所用餐。除外出参观工厂外，刘仙洲每天准时到农机系工作，与系主任及教师们相处十分融洽。1946 年女婿朱弘复到爱荷华州威斯灵大学教书，女儿一家三口都迁到威斯灵大学居住，刘仙洲闲时前去探望，一见到女儿一家，就把 7 岁的外孙背在背上，流露出慈爱之情。[②]

在重庆办理出国手续时，刘仙洲等人领到了一年进修费及出国旅费，第二年的进修费及回国旅费原定到国外进修一年后再发。不久国内形势有变，国民党撕毁了重庆政治协商会议的决议，再度挑起内战，局势对国民党不利，政权摇摇欲坠，教育经费一减再减，教育部应发的进修费迟迟不到。刘仙洲等人遂决定提前回国。1947 年，刘仙洲、赵今声、刘仙洲的女儿刘玉素、女婿朱弘复会集旧金山，8 月搭船回到上海。因当时铁路交通中断，欲到北平须先乘

① 赵今声：《回忆刘仙洲老师》，载《刘仙洲纪念文集》，164、165 页，北京，清华大学出版社，1990 年。

② 朱弘复：《百年诞辰 悼念往事》，载《刘仙洲纪念文集》，191 页，北京，清华大学出版社，1990 年。

船到天津，所以需要在上海等待若干日，刘仙洲暂时借住在他的好友周承佑教授主持的工业学校内。趁此闲暇，他想到南京看望长子一家。没想到这一去却引出了一场风波。

1946 年秋赴美考察时，在伊利诺伊大学实习农场

一到南京，刘仙洲即听说国民党教育部长朱家骅要为他设宴接风，希望邀请他再次出任北洋大学校长。事情的原委是这样的：1946 年春，教育部令准北洋大学复校，聘王宠惠、王正廷、陈立夫、李石曾、凌鸿勋、茅以升等为北洋大学筹备委员，并于 5 月间任命茅以升为校长。8 月，因茅以升不能就职遂命教务长金问洙兼代校长。不久，金问洙辞职，教育部聘训导长钟世铭为代理校长。南京教育部遂任命刘仙洲重任校长。他闻讯后当晚即不辞而别，乘车离开南京。事后，教育部竟强加于人，公布他出任北洋大学校长，刘仙洲仍坚辞不就国民党政府的聘任。后来朱家骅再次致电“敦促”，教育部督学吴兆棠、青年部长陈雪屏等要人也亲自登门“劝驾”，但刘仙洲“辞意极坚”，对学校转送之教育部函件，均予一一退回。此事一时传得沸沸扬扬，《大公报》《世界日报》等各大报刊连日报道，猜测刘仙洲坚辞不就北洋校长的原因。无奈之下，他只得以“身体健康不佳，头疼头晕等症复发，恐有脑溢血之危险”为由发表谈话，始终没有赴任。《联大八年》一书中对于刘仙洲有这样的评

1947 年春，在二把拿寓所西边照

论："正当有人想出任或长某院某系的时候，刘先生却是请都请不出。"

20 世纪 20 年代刘仙洲曾出任北洋大学校长，意气风发想做一番事业，他为教育救国的理想已奋斗近三十年，此时为何如此执拗地坚辞不就呢？原来，他已看透了国民党政府的腐败没落，不再相信科学救国、教育救国的理想在国民党的腐朽统治下能够实现，既无力力挽狂澜，只好独善其身，他不愿以清白之身堕入泥淖。另一原因在于：自 1932 年刘仙洲来清华任教，清华工学院规模不断扩大，学术程度日益提高，师生团结，合作无间，学术风气浓厚，他已经与清华大学结下了难以割舍的感情。

第十章　迎来解放　焕发青春

回到清华园

随着1945年8月抗日战争的胜利，西南联大之战时使命完成，于1946年5月结束。原属联大的师范学院就地建为昆明师范学院，电讯专修科拨归云南大学工学院管理。原北大、清华、南开三校复员，自5月起分批北上。同年8—10月间，清华师生全部回到北平清华园。10月10日，复员后的清华大学在清华园开学。虽然条件简陋，学生人数却比战前几乎增加了一倍，全校师生员工总数逾三千人。复员后的清华大学，办学方针、教学制度，以及教学风格等均承袭过去，保持了清华的治学精神和文化氛围，院系、研究所设置则扩大了规模。至1948年底清华园解放，全校设有文、理、法、工、农五个学院，二十六个学系，一个研究院，二十三个研究所。全校教职工有三百九十一人，其中教授、副教授一百一十人（1947年度统计）；在校学生总数增至两千三百多人，其中刘仙洲任教的工学院学生最多，有一千二百多人，超过学校学生总数的一半。

赴美考察结束后，刘仙洲回到复员后的清华大学，此时距他“七七”事变后离开清华园已有十年之久。再次回到熟悉的校园，回到朝气蓬勃的学生中间，刘仙洲的心情不错。学生们对德高望重的刘先生也十分敬重，1948年5月28日的清华旬刊中，有一段介绍，可以视之为当时“清华学生印象中的刘仙洲”：“刘仙洲先生——他屹立在教育岗位，已有二十八年，著作甚丰。先生向主中国学术独立，讲授悉用中文。三十四年奉教育部约，赴美考察农业机械，去冬回国。在美时，曾为本系订购大批机器、图书、活动电影等，充实本系设备。教育部要他去担任北洋大学校长，他说清华学术风气浓厚，力辞不去。”[①]

---

① 《院系漫谈》，载《清华大学史料选编》（四），209页，北京，清华大学出版社，1994年。

1948 年 6 月 10 日，清华大学教授会推选校评议会评议员，周培源、李辑祥、刘仙洲、王裕光、陈福田、潘光旦、雷海宗、戴世光、戴芳澜、吴景超当选，钱伟长、王宪钧为候补。[①]

抗战胜利后，国民党只顾进行反共内战，兵荒马乱，以致物价暴涨、民不聊生。其时教育经费拮据（1947 年度教育经费只占国家总预算的 2.92%[②]），政府拨给清华的经费根本不足以应付日常教学与科学研究工作的需要，教学与学术研究只得处于维持状态，甚至师生的生活也难以为继。

1948 年 8 月 25 日教育部令，将刘仙洲、冯友兰聘为部聘教授。[③]

在半封建半殖民地的旧中国，刘仙洲“教育救国”和“工业救国”的理想是不可能实现的。清政府、北洋军阀政府和国民党政府的腐败无能，使他非常灰心，决心不问政治，他的“不问政治”在西南联大时期就颇有名气，他埋头业务，著书教书度过余生。1947 年，他曾对同事讲过：“我剩下的一段时间，顶多再教十年书，再写五本书，就算尽了我一生的责任了！”[④] 实际上，他是报国无门，心灰意冷，在对旧中国的失望中迎来了解放。

迎来解放

1948 年 8 月，国民党政府宣布将法币改为金圆券。这次币制改革使物价陡涨。那时清华教职员的月薪平均才合金圆券 124.7 元，四口之家，只够维持

① 清华大学校史研究室：《清华大学一百年》，166 页，北京，清华大学出版社，2011 年。
② 《第二次中国教育年鉴》总第 52 页，转引自《清华大学校史稿》，北京，中华书局，1981 年。
③ 清华大学校史研究室：《清华大学一百年》，167 页，北京，清华大学出版社，2011 年。
④ 张闻博：《怀念刘仙洲老师》，载《刘仙洲纪念文集》，76 页，北京，清华大学出版社，1990 年。

八天的开销。[1] 有的教授不得不以卖书来维持生活。有的教授说："过去是书店的书向教授家里走，现在是教授家里的书向书店走。"刘仙洲一家人口较多，尽管一向生活俭朴，这时也感到捉襟见肘。

同年 9 月上旬，人民解放军在各个战场取得了决定性的胜利，华北即将解放。

11 月上旬，随着辽沈战役的结束，形势急剧发展。11 月 24 日，国民党教育部督学来到北平，与清华、北大校长交换有关"迁校"意见，声称："在遇万一时，政府为保护民族文化，决定全力设法'抢救'"，企图拉拢一些教授，把清华大学这块牌子迁到南方。此时国民党早已失去人心，教授们乃至校领导的绝大多数都反对"迁校"。清华校务会议上讨论这个问题时，亦无结果而散。随后国民党政府又紧急制定了"挽救平津学术教育界知名人士"计划，于 1948 年 12 月 14、15 日派专机接平津学术教育界知名人士南下。最终，清华大学绝大多数教师留校等待解放。刘仙洲已对国民党统治感到深深失望，决不愿追随其南下。然而他对共产党也不了解，出于对政治斗争的厌恶，他无意于参加与政治沾边的任何活动。

中国人民解放军北平军事管制委员会委任刘仙洲为清华大学校务委员会委员

1948 年 12 月 15 日，解放军进驻海淀，清华园获得解放。经历了八年抗战、三年内战之苦的清华师生，欢欣鼓舞迎接解放。1949 年 1 月 10 日，解放军北平市军事管制委员会正式接管清华大学，军管会文化接管委员会主任钱俊瑞来校，宣布了这一决定。他在全校教职员工学生参加的大会上说：今天"是清华历史上的新纪元，

[1] 《清华大学校史稿》，497 页，北京，中华书局，1981 年。

从今以后，它将永远是一所人民的大学了”。1949 年 1 月 31 日，北平和平解放。1949 年 5 月 4 日，北平市军管会决定成立清华大学校务委员会，为校内最高权力机关，主持全校校务，商定全校应兴应革事宜。刘仙洲德高望重，熟悉学校事务，被任命为清华大学校务委员会委员。

解放初期思想认识的转变

1949 年 10 月 1 日，中华人民共和国成立，清华大学进入了一个新的发展阶段。在新的时代，刘仙洲的思想逐渐发生了变化，他对中国共产党逐步认识、信服，更多地参与学校、社会诸多重大事务中。

1950 年 1 月 6 日，清华大学校委会议决：组织编译委员会 (2 月 24 日校委会议决改名为编译计划委员会)，召集人是刘仙洲。[①]

1950 年初，刘仙洲第一次参加河北省人民政府委员会，主要的议题是全省河防水利问题和生产救灾问题。所有这些真正为人民兴利除害的问题，都是过去刘仙洲常常梦想，但是当时的政府决不肯花力量去做的。这使他明确地认识到：中国共产党所领导的人民政府是言行一致的，它的一切计划和措施都是为人民的。由于这些事实，刘仙洲逐渐对中国共产党产生了信仰。[②]

① 清华大学校史研究室：《清华大学一百年》，181 页，北京，清华大学出版社，2011 年。
② 刘仙洲：《我为什么加入中国共产党》，载《人民日报》1955 年 12 月 4 日第 3 版。

1950 年，河北省第一届各界人民代表会议筹备委员会（前排左一为刘仙洲）

新中国成立后，随着政局的稳定，很快迎来了国民经济的恢复与发展。1950 年，因产业部门急需生产干部，教育部曾召开座谈会，集中讨论这一问题，各产业部门均有代表参加。在这次会中，各部曾提出拟设立各种专修科，总数不下六十余种。

关于如何解决产业部门急需生产干部的问题，教育界一时众说纷纭。作为富有经验的工程教育家，刘仙洲有自己的见解。

1950 年 6 月 6 日，《光明日报》记者专程到清华大学访问了刘仙洲，请他发表意见。刘仙洲首先谈到当时教育界热烈讨论的高校应培养通才或专才的问题，他认为，通才、专才的培养“应该并重，不宜偏重。例如，进行工业建设我们不仅要照顾到当前的需要，更必需的是发展。如果不培养通才，只有专才，我们的学术和科学技术就不能随着社会的发展而进步。因此，培养通才是绝对重要的。”[①] 同时，他也注意到了新中国经济建设的迫切需要，他说：“不过主张

① 《清华机械系教授刘仙洲谈培养产业急需人才——高等教育问题专访之四》（1950 年 6 月 6 日），清华大学校史研究室编《清华大学史料选编》第五卷（上），163–165 页，北京，清华大学出版社，2005 年。

培养专才的人也很多，特别是各产业部门急需多数的人才，所以他们提出的要求是：专、快、多。就是说学习的技术要专，学习的期间要快，培养的人员要多。从当前经济建设的需要来看，这确是有必要的，但如全面来讲，我们的通才也是极为缺少的，所以我认为如果我们有力量时，是应当两者并重的。”

刘仙洲还谈到了早在 1949 年春天，他曾向教育行政当局提出的把工学院改为“双轨制”。培养通才方面，人数可以少些，但程度应尽量提高；相对的，培养专才方面人数却要多，学习应注意实际和技术方面。“通才的学习时间可以延长，科学基础应打深一点。专才的学习时间可以缩短一点，训练专门实际的技术，高深的理论可以少学。这样就可以兼顾了。”刘仙洲说：“我的经验是，工学院造就出来的宜于研究高深学问的，总占少数。同时，如果少数专才学生在毕业后，个人有继续深入研究的兴趣，教授考查他也确实能够深造，当然仍可以转到通才方面去学习，因为曾经在工厂里实习过的人，再学习高深的理论，自然能把理论和实际联系起来。”

对于培养国家经济建设人才，解决产业部门缺乏中级干部的专门人才的困难，刘仙洲提议：“应当把普通中学适当加以改革。”“过去几十年，中国教育就从未注意过这问题。现在条件好了，政府重视工业、农业，学生过去认为只有升大学才有办法的思想也改变了，所以我们应当很好地掌握这个机会。”他举例说：“像河北省就有四十多个普通中学，假如我们能逐渐把四分之三改成培养工业、农业的专门人才的学校，使学生学习一种专门技术，我想是会解决中级干部缺乏的困难的。”

刘仙洲承认：“这是一个比较长时间的工作。”在这次采访中，刘仙洲提到，为了培养当时急需的专门人才，1949 年他在清华校务会议中曾建议：在不妨碍原有校中班次教学的条件下（照常培植通才），校方应与产业部门协商，替他们附设相当的专修科，造就急需的实用人才。“例如在工学院附设农田水利专修科、农业机械专修科等，清华土木系去年（1949 年）已举办，今年 8 月底可毕业，农业机械专修科，原拟在清华附设，后改设于农业部农业机械厂，去年年底已开始授课。”刘仙洲的这些建议均先后落实。新中国成立后，清华大学积极配合国家经济建设对各方面专业人才的需要。除了本科教育外，自1949年11月起，先后接受了农业部、重工业部、燃料工业部、军委气象局、中国人民银行等部委的委托，陆续开办了农田水利、化学工程、地质、采矿、气象观测、银行等二年制专修科（训练班）。

最后，刘仙洲对于培养产业部门急需的人才提出以下几个办法：

（一）学校附设，因为训练工程人才需要的设备和教师，在准备上是有相当困难的，而学校是具有这样规模和基础的，这样做起来比较方便。

（二）工厂附设，在工厂附设的好处是有实在的大学可看，同时工程师们准备一下，就可以教书，教师、设备的困难都可以得到解决。

（三）采取工读制，就是把一班学生分为两组，一组学习理论，一组下厂去实习，按照规定日期轮换。当然最主要的是工厂实习的东西要和所学的理论相配合，这样再把假期去掉，两三年后就可以训练出很好的工作干部来。

（四）产业部门设立专门学校，不过在教授和设备上是有困难的。

刘仙洲认为，这几种方式，在目前都是可以采用的。但更重要的是学校和工厂方面要密切配合，要打成一片。他特别指出：过去学校和工厂的那种合作是不够的。学校和工厂对于附设专修科一般都感觉是一种负担，学生到工厂去实习，过去一向是不准学生动手，不准学生和工作人员谈话的。这样，学生就不可能获得实际经验，学生对某一工作有疑问时，也不能得到解答。那样，我们如何能够培养出切合实际的工作人员呢？因此，无论学校和工厂今后首先应从思想上解决这个问题，应往大处着眼，对于培养工作干部要认为是自己的责任和义务。只有如此，我们才有可能很快地、不断地培养出新中国经济建设中的大批的工作干部。

刘仙洲对培养人才的建议、培养机械人才的设想，与新中国成立之初的教育举措是合拍的，他开始逐渐接受新兴的政权，并为之建言献策。

新中国诞生后，清华大学走上了为中国社会主义建设服务的办学之路。经历了八年抗战、三年内战的清华师生们，亲眼看见国民党的专制腐败统治，因而对新生的人民共和国充满了憧憬和热爱之情，渴望奉献自己的力量。但以前的清华是一所受西方文化思想影响较深且带有明显的旧时代印迹的学校，原有的教育思想和办学理念，教学制度、内容和方法，以及师生的世界观、人生观，都与新生的社会制度不相适应甚至有些矛盾。刚解放时，“教师们当中欧美资产阶级的思想体系还占着统治地位……大部分教师对待人民解放事业，对待共产党和人民政府采取‘客观的’、怀疑的态度……大部分教师守着自己的学问、技术，不问政治。”① 要让清华真正成为一所人民的大学，学校需要转变；为适应国家建设与发展的需要，师生们思想需要转变。学校积极采取对策，促进师生思想的转变。比如，从 1950 年初春，艾思奇“三进清华园”，在清华大学作报告，使师生们的思想受到震动。

1951 年，北大马寅初先生代表北京大学的一批教师写信给毛主席、周恩来，要求学习马列主义、毛泽东思想，要中央派教员，毛主席原则上同意这个要求。然后平津两地的教师先组织起来，看一些书，开展一些讨论。最重要的是周总理的现身说法，1951 年 9 月 29 日，周恩来总理在中南海怀仁堂专门给京津二十所高校三千多名教师，做了一个题为“关于知识分子改造问题”的报告，这个报告长达 5 小时，中间还吃了一顿饭，周总理和大家一起边吃边谈。吃的非常简单，就是一些面包和水，吃完后再接着讲。总理艰苦朴素、平易近人的作风使老教授们非常感动。周总理的报告具体深入，生动感人，特别是他现身说法，以完全平等的态度，首先拿自我开刀，讲他在早期革命中所犯的错误，怎么认识，怎么改造，接着阐明知识分子改造的途径和规律。这令听众们惊讶不已，无不为之感动，他们还从来没有见到过这样身居高位的人在大庭广众中公开认错。总理的这次讲话也给刘仙洲留下了深刻印象。

不久，就开展了思想改造运动。1952 年初，清华的师生们参加了新中国成立初期的思想教育和改造运动。大家怀着真诚的心情，进行了转变阶级立场的自我教育、自我改造，不少教师生平第一次开展了批评与自我批评。刘仙洲也积极参加了思想改造运动，检查了以往搞政治与做学问的分工论，认识到“只重视个人的事业（如埋头教书写书），对人民的事业不够热心”的缺点，表

① 《人民的大学》，载《清华大学史料选编》第五卷（上），35 页，北京，清华大学出版社，2005 年。

示“自己的本领要完全听从国家的需要，我虽说是老了一些，但是，我也要学习政治，决心一步不停地向着共产主义迈进”。[①]

伴随着新中国的成长，清华大学发生了巨大的变化。1952 年，为适应新中国大规模经济建设的需要，国家对全国高等学校进行了大规模的院系调整。经过院系调整，清华大学由一所综合性大学调整为多科性工业大学。随着众多院系、专业及师资力量的调出，清华大学为新中国高等教育体系的形成与发展作出了贡献，但也给自身的发展带来新的挑战。在院系调整的过程中，刘仙洲承担了重要工作。

1952 年 6 月 26 日，清华大学接到教育部通知，组织京津高等学校院系调整清华大学筹备委员会。次日，筹委会成立并举行了第一次会议。刘仙洲负责筹委会的工作。他这样认识院系调整，这次院系调整，“不仅是把几个学校同一类的师资和设备合理地集中在一起，使人力、物力都发挥更大的效果，同时要根据苏联的制度，把过去不合理的教学制度、教学组织、教材内容和教学方法等一律加以根本改革。就是把以往具有半殖民地性的教学制度一律改掉，走向具有社会主义性和具有高度计划性与组织性的苏联教学制度。所以这一次的院系调整工作，不仅是量的改变，同时更是质的改变。不仅是形式的改变，同时更是精神的、思想的改变，是我国高等教育的一种根本改革。”[②] 他敏锐地认识到了院系调整的深刻内涵。

筹备工作千头万绪，非常辛苦，比如筹委会每次讨论的议案，均达十余项之多，开会时间相当长，甚至有从下午两点开到夜间十二点半的会议。刘仙洲不辞劳苦，积极投入工作。

院系调整中，清华大学的文学院、理学院和法学院均并入北京大学，北京大学工学院和燕京大学机械工程学系、土木工程学系及化工组一部分并入了清华大学。同时，又以清华的一些院系分别和其他院校相关系科合并，成立了

① 何东昌:《学习刘仙洲先生的爱国主义精神》，载《刘仙洲纪念文集》，3 页，北京，清华大学出版社，1990 年。

② 刘仙洲:《京津高等学校院系调整清华大学筹备委员会第一阶段工作总结及第二阶段工作总结》，载《清华大学史料选编》第五卷（上），507-508 页，北京，清华大学出版社，2005 年。

北京航空学院、北京矿业学院、北京地质学院、北京政法学院。另外，清华大学还有部分人员和系科，又陆续分别调到中国科学院、中国人民大学、中央财经学院、中央民族学院和北京钢铁工业学院。

院系调整后，清华大学设置有机械制造、动力机械、土木工程、水利工程、建筑、电机工程、无线电工程和石油工程等八个系共二十二个专业，还有十五个专修科。1953 年，石油工程系又分出清华大学，成立了北京石油学院。这样，清华就由一所文、理、法、工、农的综合性大学调整为以工科为主的多科性工业大学。清华大学突出和扩大了工程学科的优势，集中力量为国家工业化建设培养大批高级工程技术人才；同时为赶超世界科学技术水平、提升学校的科研能力奠定了基础。但是，文理科和大批教师的调出，对于清华大学自身的发展和建设，不能不说是一种削弱。

焕发青春　出任清华大学副校长

新中国成立前夕，科技界曾推选刘仙洲为代表，参加新政治协商会议，他因对参政不感兴趣，两次声明不愿当选。后人民政府请他出任教育部副部长、机械工业部副部长，他也婉言谢绝。院系调整以前，刘仙洲是清华大学机械系教授，清华大学校务委员会委员。

但是，“一个正直的真正有爱国心的、对人民事业有热忱的知识分子是肯于虚心接受真理和勇于追求真理的。”[①] 新中国成立之后，刘仙洲亲眼看到共产党领导下的祖国日新月异，过去梦想的许多事情相继实现，他的一些建议也被

① 《爱国知识分子的光荣归宿》，载《新清华》第 112 期，1955 年 11 月 14 日。

采纳，亲身体会到共产党和人民政府是真正为人民办事的，同过去的政府有本质的不同。每当有人来他家谈工作，他就会侃侃不休地留下人家谈论政府如何为人民着想，哪里又为人民办了一件从未见过的好事，哪里又在帮助农民救水灾除虫害了，还一定要找出报纸指给人看。他深有感触地说："新中国是三代[①]以来的好政府"，他的心一天比一天更贴近共产党，唤起了新的希望。

1949年，刘仙洲参加了农业部召开的座谈会，要推广十万台水车，以解决华北抗旱问题。这次会议使刘仙洲感触极深。刘仙洲自幼生长在农村，少年时经常帮助祖父、父亲参加农业劳动，他体验过汗滴禾下土的艰辛，深切同情农民的疾苦。他认为，中国以农立国，发展工业的同时也必须重视农业，必须大力扶助占人口绝大多数的农民。早在1920年的华北大旱时，刘仙洲就忧国忧民，心系苍生，利用育德中学的校办工厂制作了两百台改良的提水机械，并千方百计地加以推广。同样是面对无情的旱灾，新中国政府这一次推广的水车数量是三十年前那次的五百倍。刘仙洲感到人民政府确实是为人民服务的，他不遗余力地投入了这项工作。

这年，年已60岁的刘仙洲在清华大学负责给学生们讲授热工学。他在课堂上一向严谨认真，一丝不苟，很少说与课本内容无关的话。但是在参加了农业部召开的抗旱会议后，他就经常情不自禁地在课堂上大谈新中国政府决定投入十万部水车帮助华北农民抗旱的事，他说：这是旧中国几千年都不能做到的事，新中国政府做到了，这才是真正的人民政府。这些肺腑之言表达了他对共产党领导下新中国政府深深的热爱。

多年来，刘仙洲给人的印象是严肃认真、不苟言笑，然而时代的剧变给他带来了变化，许多人发现：刘仙洲教授其实是一个感情热烈的人。他已经是年届古稀的老人了，在听说家乡有了一个好年成时，竟忍不住把路过的熟人叫住，喜形于色地报告好消息，说这是家乡农民的大喜事，请大家和他一起分享农民的喜悦。[②]

---

① 指夏、商、周三个朝代。

② 邢家鲤：《深切怀念刘老》，载《刘仙洲纪念文集》，81页，北京，清华大学出版社，1990年。

新中国的欣欣向荣使刘仙洲焕发了青春。他的心一天天和人民政府、和共产党贴近。他的政治态度也逐渐发生转变，由不过问政治转而积极参政。

1952 年 10 月 9 日，清华大学校园内贴出了一份就职布告："事由：新任副校长就职。前于九月十八日转来中央人民政府教育部（52）高人曾字第 126 号通知：'清华大学：兹呈准中央人民政府主席同意，以于毅夫为你校第一副校长，刘仙洲为第二副校长，除函请中央人事部转呈政务院提请中央人民政府委员会批准任命外，希即分别转知本人先行到职。'近悉于副校长一时尚不能到校，本人谨先行就职，除呈报外合行公布周知。此布副校长刘仙洲"[①]。这是自 1928 年辞去北洋大学校长职务之后，事隔二十四年，刘仙洲又一次走上高等学校领导工作岗位，他愉快地接受了任命（1957 年 1 月刘仙洲任清华大学第一副校长）。1952 年 11 月，中央人民政府任命蒋南翔为清华大学校长，刘仙洲为清华大学副校长，清华结束了自新中国成立以来近三年没有校长的历史。

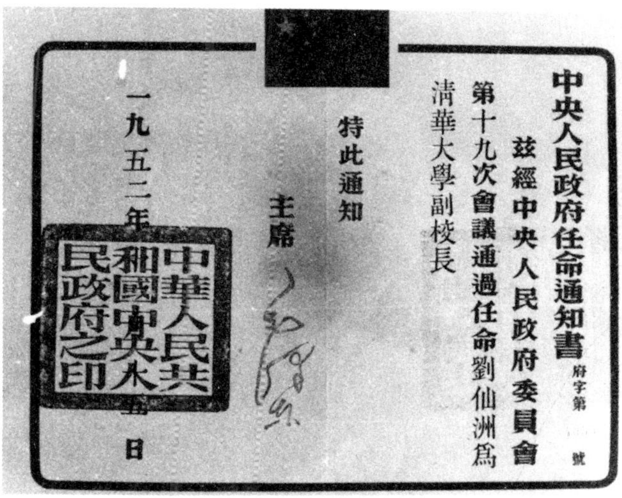
中央人民政府任命通知書
府字第　　號
茲經中央人民政府委員會
第十九次會議通過任命劉仙洲爲
清華大學副校長
特此通知
主席
一九五二年　　日
中華人民共和國中央人民政府之印

中央人民政府任命刘仙洲为清华大学副校长的任命通知书

刘仙洲不知疲倦地工作，卓有成效地协助蒋南翔校长领导学校前进，对清华大学和新中国的教育与科学事业作出了重要贡献。

① 清华大学校史研究室:《清华大学史料选编》第五卷（上），108 页，北京，清华大学出版社，2005 年。

第十一章　加入中国共产党

光荣入党

新中国成立的所见所闻使刘仙洲对祖国伟大的未来充满了希望和信心，他对执政的中国共产党逐渐产生了“很高的信仰”。

1953 年 3 月 5 日，苏联党和国家以及国际共产主义运动和工人运动的杰出领导人、伟大的马克思列宁主义者、从 1922 年就担任苏联共产党中央总书记的约瑟夫·维萨里奥诺维奇·斯大林在莫斯科逝世，终年 74 岁。新中国成立后，在社会主义改造的目标模式方面仍然是学习苏联，以苏联为榜样。在“学习苏联”的号召下，从中央到地方，从城市到农村，从机关到学校，举国上下，到处都响彻着“向苏联老大哥学习”“苏联的今天就是我们的明天”这样的宣传口号。斯大林逝世后，中国举行了大规模的哀悼活动。

斯大林的逝世，促进了刘仙洲思想上的转变。3 月 5 日这天，刘仙洲参加了清华大学教学研讨会，此时突然传来了斯大林逝世的噩耗。刘仙洲难过地落了泪。会后，他怀着沉重、悲伤的心情默默走回家去，在途中，忽然停下脚步，对同行的清华大学党委副书记陈舜瑶说：“我要申请入党。”他认为，斯大林逝世是世界革命事业的损失，要以自己加入党组织来充实革命的力量。听到这位年过花甲、几十年不问政治的学者初次吐露入党愿望，陈舜瑶又惊又喜，立即报告了清华大学校长兼党委书记蒋南翔。[①] 蒋南翔找到刘仙洲，推心置腹地与之深谈，鼓励他进步。从此，刘仙洲如饥似渴地学习马列主义、毛泽东著作，还主动要求参加党课学习。经过深入的理论学习和反复思考，他认识到社会发展的规律，结合自己一生的经历，也认识到只有社会主义才能救中国，入党的志愿更加坚定。

---

① 陈舜瑶:《向刘仙洲同志学习》，载《刘仙洲纪念文集》，12 页，北京，清华大学出版社，1990 年。

1954年，刘仙洲正式提出了入党申请。党组织考察了刘仙洲的历史，根据他几十年的表现，认为他已经达到了共产党员的标准。1955年11月7日，清华大学教务处党支部在工字厅召开了刘仙洲入党的支部大会。[①] 他的入党介绍人是蒋南翔和何东昌。

刘仙洲以65岁高龄加入中国共产党，在校内外引起了震动，不但本校的许多教师，而且外校的不少学者、教授也列席了支部大会。刘仙洲在会上诚挚地说明了自己思想进步过程和入党动机，后来这篇谈话发表在1955年12月24日的《人民日报》上，题目是《我为什么加入中国共产党》。他说：

在对于“民主与自由”这个问题上，过去自己有一些不正确的认识。1950年我第一次参加河北省各界人民代表会议的时候，河北省工会向大会献了一面大旗，上面写着“巩固人民民主专政”八个字。这本来是很好的，因为当时我的思想水平还很差，所以就想：“只用巩固人民民主”多好，何必要“专政”两个字呢？当时，我认为任何“专政”都是不大好的。新中国成立以后的几年当中，我对“民主自由”问题曾认真地进行过思考和比较，并用亲身经历的事实加以证明，使我对这个问题有了一定正确的认识。他接着举例说：当1954年3月宪法草案初稿提出来以后，宪法起草委员会就组织各民主党派、各人民团体和社会各界代表八千多人分组讨论了两个多月，修改的地方很多。6月14日，又把修改后的草案公布交全国人民讨论，到9月24日才正式通过。资本主义国家的政客们，以为我们在大会上只讨论了几天，一点没有争论，更没有打架就全体一致通过了，认为是不民主。其实我们参加讨论的人员如此广泛，他们是不可想象的，也是做不到的。同时，对革命的敌人需要实行专政这一点，也使我有了明确的认识。我们的政府既然是人民的政府，如果有人反对这样的政府，破坏我们的国家，与人民为敌，那还不应该对他实行专政吗？

清华大学校长蒋南翔在接纳刘仙洲入党的支部大会上介绍了刘仙洲的思想转变过程：“刘仙洲同志新中国成立以来的迅速进步，正是表现在他能克服

① 《新清华》第112期，1955年11月14日。

长期存在的单纯的业务观点，接受马克思列宁主义理论和共产党的领导，以至毅然申请入党，决心把自己的希望和命运同党的事业联系在一起。这表明刘仙洲同志虽然年迈，但是富于政治敏感，善于在复杂的现实生活中探索和掌握真理，接受新鲜事物。他的入党再一次表明，为人民创造幸福生活，为青年开阔远大前程的伟大的中国共产党，是先进爱国的科学家在政治上的光荣归宿。”后来，《北京日报》发表了蒋南翔在刘仙洲入党大会上的发言——《共产党员是先进科学家的光荣归宿》。

发展会上，党员们纷纷发言，指出刘仙洲的优、缺点和对他的期望，一致通过接受他入党。会刚结束，刘仙洲的老朋友、同事和学生都涌向前来，向他握手祝贺，情景十分热烈感人。

刘仙洲毕生热爱祖国，热爱人民，追求真理。他不偏听，不盲从，总是通过实践来检验客观事物，对的就接受，错的就纠正，想通了就身体力行。他是个有主见的人，但决不因循守旧、故步自封，他十分赞赏周恩来总理的一句话：活到老、学到老、改造到老。他在同辈学者中率先入党，决不是偶然的。从一个同盟会员到共产党员，贯穿刘仙洲一生的是强烈的爱国主义精神，并且随着时代的进步而不断升华。

榜样的力量

在刘仙洲的发展会上，蒋南翔校长曾充满感情地说：“在 1928 年苏联杰出的土壤学家威廉斯以 65 岁的高龄参加苏联共产党，在第二次世界大战期间，法国著名物理学家朗之万以 75 岁的高龄参加法国共产党，这在他们本国以至国外的广大知识分子群众中，都曾经产生热烈的反响。现在我国教育界和工程科学界的老战士刘仙洲也以65岁的高龄参加中国共产党，我们相信这件事情也将会在中国知识分子群众中产生比较广泛的影响。”事实的确如此，刘仙洲是新中国成立后最早入党的知名老教授之一，他的入党在国内外引起了强烈反响。

1955年11月26日的《人民日报》以“欧阳予倩、刘仙洲等光荣加入中国共产党”为题进行了报道：“北京今年有些优秀的高等学校的校长、院长和教授，光荣地参加了中国共产党……全国人民代表大会代表、清华大学副校长、著名机械工程学家刘仙洲教授是最近被批准入党的。他今年六十五岁，从事教育事业已有三十多年。早年是同盟会会员，曾参加过辛亥革命。一九四九年新中国成立后，他积极拥护党的各项政策，参加党所领导的思想改造运动、教育改革工作和社会活动。他在实践中认识了社会发展规律和党的伟大事业。他认真学习马克思列宁主义，批判了过去不问政治的错误想法，提高了对共产主义的认识。他在教学改革过程中，坚决贯彻执行党的方针，密切联系群众。一九五四年三月，他正式向党提出入党申请，在今年十月社会主义革命三十八周年纪念日被接收入党。”

入党第二天起，刘仙洲先后接到了从70多岁的老同盟会会员到17岁的青年学生自国内外发来的数以百计的贺信、贺电。他的学生章文晋[①]等人写来了长达四页的贺信，信中说：“您以六十五岁的高龄得到共产党员的光荣称号，这是党对您一生为人为事，特别是近几年的努力和贡献的巨大评价，我们为此而高兴，我们也为党获得您这样的优秀的科学家和教育家做党员而高兴。”

榜样的力量是无穷的，刘仙洲入党极大地推动了清华知识分子在政治上的进步。院系调整后，清华一大批教师调离，师资严重匮乏的情况大大制约了学校的发展。这个时期，清华的教师主要由两部分人组成，一部分是老教师，另一部分是青年教师。老教师大多在业务上有较高的造诣，新教师大多为新留校的党团员。清华针对新、老教师的不同特点，为了培养出一支又红又专的师

① 章文晋，1943年毕业于西南联大机械工程系。1949年后，历任天津市外事处副处长和处长、外交部亚洲司副司长和司长、驻巴基斯坦大使、外交部欧美司司长、外交部部长助理、驻加拿大大使、外交部副部长、驻美国大使、中国对外友协会长等。

资队伍，提出了“两种人会师”。老教师是学校最宝贵的财富，是进行教学、科研工作依靠的重要力量，对他们要“团结百分之百”；同时还要帮助他们在政治上不断追求进步，提高思想觉悟，可“各按步伐、共同前进”来改造人生观、世界观；并鼓励、吸收他们当中的优秀分子加入中国共产党。对年轻党员教师，则以进修等多种方式，尽快提高他们的业务水平。教师队伍的提高促进了清华的办学质量。

在党对老知识分子的政治思想工作中，刘仙洲身体力行，帮助党委做知识分子的工作，常找一些老教授谈心，互谈体会，共同进步。经过学习，这些老教授都有不同程度的进步。从1955年刘仙洲入党起到1962年的7年间，清华的老教师在政治上发生了很大的变化。这期间光荣加入中国共产党的教授、副教授有刘仙洲、张维、张光斗、张子高、梁思成、钟士模、李酉山、张任、金希武、李辑祥、吴良镛、潘际銮、李恒德、史国衡、王英杰、董树屏、李国鼎、陈南平、刘绍唐等三十余人。许多老先生在入党时都提到刘仙洲对他们的启发和帮助。李辑祥就曾说刘仙洲对他帮助极大，政治上、业务上是他学习的榜样。[①]

刘仙洲教授（中）、张子高教授（左）、陈士骅教授（右）在一起

① 胡健：《红专路上的老将》，载《刘仙洲纪念文集》，28页，北京，清华大学出版社，1990年。

刘仙洲在教育界资格老、威望高，他加入中国共产党不仅引起了清华校内师生的关注，在全国，在教育界、知识界也产生了强烈反响，他的入党给先进知识分子指明了政治上的努力方向。1959 年，北京师范大学校长、历史学家陈垣同志入党时，还提到刘仙洲入党、蒋南翔讲话给他的鼓舞和信心。

一位优秀的共产党员

刘仙洲入党以后，时刻严格要求自己。实践证明，他是一位优秀的共产党员。从思想到言行，他都拥护中国共产党，贯彻党的教育方针，致力于办好清华大学，为祖国建设服务。

在一段时间内，在清华大学，有的同志对把入党的教授称为“教授党员”有看法，他们认为，把教授二字放在前面，太强调教授的位置，会降低对他们的要求，所以主张把“教授党员”的说法改为“党员教授”。对于这种看法，刘仙洲认为，“教授党员”与“党员教授”似乎没有什么区别，关键在于一个共产党员要时刻想着自己是党员，按党员标准严格要求自己，起模范带头作用。他是这样认识的，也是这样做的。我国著名水利学家张光斗教授入党后，刘仙洲欣喜之余，勉励张光斗继续上进，他说：我们入党为的是努力工作，建设社会主义，振兴中华，别无他图。这正是刘仙洲内心世界的真实反映。

20 世纪 50 年代后期，清华大学校园里展开了“红专”大辩论。党对知识分子的要求是“又红又专”，但知识分子对这个问题在认识上并不统一。在当时，虽然很少有人公开主张走“白专道路”，但有不少年轻人重业务，轻政治，主张走“先专后红”的道路。他们把“红”和“专”对立起来，认为“专难红易”，先把业务搞好了，再“红”起来就比较容易了。他们还以刘仙洲走的道路为例，说他的就是“先专后红”的道路。刘仙洲对于这种看法很不赞成，他以自己的亲身经历教育青年同志，认为不能离开历史条件讨论问题。他说：我在旧社会摸索了几十年，想的是“科学救国”“教育救国”，总是走不通。到我老了，才找到了共产党，才懂了一些马列主义，才有了自己的归宿。这条道路是漫长的，今天的青年不应效仿。即使在那时候，我也不是不问国事。我早年参加同盟会也是为了救国救民。我现在入党、学习马列主义是补课，新中国的青年一代何必走这条道路呢？

入党以后，刘仙洲以出色的表现证明他无愧于共产党员的光荣称号，他把多年的教育经验贡献给学校，积极参与学校的领导工作。在 1959 年 2 月举行的清华大学第二次党代会上，他被选为第二届党委委员。在 2 月 26 日举行的二届党委第一次全会上，他又被选为党委常委。这样，在清华大学的党的领导机构中就增加了懂业务的专家成分。

疾风知劲草，刘仙洲入党时正是党的事业蒸蒸日上的时期，后来的二十年间，他经历了政治风云变幻，尤其是“文化大革命”十年浩劫中，蒙冤受害，但他不改初衷，仍坚定地保持共产主义信念。

第十二章　老骥伏枥

刘仙洲是我国教育界和工程科学界的老前辈，他治学严谨，德高望重，学术上卓有成就。他联系和团结了一大批高级知识分子，在清华和全国都有广泛影响。蒋南翔校长曾说过："一百单八将（指院系调整后清华大学的一百多位教授、副教授）是清华的稳定因素"，这个稳定因素的核心之一就是刘仙洲教授。1956 年全国知识分子会议后，由于刘仙洲是机械工业方面的专家，机械工业部曾提议由他担任副部长，中组部已经批准，要蒋南翔校长与他谈话。刘仙洲感谢党对他的信任，但认为自己一直在学校工作，对教育比较了解，如果担任机械工业部的领导工作，恐难胜任。他诚恳地请求组织重新考虑，另选合适人选。蒋南翔转达了他的意见，领导尊重他的要求，鼓励他继续在清华大学工作。1957 年 1 月，他正式被任命为清华大学第一副校长。

在 1952 年后担任清华大学副校长和第一副校长近 14 年间，刘仙洲积极参与学校的重要决策，认真贯彻加强理论与实际联系的方针、措施，遵循教育规律，顺应时代的发展，倡导"又红又专"和严谨学风，敢于直言纠正过头现象。他把自己多年的教育工作经验贡献给了清华大学，对学校的发展发挥了重要作用。

学习苏联先进经验

院系调整后的清华大学，各项工作逐渐走上正轨。新中国成立后，遭到了以美国为首的西方资本主义国家的敌视和封锁，我们只得采取向以苏联为首的社会主义国家"一边倒"的政策；而苏联作为第一个社会主义国家，它们的

刘仙洲（左一）和蒋南翔（右一）与1952年来校工作的苏联专家组组长萨多维奇在一起研究工作

建设经验也是值得学习借鉴的。根据“学习苏联先进经验并与中国实际相结合”的原则，以教学改革作为全校各项工作的重心，在教学制度、内容、方法和组织等方面进行了一系列的改革，包括：设置新的专业学科、建立和加强教学研究组，制订新的教学计划、编写新的教学大纲，形成基础课、专业基础课和专业课“三段式”课程体系，由学分制改为学年制，改革考试推广口试等，这些措施大大促进了教学质量和科研水平的提高。在学苏阶段，刘仙洲十分赞成苏联教学计划中理论联系实际，既重视基础课和技术基础课，又有专业课，有课程实验、生产实习、课程设计和毕业设计的做法。他认为，毕业设计是教学计划中的重要环节，它综合运用各学科理论，为解决工程中的问题而理论联系实际，对工科学生是很好的训练。

通过教学改革，清华废除了英美式的“自由教育”，逐步建立起一套新的教学体制，在教学中倡导理论联系实际，在专业设置上适应国家计划需要培养专门技术人才。在以学习苏联经验为主要内容的教学改革过程中，刘仙洲积极接受苏联教学模式并对学生谆谆教诲，不断把自己的学习经验传授给年轻一代，帮学生尽快适应学校教学中的新变化。1953年，清华新生入学不久，刘仙洲给学生们讲了一次话，他说：大学生一定要学会利用图书馆。当时，学生们体会不深，觉得每门课程都有教材，看教材就够了。后来随着学习的深入，学生们逐渐感受到利用图书馆的好处。当时实行以学习苏联为主体的教学改革，大学所用的教材多为从苏联翻译过来的，因为翻译得匆忙，看起来常常有些别扭。学生们就到图书馆借阅相关书籍，几本书互相参考对比，收获很大。另外，参阅各种相关书籍，取长补短，学会判断是非和自己发展知识，有助于学生培养独立思考精神，富有创造性。

清华素有教学和科研并举的传统，20 世纪 50 年代初期，学校以“学苏”为目标的教学改革任务很重，此时科学研究工作还处于小规模开展的时期，人们对学校开展科学研究工作的认识也不一致。针对这种情况，刘仙洲在每次讲话中，都有的放矢地论述学校科研工作的指导思想和具体要求，特别强调学校科学研究的目的性、理论联系实际的重要性，以及团结合作、发挥集体力量的必要性等问题，在重视教学改革的同时，指导、推进了学校科研工作的发展和提高。1953 年 7 月，在第六次校务委员会扩大会议上，刘仙洲明确提出：清华大学不仅是一个教学的中心，同时要成为科学思想的中心。在科研方面，他重视理论联系实际，认为发展技术科学是重要的，还要重视工程技术，技术科学要和工程技术联系起来。前者是认识自然，后者是改造自然。

1954 年秋，清华大学成立了以副校长刘仙洲为主任的科学研究工作委员会。1956 年 4 月，清华大学召开了第一次科学讨论会。

为多科性工业大学的发展贡献力量

20 世纪 50 年代，世界科学技术迅速发展。原子能科学技术、无线电及电子、火箭、自动控制等成为各国关注的焦点。为了适应世界科学技术的发展和国家建设的需要，必须发展我国的科学技术，培养新科学技术专业人才，提升国家的科研能力与水平。1955 年初，毛泽东主席主持召开了中共中央书记处扩大会议，作出发展中国原子能事业的伟大战略决策，它标志着我国崭新的核能事业的开始。开创和发展我国原子能事业，急需培养大批原子能科技人才，这是祖国的需要，也是高校发展的机遇。在高校设置国防尖端专业既能有力地促进国防现代化事业，又能使高校自身科学技术水平迈向新的高度。

从 1955 年起，经中央批准，清华大学陆续创建了一批新技术专业。首先，设立了实验核物理、同位素物理、放射性稀有元素工艺学、电子学、无线电物理、电介质及半导体、热物理、空气动力学、固体物理、自动控制等 10 个新技术专业；1956 年又设立了工程物理系。1958 年相继增设了工程化学、工程力学数学和自动控制等系；并有意识地发展数理化应用理科，这在一定程度上弥补了院系调整中理学院调出去的不足。至 1965 年，全校共设有 12 个系 40 个专业。

在 20 世纪五六十年代的十几年中，清华大学被誉为“红色工程师的摇篮”，在人才培养和科学研究方面均取得了明显的进展和很好的成绩，这和作为第一副校长的刘仙洲的重大贡献是分不开的。蒋南翔校长一直对刘仙洲非常尊重，有关学校重大问题，总是先征求他的意见后才做决定。他们之间在工作上的配合十分融洽默契。刘仙洲知无不言，言无不尽。他精神焕发，全身心地投入清华大学的建设事业，夜以继日地努力工作。

那一时期，学校里几乎每年都举行一次全校性的科学报告会或科学工作讨论会，刘仙洲代表学校讲话。在准备讲话稿的过程中，刘仙洲先请有关同志准备具体的材料，十分谦虚地和他们讨论问题，直至文字表达等细节。

1960 年，刘仙洲（中立者）在工字厅主持清华大学校务委员会会议

1955 年 4 月 8 日，清华大学校委会扩大会议上议决，通过副校长刘仙洲报告的本校 1955 年度科研工作的初步总结。刘仙洲在报告中说：本校科研项目由 1954 年度的三十九个增加到 1955 年度的一百〇六个（其中四十三个与企业部门合作）；参加研究工作的教师由 1954 年度的一百五十一人增加到 1955 年度的二百五十余人；进行科研工作的教研组有四十八个，占全校教研组的 90%。参加学生科技小组的人数本学期为一千六百人。报告明确指出：科学研究与教学改革的统一性；今后学校科学研究的方向要与国家研究规划结合起来，个人的科学研究工作也要纳入国家计划；多数青年教师结合具体情况，先做专题报告，循序渐进，有条件的逐步开展副博士论文工作。①

从 1956 年到 1966 年，清华大学共召开了七次科学讨论会，刘仙洲作为副校长、第一副校长作了五次报告、一次重要讲话②：

1956 年 4 月 22 日至 4 月 28 日清华大学召开第一次科学讨论会，副校长刘仙洲作了“清华大学第一次科学讨论会总结”报告；

1957 年 11 月 23 日至 12 月 21 日清华大学召开第二次科学讨论会，第一副校长刘仙洲作“坚决地沿着社会主义的道路，积极开展我校的科学研究工作”的报告；

1958 年 12 月 29 日至 1959 年 1 月 5 日清华大学召开第三次科学讨论会，第一副校长刘仙洲作了“清华大学 1958 年科学研究工作的总结”报告；

1959 年 12 月 10 日至 1960 年 1 月 9 日清华大学召开第十三次教学研究会、第四次科学讨论会联合大会，开幕式上，第一副校长刘仙洲作了“‘反右倾’，鼓干劲，为继续深入地贯彻执行党的教育方针而奋斗”的报告；

1962 年 4 月至 6 月底，清华大学召开第五次科学讨论会，第一副校长刘仙洲作了报告；

---

① 清华大学校史研究室：《清华大学史料选编》第六卷（第四分册），210-351 页，北京，清华大学出版社，2018 年。
清华大学校史研究室：《清华大学一百年》，223 页，清华大学出版社，北京，2011 年。

② 陈旭、贺美英、张再兴：《清华大学志（1911—2010）》第一卷，855-857 页，北京，清华大学出版社，2018 年。

1965 年 2 月 28 日至 3 月 20 日清华大学举行第六次科学讨论会，总结大会上，刘仙洲、刘冰、张维、何东昌作了重要讲话。

刘仙洲把自己几十年丰富的教学经验贡献给学校建设，从学制长短、专业设置、教学作风、科学研究、学生工作直至校园管理，事无巨细，一一过问。

身为清华大学副校长，刘仙洲的日常工作非常繁杂。他是一位可敬可信、知识渊博、办事认真的长者，令人肃然起敬。在工作中，每当有关同志汇报情况和提出问题及意见时，他总是在细心听取、详细询问没有说清楚的问题之后，再发表他自己的看法。

刘仙洲 70 岁以后，为保护他的健康，时任清华大学党委副书记的刘冰曾关心地对他说：有些会议虽然通知您来参加，但您要根据身体状况不要勉强，会后我来向您汇报会议内容。但刘仙洲严于律己，除了有特殊情况亲自请假外，总是按时到会，尽职尽责。他感慨地说："我已经是 70 多岁的人了，亲身经历过一大段黑暗混乱的社会，那时国家时时有被人瓜分或灭亡的危险，到晚年能亲眼见到祖国在伟大、光荣、正确的中国共产党领导下，走上社会主义道路，看到了开始繁荣富强的祖国，光芒万丈的前途，我觉着非常幸运和愉快，并愿将自己剩下不多的年月和力量贡献给祖国。"[①]

1959 年 9 月 28 日，刘仙洲在清华大学工字厅办公室审改文件

① 刘冰：《忆刘仙洲同志》，载《刘仙洲纪念文集》，9 页，北京，清华大学出版社，1990 年。

1966 年 1 月 2 日，刘仙洲（前排左四）与越南留学毕业生在清华大学工字厅门前合影

坚持“教育为无产阶级的政治服务，教育与生产劳动相结合”

1958 年，在“鼓足干劲、力争上游、多快好省地建设社会主义”总路线的鼓舞下，全国的高等学校开展了以勤工俭学、教育与生产劳动相结合为中心内容的教育革命，贯彻党的“教育为无产阶级政治服务，教育与生产劳动相结合”的教育工作方针，探索创立适合中国国情的社会主义高等教育体制。清华从贯彻党的教育方针出发，对教学计划、内容、方法和学制等方面进行一系列改革，同时推动了校办工厂的发展和教学、科研、生产三结合的校内基地的建设。1958 年 2 月，校委会扩大会议决定成立生产办公室，全校掀起“三勤（勤俭办学、勤俭生产、勤工俭学）”热潮。全校师生相继参加了十三陵水库修建、百花山植树、西湖游泳池修建等大型义务劳动。

1958 年，校领导、专家和学生在“毕业生展览”合影（二排左二：刘仙洲）

清华大学将生产劳动正式纳入教学计划，与此同时，在部分系开始试行半工半读制度。机械制造、铸工、焊接、水工等专业抽调学生百余人，以工读班（即“长工班”）的形式进行了半工半读试点。9 月下旬，为了响应党中央关于动员两万名高校及中专师生支援钢铁生产的号召，清华组织二百三十七名师生分赴河南、河北等地，参加采矿、选矿及化验分析工作。10 月 24 日，学校召开全校师生员工炼钢动员大会。会后各单位纷纷在东区铁道边建起土炉炼钢，为时一个月。这一时期通过生产劳动的实践，教师和学生都更加理解了学习必须理论联系实际、增强了劳动观点。但因活动和劳动安排过多，正常的教学秩序一度被打乱。

刘仙洲始终拥护学校工作中关于知识分子应该与工农相结合、理论联系实际的方向。这种拥护基于他对党的政策的拥护、对劳动人民的深厚感情，也源于他自执教保定育德中学勤工俭学工读班起就反复倡导的“工读协作制”。经过大半生从事工程教育的亲身体验，刘仙洲主张理论联系实际，学校工程教育与生产实际相结合，为此，他曾付出了极大的心血，试图从经济、技术角度解决工程技术人才的培养不适应社会需求的问题。新中国成立以后，他对加强理论与实际联系的一切教育方针、措施都积极贯彻执行。1958 年，他热烈拥护党提出的“教育为无产阶级政治服务，教育与生产劳动相结合”的教育方针，并认识到党的政策不仅具有经济、技术意义，而且对于改造社会、培育社会主义建设人才的政治意义和思想教育意义。同年 4 月在《人民教育》上发表《高等教育和生产劳动相结合的几种办法》一文，提出了七种方式，其中一种就是根据“工读协作制”的原则和方法，成立工读班。

刘仙洲积极赞成教育与生产劳动相结合，认为这是正确的教育方向。但他同时从多年的教育经验出发，坚持按教育的客观规律办事，主张生产劳动不宜过多。他说：“学校总还是学校，应该以教学为主。”他不赞成 1958 年大跃进提出的一些过激的口号，也不同意搞全民（包括所有的学校）大炼钢铁，反对许多过火的做法，他无私无畏，敢于直言。由于刘仙洲对新中国教育和科学事业作出重要贡献，毛泽东同志特邀他参加最高国务会议。在应邀最高国务会议之际，刘仙洲向学校党组织提出了自己的不同看法。他语重心长地说：“党的号召本来是到黄河，结果到了长江还嫌不够，做得过头了”，表现了他对党的事业的关心和坦荡的胸怀。[①]

1959 年，蒋南翔（左三）、刘仙洲（左四）、刘冰（左二）、陈士骅（右三）、李寿慈（右二）、张维（右一）等观看国家大剧院设计方案

① 何东昌：《代序·学习刘仙洲先生的爱国主义精神》，载《刘仙洲纪念文集》，5 页，北京，清华大学出版社，1990 年。

“培养‘又红又专’的、德智体全面发展的干部”

20世纪60年代初，我国因三年自然灾害等原因，国民经济发展受到影响。1961年中央提出实行“调整、巩固、充实、提高”的方针，同时在文化教育等方面也进行了政策调整。1961年5月，学校通过了《关于制订教育计划的若干规定》，明确提出清华大学的培养目标为：培养红专结合、体魄健全的，能创造性地解决科学技术问题和不断推动生产前进的工程师；要求学生不仅学好知识，而且重要的是培养能力；规定了修订教学计划所遵循的三个原则：德、智、体全面发展，以教学为主的教学、生产和科研相结合，理论联系实际。

1959年，刘仙洲在家中与清华大学应届毕业生谈话

1961年是清华大学建校五十周年，学校举行了盛大的庆祝活动。在庆祝大会上，时任清华大学第一副校长的刘仙洲代表校务委员会作报告，他说：“我们取得的成绩，比之伟大的目标，相差还很远，经验也不够，必须继续前进。”

对学校的基本任务，他明确地说："学校一切工作的目的，都是为了培养"又红又专"的、德、智、体全面发展的干部。学生要有坚定的革命精神，还要很好地掌握现代的科学技术知识，攀登科学技术高峰。我们必须看到，为祖国培养成百万的工人阶级的科学技术专家，是一项非常重要的历史任务，因为这是加速建设社会主义和将来实现共产主义的重要条件之一。"[①] 他还指出："学校的工作是以教学为主体。教师是教学工作中的主导力量。教师应很好地提高自己的政治水平和业务水平，全面地关心学生的成长，不断提高教学质量，更好地发挥主导作用。学生应尊重教师，虚心地向教师学习；同时在学习中也要发挥自己积极的能动作用。新老教师必须加强团结，使全体教师特别是年长教师的作用，得到充分地发挥。为此，在一切工作中，必须进一步发扬社会主义民主。在学术问题上，必须坚决贯彻执行党的'双百方针'，允许各种不同意见自由讨论，最后求得真理。"他在那次报告的最后部分，向全校师生号召树立起无产阶级的革命作风和科学作风，概括起来就是：

1961 年 4 月 30 日，刘仙洲在五十年校庆大会上讲话

坚定乐观，勇敢奋发的革命精神；

调查研究，实事求是的科学态度；

民主团结，严肃活泼的同志关系；

艰苦奋斗，谦虚谨慎的工作作风。[②]

这四种作风，是他代表学校号召清华师生做到的，同时也是他一生身体力行的。他要求别人做到的事，自己必先做到。

---

① 见《全校欢庆建校五十周年》一文中刘仙洲的讲话摘录，《新清华》第 595 期，1961 年 5 月 11 日。

② 同上。

广泛参与社会工作

除了在清华大学的工作，刘仙洲还以极大的热情参加人民政权的建设，特别是科学技术的发展、规划工作。

1949 年 5 月，他担任华北农业建设委员会委员，同年还出任华北农业机械总厂顾问。

1950 年 4 月，刘仙洲当选为河北省人民政府委员。1954 年 7 月，担任河北省人民代表大会代表。1954 年至 1975 年间，当选为全国人民代表大会第一、二、三、四届人民代表。

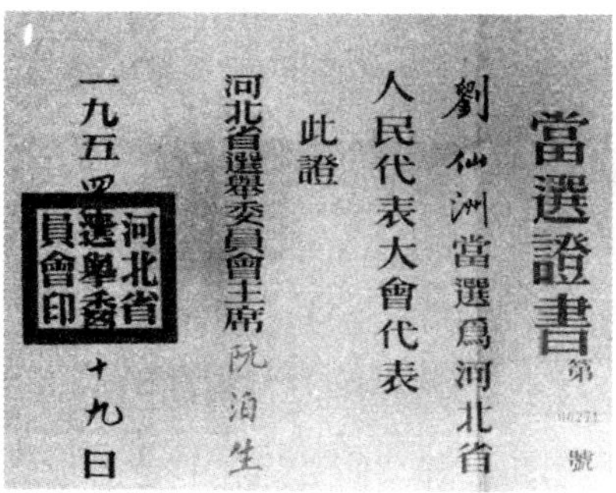

當選證書 第 號
劉仙洲當選爲河北省人民代表大會代表
此證
河北省選舉委員會主席 阮泊生
一九五 十九日
河北省選舉委員會印

刘仙洲当选为河北省人民代表大会代表的当选证书

刘仙洲当选为第一、二、三届全国人民代表大会代表的当选证书以及中科院的聘书

对于人民的信任，刘仙洲深感光荣，同时也感到责任的重大。在每次人大开会之前，只要时间允许，总是与其他代表在北京或赴外地考察。例如，在 20 世纪 60 年代曾与马约翰教授一起视察三门峡水利工程，1962 年曾与其他两位代表就我国的农业机械工业、机械工业、水利工程建设和高等教育工作在洛阳、西安、成都、重庆、武汉和郑州等地认真考察。当时他已患有糖尿病及心血管疾病，但仍怀着强烈的爱国心和责任感，在外地整日奔波。视察前后持续

1960 年以人大代表身份视察三门峡水利工程（左为刘仙洲，右为马约翰）

了近一个月，随行陪同的年轻人都感到了疲劳，但已 72 岁高龄的刘仙洲却兴致勃勃，自始至终严肃认真。他每到一地必按计划视察重点工程、工厂和高等院校，详细听取有关各方面汇报，提出问题，亲自做笔记。对于考察中发现的问题，提出建议。

走遍祖国各地，目睹新中国成立后的巨大变化，刘仙洲既兴奋又激动。此外，考察中还有一件乐事：他从事教学几十年，早已桃李满天下。每当到有关的机械工厂或高等院校视察时，负责接待的常常有他昔日的学生，他们或任厂长、总工程师，或任院长、系主任。师生相聚，学生对老师还是那样尊敬，老师看到学生取得的成就无比欣慰。师生推心置腹地交谈，为新中国的建设事业献计献策。拳拳爱国之心，浓浓师生之情，令在场的每个人感动。每次和学生们晤谈，刘仙洲都特别提醒他们注意：学习外国经验固然很重要，但是一定要结合我们的国情，从中国的实际情况和需要出发。这正是他几十年一贯的宗旨：以我为主，决不盲目崇洋。[①]

1955 年 6 月，刘仙洲当选为中国科学院技术科学部委员。同年担任中国科学院技术科学部常务委员兼机械组组长。他还和我国其他工程界的老前辈共同发起重建中国机械工程学会，于 1951 年、1954 年、1959 年、1961 年被推举为中国机械工程学会副理事长。1963 年，中国农业机械工程学会成立，刘仙洲被选为第一届理事长。后来国务院决定制订技术科学远景发展规划，刘仙洲积极参加，负责机械学科的技术科学规划。

① 王旭蕴：《回忆我敬爱的导师刘仙洲》，载《刘仙洲纪念文集》，86-87 页，北京，清华大学出版社，1990 年。

研究工作进入活跃时期

刘仙洲一刻也没有停止他热爱的中国机械工程发明史的研究工作。在做好学校教育、行政等工作的同时，已是六七十岁老人的刘仙洲，还进行了中国机械史等研究工作，取得了重要的研究成果，发表了高水平的学术论文和专著。他还常将这些论著赠送有关同志阅读，真诚地虚心听取大家的意见，以求进一步完善。他认为，中国是一个有着数千年历史的文明古国，从古代就有很多科学技术方面的发明和创造，对此很少有人进行过系统深入的研究。他曾进行过多年这方面的研究，如今虽已年老，但爱国之心未减，仍希望总结中国科技发明的历史，能为国家多作一些贡献。

1961 年，刘仙洲、张子高、梁思成、施嘉炀等老教授在一起讨论中国工程发明史中的问题（左起：梁思成、张子高、刘仙洲、施嘉炀）

1958年冬，刘仙洲在家中书房著述

新中国成立后，他获得了良好的研究工作条件。20世纪50—60年代是刘仙洲研究成果大量发表的时期。1961年4月，他完成了中国机械史研究的奠基之作《中国机械工程发明史》（第一编）初稿。初稿修改后，于1962年由科学出版社正式出版。1963年他撰写的《中国古代农业机械发明史》由科学出版社出版。此外，他还撰写、发表了《中国在原动力方面的发明》等十余篇专题研究论文。

1956年初，根据周总理“向科学进军”的号召，清华大学为知名科学家配备助手，刚毕业不久的年轻助教王旭蕴从此跟随刘仙洲学习和工作近十载。

刘仙洲晚年，行政工作和社会兼职工作较多，又身患多种疾病，医生多次建议他去外地休养，这就成了他集中精力写作的大好时机。“文革”前，他的著述很多在青岛完成。王旭蕴作为助手常常陪伴他。刘仙洲的生活很有规律，早晚定时在海边散步，散步时的话题仍离不开工作和学术研究。为了让他放松，王旭蕴推荐了一些现代小说，还给他读了冯德英的《苦菜花》，他深受感动，回北京后就买了这本书，后来又读了姊妹篇《迎春花》。[①]

1960年9月18日，与助手王旭蕴在青岛鲁迅公园

① 王旭蕴:《回忆我敬爱的导师刘仙洲》，载《刘仙洲纪念文集》，94–95页，北京，清华大学出版社，1990年。

1961 年，刘仙洲在中国历史博物馆指导青年教师研究中国古代机械发明

开展清华大学校史工作

在多年的办学中，刘仙洲体会到学校的优秀传统对培养人才的重要作用，他一贯重视研究学校的历史和校园文化，以此激励师生热爱学校。从学校成长的历史轨迹中，还可以鉴往知来，总结经验，为今后的建设和发展服务。

刘仙洲领导了清华大学校史的研究工作。1959 年 3 月，清华大学在 1958—1959 年度第十二次校务会议上决定成立“清华大学校史编辑委员会”，刘仙洲任主任，下设校史编写组，开展与清华校史有关史料的搜集整理和编写工作。清华成为国内最早成立校史编委会及校史研究机构的高校。

1959 年 10 月 16 日，清华大学 1959—1960 年度校务委员会第四次会议上讨论了校史编辑问题，刘仙洲谈了工作进展及设想：为迎接学校 50 年校庆，决定出版校史。3 月 13 日校委会通过成立校史编委会以后，曾在 4 月及 7 月间开过两次会，9 月并开过工作会议，前两次讨论工作进度或步骤及校史如何分阶段、分时间等。工作会上又略予修改，订出了校史编写工作计划（草案）。到其时为止已搜集到资料共两千九百五十七册，已作出专题卡片一百一十二种，资料卡片四千张，还编了一份大事记。他提议：这项工作头绪大，工作多，所以考虑具体分工，规定每个时期的编写人，由他们负责研究一下专题。清华 1911—1961 年的发展分为八个阶段，分别列出了编写人、需要访问的校友。刘仙洲是第一、二、三时期（1911—1928 年）（1928—1937 年）（1937—1946 年）的编写人之一。关于校史某些专题的编写问题列了七个专题，其中旧清华工程技术教育的创始和发展专题，刘仙洲是研究者之一。他规划了校史编写工作的步骤：资料的搜集与整理（1959 年 4 月—1959 年 9 月），编写各时期的校史，完成初稿（1959 年 10 月—1960 年 4 月），修改定稿（1960 年 5 月—1960 年 9 月），翻译成外文（1960 年 10 月—1960 年 12 月），印刷出版（1961 年 1 月—1961 年 3 月）。

刘仙洲以极大的热情、严谨的科学态度规划并亲自承担资料征集及研究、写做工作。1961 年 4 月 29 日清华大学校史编辑委员会编印出一本七十页的内部资料《清华大学五十年简史（1911—1961）》，在校内传阅，征求意见。

1966 年 2 月，在他的领导下，校史编写组将校史（资料初编）新中国成立前部分编写完毕并打印，共四编，计五十万字左右。此外，还编写、打印了新中国成立前清华学生运动史，共十七万字。刘仙洲把校史稿逐字逐句全部仔细审阅过一遍，从内容到文字都提出了十余页的修改意见，并将校史稿分发给校史编委会各位编委提修改意见。吸收意见后，校史组将校史稿由五十万字修改为三十余万字，刘仙洲对修改稿又逐一加以审阅，并挑定了第一编的有关照片插图，他还亲自向学校印刷厂联系印刷办法，包括付印日期、印数、价格等细节。他希望校党委对校史稿加以全面审查，1966 年 3 月初付印，1966 年校庆前出版，在一定范围内（在校友中）发行。

由于时代局限，校史稿被留作内部资料备查，直至 1981 年，清华大学校史组在原来搜集材料的基础上最终完成并由中华书局出版了《清华大学校史稿（新中国成立前部分）》，这本书以丰富的史料、生动的文笔、缜密的叙述贯通了清华自建校到 1949 年的历史，是新中国成立后全国高校中出版最早的高质量校史书籍之一。

第十三章　朴素的生活
浓厚的亲情

刘仙洲是个公认的严肃认真的人，他以严谨著称，不仅对别人这样，对自己更是如此。关于他的严格、认真，还流传着一些有趣的小故事：

他每天的生活极有规律，无论看书、备课还是写作都有严格的计划，而且要求自己当日事当日毕。但是因为他一向待人诚恳，和蔼可亲，平易近人，家中常常是宾客盈门，或来拜访，或请教问题，对这些来访者他总是热情真诚地对待，知无不言，诲人不倦，使人满意而归。这样却往往耽误了他工作、学习的时间，打乱了原定的计划。遇到这种情况，当天晚上他宁可熬夜，必得把当日预定的工作补上，不把计划完成不睡觉。

他极富涵养，喜静，闲暇时喜欢安静散步。每天散步的时间、路线、距离，都有一定之规，轻易不作改变。一次，门卫见他突然改变了散步路线，觉得奇怪，就问："刘校长照例要出校门散步，今天怎么变了？"他回答："我忘记带校徽了！"

他爱书，所借图书，凡是有卷角的，都逐页用手抚平再还。对自己的书籍更是爱惜，上万册藏书，没有一本带卷角的。

凡是经他手的钞票，只要有破的，都裱好以后，才花出去。

处事严谨并不意味着不近人情，刘仙洲为人质朴，从不因为自己名教授的身份就自认为高人一等。1953 年的一天，他乘小汽车从清华进城开会。因散会较晚，由城内返校时已近黄昏。途中忽遇一辆满载货物的马车，车轮深深陷入泥坑。车夫使尽浑身解数，对马又拉又打，马匹筋疲力尽，始终不能将车拉起。刘仙洲看在眼里，想到天色已晚，马车还要向前赶路，遂请司机停车，亲自上前和大家一起帮车夫推车。众人齐心协力，终于将马车推出了泥坑。车夫感激不尽，连声道谢，说：俺是昌平县的，从这里到家还七八十里路呢。俺这辈子还从未见过坐小汽车的长官能下车帮俺穷赶车的推车呢！真是少见的事。[①]

这种助人为乐的事在刘仙洲看来是非常自然的。他从小参加劳动，深知劳动的艰辛。他热爱劳动，尊敬劳动人民，从不认为人有上下尊卑之分，职业

---

① 刘纪霖：《父亲永远活在我心中》，载《刘仙洲纪念文集》，199 页，北京，清华大学出版社，1990 年。

有高低贵贱之别。他担任清华大学副校长后，仍是平等待人，对司机、门卫和办公室的工人都非常亲切。20 世纪 60 年代，刘仙洲兼任清华大学爱国卫生运动委员会主任。每当他出去散步看到路上有马粪，就自己动手把粪便清理干净，保持环境的清洁优美。[①] 谁能想到路上那个衣着朴素、亲自动手清理马粪的老人就是全国闻名的老教授、学部委员、堂堂清华大学副校长呢！

刘仙洲是个一丝不苟的学者，也是有血有肉的凡人，温暖的家庭是他的港湾。他具有中华民族的传统美德，对母亲尽孝；对兄弟姐妹尽手足之情；对子女严格要求，把他们培养成才；对需要帮助的亲友慷慨地伸出援助之手。他朴实无华，待人真诚，淡泊克己，生活俭朴。

刘仙洲的弟弟刘宝华，早年受刘仙洲资助，去德国和奥地利留学。抗战期间，留在北平，服侍老母，母亲去世后处理后事。1949 年北平解放不久，刘宝华因心脏病不幸去世。之后，刘仙洲将母亲的棺木重新刷了油漆，送回原籍安葬。当时适逢多年战乱之后，公路还没修好，必须从农村土路行走。刘仙洲已是花甲之年，仍不畏颠簸之苦，亲自陪灵随马车护送母亲和弟弟的灵柩。1971 年，他响应国家平坟扩田增产的号召，又拿出三百元将祖坟全部深挖掩埋。

全家照（中排左起：刘仙洲的弟弟刘宝华、弟妹、母亲、夫人、刘仙洲）

① 刘明：《回忆祖父刘仙洲教授》，载《刘仙洲纪念文集》，204 页，北京，清华大学出版社，1990 年。

刘仙洲还有两个姊妹，刘仙洲对她们都尽可能地关照。据刘仙洲的儿子刘纪霖回忆："我大姑的孙子任山，因其父去世较早，家中孤儿寡母，无力抚养，即由老人家全部抚养，并供给中学至大学毕业的所有费用。""我二姑的孩子石城（原名石文元），抗战前由老人家介绍到清华工作。"①

石城原名石文元，清华英烈之一，河北满城人。先后就读于保定育德中学和保定高等职业学校。1934 年，在舅舅刘仙洲引荐下，进入清华大学电机工程系担任绘图员。1935 年，在《国立清华大学工程学会会刊》上发表《机械制造上的画线法》一文。1937 年，随清华风洞实验组南迁南昌，遭日本飞机轰炸，他和另外两人坚守实验场，看护设备。1938 年 1 月，风洞设备西迁成都后，他奔赴延安投入革命，曾在陕北公学学习，其间加入中国共产党，改名石城。后在晋察冀边区参与组建军工部，担任工务科科长、南厂厂长和生产管理处处长等职，工作积极肯干，建树良多，为军工事业作出突出贡献。1947 年 11 月 2 日，在工作中不幸失足而牺牲，时年 38 岁。石城烈士牺牲后，被边区政府追认为"人民头等功臣"，满城县政府还颁发了烈士遗族光荣证。②

刘仙洲对亲戚家孩子求学有困难和亲友们生活上临时有困难也都尽可能地帮助。他身为名教授，工资虽不低，但毕竟有限，负担如此众多的支出，难免捉襟见肘。刘仙洲的夫人具有中国妇女的传统美德，抗战期间，她曾与刘仙洲分别八年，侍奉婆婆，抚养儿女。平日里她负担着全部家务，自奉甚薄，节衣缩食，勤俭持家。对待有困难的亲友，则慷慨大方，她和丈夫一样，也有一颗助人为乐的心。

刘仙洲很爱孩子，他养育了三女二子。他对子女一向要求严格，关心备至。他鼓励孩子们一定要好好学习。每逢春节给孩子们点儿压岁钱，也要嘱咐用在上学买书上。他思想开明，无论男孩女孩都平等对待，把他们培养成才。他的长女刘玉素很早即入学，后在育德中学读书，是校中仅有的两三个女生之一。

---

① 刘纪霖：《父亲永远活在我心中》，载《刘仙洲纪念文集》，197 页，北京，清华大学出版社，1990 年。

② 清华大学党史研究室、校史研究室：《清华英烈谱》，52 页，2019 年。

后来刘仙洲到东北大学任教时，张学良将军任东北大学校长，提倡男女合校，这遭到了很多保守人士的反对，而刘仙洲却决定让刘玉素考到东北大学读书。“九一八”事变后刘玉素亦随父至北平，考入清华大学生物系学习，后又赴美国深造，回国后在科学院工作。

1970 年刘仙洲在颐和园和儿媳、孙辈合影

中国人常说“隔代亲”，刘仙洲对孙辈非常喜爱，在孙辈的记忆中他是个慈祥的爷爷。晚饭后，他常常让孙子们给他读当日的报纸，遇到不认识的字就教他们，还让连写几遍，记住为止。“读报活动”成为他每天繁忙生活中有趣的调剂。对孙辈他发自内心地疼爱，但从不溺爱，特别是在物质生活方面。他的小孙子参加学校运动会穿的运动裤都是自家做的。他并不是花不起这点儿钱，而是用他自己的方式表达他的爱，要从小培养孩子们艰苦朴素的作风。在他晚年因病住院时，仍将孙辈叫到医院，问长问短。在他去世前几天，已处于半昏迷状态，无力说话了，就用眼睛久久地注视着心爱的孩子们。[①]

“老吾老以及人之老，幼吾幼以及人之幼”，刘仙洲对家乡的孩子们也非常关心。抗战前，为了放寒暑假时回老家有房子住，又因老母愿在农村老家居住，刘仙洲就与弟弟刘宝华商议，二人共同集资，将不成规格的老家旧宅院，改建成甚有格局的四合院。抗战爆发后，刘母迁到北平城里，老家的房屋无人居住，便让给村里作了小学校，给全村儿童求学提供了便利。新中国成立后刘

---

① 刘明：《回忆祖父刘仙洲教授》，载《刘仙洲纪念文集》，202-204 页，北京，清华大学出版社，1990 年。

仙洲被选为河北省人大代表，曾回乡视察工作并看望父老乡亲，主动拿出钱来修缮房屋，其余的作为办校经费。后来，他每年都要购买大批儿童读物、科普读物捐赠给学校。多年来，村里一批批有文化的青年从这座小学校走出来。“文革”期间，刘仙洲的一个侄孙从石家庄插队落户到村里，需要房子居住，曾想索回老宅。但刘仙洲怕影响办学用房，没向学校提出任何要求，自己拿出钱来在别处空闲地盖了房。①

刘仙洲（中）将家乡祖房捐献给当地小学，1972年8月回乡探亲时与该校老师们合影

为了事业、为了国家、为了人民、为了他人，刘仙洲可以倾其所有，生命不息，工作不止。对待个人生活，他要求极为简单，很有限度。

刘仙洲一生酷爱买书、看书、藏书、写书、教书。他不吸烟，不饮酒，唯一的“嗜好”就是书。他把生活费以外的大部分钱都用来买书。无论在国内还是国外，每到一处，他必到书店、博物馆和图书馆搜集新旧文献资料。北京的几十家旧书店，他是常客，琉璃厂、隆福寺、每年春节的厂甸，都是他经常光顾的地方，每去必满载而归。在淘书时也会发生一些趣事，他的老朋友张荫

① 刘纪霖：《父亲永远活在我心中》，载《刘仙洲纪念文集》，197页，北京，清华大学出版社，1990年。

1957 年，刘仙洲在家中书房

麟，也有同好，经常出入书坊。一次，二人偏巧到同一地寻书，两个书迷都只顾各自寻觅中意的书，怀里还各自抱着一大摞买到的“宝贝”，无意中挤到一起，抬头一看，才发觉原来是老朋友，二人相视会心一笑。因为刘仙洲常来常往，书商们和他熟悉了，知道了他的需求，收到的旧书中凡是涉及机械的都送到清华刘仙洲家中来卖。

书籍是刘仙洲的心爱之物，多年的搜集，使刘仙洲的寓所看上去更像个书店：楼上楼下，四周墙壁，都是藏书。就连走廊、墙角、床铺后面，也被书架占据。每天，刘仙洲除了教书、写书及日常事务，就是流连在书的海洋中，终日手不释卷。在他心目中，没有星期天、寒暑假的概念。多年的积累，他收藏了近万册古书，其中颇多珍品。后来得知自己身患重病，他把四千多册书交给学校图书馆。临终前，他在病榻上嘱咐儿子，将家中尚存的古籍四千余册全部捐献清华图书馆，供后人使用。[①]

“读书破万卷，下笔如有神”，刘仙洲对到手的书籍一一仔细阅读，很多藏书中都夹有字条。正是因为他几十年如一日坚持认真读书，知识广博，才能先后开出十几门课程、写出几百万字的著述。

刘仙洲生活朴素，勤俭持家，衣履俭朴大方，一日三餐粗茶淡饭。他的居室中没有华丽的陈设，书柜、书架、书桌等布置井然有序。他喜欢清洁整齐，在晚年年事已高、身患多种疾病的情况下，仍坚持自己动手整理、打扫自己的房间。为了有益的事，刘仙洲从不在意金钱上的得失，自己生活却节俭到了令人难以想象的程度。新中国成立后他是一级教授，月薪 340 元。但他每月仅以

① 朱弘复：《百年诞辰 悼念往事》，载《刘仙洲纪念文集》，193 页，北京，清华大学出版社，1990 年。

100 元作为一家七口人的费用，因为他每月要交纳 100 元的党费，其余的钱都买书了。以 100 元作为七口之家的开支，实在非常拮据。儿子刘纪霖夫妇虽然收入微薄，但也实在看不过去，经常暗中拿出钱来补贴家用。每次女儿、女婿去看他，都有意带一些他平时比较爱吃的糕点，给他补充营养。[①] 刘仙洲一生艰苦朴素，他穿的衣袜多是打过补丁的。除了出国、接待外宾的那几件，其他都是他的“老朋友”，有的甚至穿了几十年。他用的笔、表都是旧式的，去世前戴的手表是从旧货店买来的，已经陪伴了他几十年。晚年，他患有严重的糖尿病，需要经常注射胰岛素，药液需要保存在低温环境中。家里人要买台电冰箱，但他始终不同意。后来买了个保温筒，筒里放入若干根三分钱一根的冰棍，以此降温。他就是这样，生活上能省则省，不该花的钱坚决不花。

① 朱弘复:《百年诞辰 悼念往事》，载《刘仙洲纪念文集》，190 页，北京，清华大学出版社，1990 年。

第十四章　晚　　年

身处逆境

刘仙洲晚年时，和我们伟大的祖国一起遭受了厄运。

1966年，“文化大革命”的疾风暴雨降临了中国大地，这是一场我们国家、民族的巨大灾难。“文革”开始后，清华园内大大小小的“当权派”都靠了边，学校基层党政干部被揪斗，受到残酷的人身迫害，情况十分严重。刘仙洲、梁思成、钱伟长、施嘉炀等一批老教授被打成“反动学术权威”，进行了全校批判。

那时，刘仙洲的处境很艰难。一次，两派武斗时有一伙人持枪到他家抢夺现金和存款。反过来，刘仙洲又被另一派诬为“用金钱支持武斗”。有一段时间，造反派追究他与刘少奇的关系。刘少奇是刘仙洲在育德中学留法预备学校的学生。20世纪50年代，有一次刘少奇来清华大学参观，蒋南翔校长与刘仙洲一起接待。参观后刘少奇一定要到老师的寓所看望师母，力辞未允，终于去家里坐了一会儿。“文革”中，这次师生间的正常交往也成了刘仙洲的“问题”，受到追查。天底下总有好心人，有一位同事以串联为名，告诉他：刘少奇到清华参观有记录可查，一份在教育部，一份在清华，在记录中你没有说错什么话。在那个人人自危的年代里，这宝贵的消息使刘仙洲的心里感到了一丝温暖。①

在那些黑白颠倒的日子里，这样的事情很多，对这些诬陷不实的行为，刘仙洲据理力争，决不屈服。在经历“斗、批、改”，被迫做检查时，他严肃认真地解剖自己，对自己的一生做实事求是的分析，并坦率地陈述对教育的观点。他以“可以不说话，决不说假话”的态度，在逆境中再一次显示出他的崇

---

① 赵今声：《回忆刘仙洲老师》，载《刘仙洲纪念文集》，192页，北京，清华大学出版社，1990年。

高品质。当时他成了被通报全国的“资产阶级反动学术权威的代表”，但他对民族、对事业献身的精神却没有改变，仍盼望着在有生之年为国家建设和科学发展贡献力量。

在政治运动的狂热浪潮中，刘仙洲仍保持着清醒的头脑，态度鲜明地指出：“现在的许多做法是违反法制的。”1966 年 11 月，当时的党委副书记何东昌正遭到批斗，有一天去看望刘仙洲，刘仙洲不但没有回避，反而对何东昌说：“对人民代表限制自由应通过人代会常委会，随便乱抓人是违反宪法的。”他还对打倒刘少奇一事发表看法：“少奇同志对党的贡献很大，打倒刘少奇是历史所不允许的。”“疾风知劲草”，逆境中刘仙洲又一次显示了他耿直无私、胸怀磊落的品格。“文革”期间曾有昔日的学生赵今声等人冒着危险到清华园看望他，刘仙洲对学生倾吐了心中的疑惑：为什么要搞“文化大革命”？他感到，个人蒙受些精神物质损失，毕竟是小事。但给国家造成的损失，特别是对青少年的思想造成的恶劣影响，是非常严重的。[①]

“文革”中，刘仙洲工作的权利也被剥夺。他从事的中国机械史研究工作经过多年的积累，正处于成熟与旺盛时期，“文革”无情地中止了这项工作。身处逆境，刘仙洲没有被击垮，他仍然保持着做人的尊严，保持着一向严谨、认真、朴实的本色。有一次，革委会组织这些被“改造”的人去校外参加农业劳动，那时刘仙洲已 78 岁高龄，仍坚持和大家一起步行往返。劳动时，他脱掉外衣，认真地和其他人一起干活，背稻捆，累得汗流满面。他把这些看作是对自己意志的锻炼。他那种勤劳质朴、严于律己的作风，对农民的劳动成果十分珍惜的态度，给同去的年轻人留下了深刻印象，甚至几十年后还记忆犹新。[②]

在那个是非颠倒的年代，刘仙洲仍然保持着坚定的信仰，他没有放弃攻读马列著作和科学研究。1969 年 10 月以后，组织上让刘仙洲、陈士骅、张子

① 赵今声：《回忆刘仙洲老师》，载《刘仙洲纪念文集》，167 页，北京，清华大学出版社，1990 年。

② 张孝文：《治学楷模 为人师表》，载《刘仙洲纪念文集》，57 页，北京，清华大学出版社，1990 年。

高组织了一个马列著作学习小组，以个人在家自学为主，每周二上午共同学习讨论两小时。1971 年，李寿慈等两位同志加入这个学习小组。据刘仙洲记录，自成立至 1972 年 3 月 31 日，“共举行 132 次，记录已达二十万字以上。两年零五个月的时间里，我们始终坚持，一次也没有停顿过”。① 他相信总有一天阴霾会过去，渴望自己能在有生之年为祖国建设贡献一分力量。他表示：“自己虽然年纪老了，还要以有生之年尽量为社会主义贡献力量，即使不能添砖瓦，能添把土也高兴。”②

最后的岁月

十年动乱，横祸飞临，莫须有的罪名和批判劈头盖脸而来。刘仙洲被打成反动学术权威。工作的权利被剥夺，生活不得安宁，甚至连居住一套房子的待遇，也被剥夺大半。1958 年，刘仙洲一家从胜因院 20 号搬到 10 公寓 11 号，这是一座二层小楼。“文革”期间，楼下被学校分给另一户住用，长达几年之久，刘仙洲一家老少三代不得不挤在楼上三间狭小的房内，走室外的楼梯，穿过小花园从后面的门进出。刘仙洲已是古稀老人，身患多种疾病，仍不得不从狭小简陋的楼梯上下出入。他住的房间非常窄小，只能放下一床、一桌、一凳，心爱的藏书无处存放。爱书如命的他就将沙发等家具卖掉，而书却一本也舍不得卖。

---

① 刘仙洲：《求学和工作的简历》，清华大学档案馆藏。

② 何东昌：《学习刘仙洲先生的爱国主义精神》，载《刘仙洲纪念文集》，6 页，北京，清华大学出版社，1990 年。

1968 年 7 月 27 日，工宣队进驻清华大学。不久，他们把一些清华老教师的处境向毛主席作了汇报。毛主席同意清华工宣队提出对所谓“资产阶级反动学术权威”梁思成、刘仙洲、钱伟长等“给以出路”的建议，并把这一“经验”批转全国。这多多少少缓解了当时全国众多著名老教授的苦境。1971 年，香港大学学生会组成的旅行团到国内访问，专程拜访了刘仙洲。[①] 学校把那户人家另作安排，刘仙洲的境遇多少改善了一些。

刘仙洲没有因为遭受的困难和打击而消沉，他生性淡泊，对个人的得失荣辱毫无抱怨，或者是不屑于抱怨。当工宣队负责人上门看望他时，身居斗室的他仍是以和善的态度对之，没有只言片语提及个人待遇问题。然而在那一时期，刘仙洲常常郁郁寡欢，人们再也看不到那个精神焕发、为新中国取得的每一点成就而像孩童一般欢欣鼓舞的老教授。他是为时局的动荡而痛心，为国家民族的前途命运而忧虑。他关心国内外大事，身处陋居而心怀天下。在当时一边倒的舆论宣传中，《参考消息》登载的消息还比较多样，这份报纸成为他获得信息的重要途径。晚年他虽患白内障，仍然坚持每天看《参考消息》，最后因视力太差，不得不改订一份大字《参考消息》，后来大字也看不清了，非借助于放大镜阅读不可。[②] 即使这样，他也没有停止对国家前途命运的关注。

刘仙洲一生都在不停地做事。身处逆境，有人会抱怨，有人会消沉，但是他仍然在踏踏实实做他认为有益而又力所能及的事。在他疾病缠身、身处逆境的晚年，仍不懈怠。在那个特殊的年代，头顶着“资产阶级反动学术权威”的帽子，工作的权利被剥夺，他还是生命不息、工作不止，以知其不可为而为之的勇气，作出了他的最后计划——将《中国机械工程发明史》第二编写完。这是他对国家最后的奉献。

1970 年，在 80 岁生日那天，刘仙洲工工整整地写下了一份《我今后的工作计划》，并拟出了《中国机械工程发明史》第二编共十章的写作提纲，文献

---

① 刘蜀永：《一枝一叶总关情》，153 页，香港，香港大学出版社，1993 年。

② 张殿执：《回忆刘仙洲先生》，载《刘仙洲纪念文集》，178 页，北京，清华大学出版社，1990 年。

1970年1月27日刘仙洲八十周岁照

资料也基本齐备，甚至已经写出了部分初稿。然而，病魔已不容许他把计划继续进行下去。

晚年的刘仙洲，身受糖尿病、胰腺癌、白内障等诸多疾病的折磨，他成了医院的常客。1975年9月底，在北京医学院第三附属医院12号内科病房里，85岁高龄的刘仙洲被癌症折磨得痛苦不堪，一连几天没吃东西，仅靠输液维持生命。然而，想到自己尚未完成的《中国机械工程发明史》第二编，他说："不吃不行，我还得吃，我还得写！"说罢，要了一碗麦乳精艰难地咽了下去。

第二天是国庆日。刘仙洲显得格外兴奋，他让护士帮助他半卧着，手执放大镜阅读文献，用颤抖的手执笔修改文稿。当他吃力地写下一个"燕"字后，就再也提不起笔了。这个"燕"字，是平生著述三百万字的刘仙洲写下的最后一个字。此后，他逐渐陷入昏迷，于10月16日与世长辞[①]，为他的亲人、朋友、同行、学生留下了无尽的哀伤。他临终前还牵挂的《中国机械工程发明史》第二编最终没能完成，给这一研究工作留下了无法估量的损失。

① 此处参考黎诣远《刘仙洲》，载《清华校史丛书 人物志1》，1页，北京，清华大学出版社，1983年。

第十五章　工程教育当先驱

刘仙洲是我国著名的工程教育家。他出生在鸦片战争后 50 年，亲眼看见了祖国遭受帝国主义凌辱，逐渐沦为半殖民地半封建社会的痛苦过程，国家到了危急时刻，人民处于水深火热之中。“先天下之忧而忧”，热爱祖国、救国救民是他一生活动的主旋律。青年时代，他曾参加同盟会，冒着生命危险做革命工作。后来他认识到反动势力的强大，青年必须充实自己，积蓄力量，于是产生了“工业救国”的思想，希望以振兴工业来改变国贫民弱的状态。他专心埋头于工业教育，为祖国培养工业技术人才。

1918 年由香港大学机械工程系毕业后，刘仙洲即从事教育工作，时年 28 岁，此后他辛勤耕耘五十多年，桃李满天下。在 1962 年召开的中国机械工程学会十周年大会上，到会的厂长、总工程师中，不少都是他的学生，或是他学生的学生。教师是人类灵魂的工程师，人们亲切地称刘仙洲为“工程师的工程师”。他的教育活动影响深远，学生中既有入门的受业弟子，也有从未谋面的。

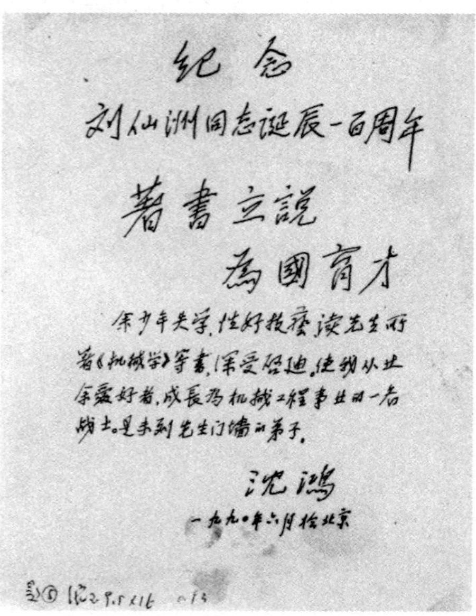

沈鸿为刘仙洲诞辰百周年纪念题词

1990 年，在纪念刘仙洲诞辰 100 周年时，著名机械工程专家、中国科学院院士沈鸿曾留下这样的题词：“余少年失学，性好技艺，读先生所著《机械学》等书，深受启迪。使我从业余爱好者，成长为机械工程事业的一名战士。是未列先生门墙的弟子。”刘仙洲治学严谨，诲人不倦，为教育事业鞠躬尽瘁，他以严格认真的教学作风，培养、影响了中国几代机械工程人才。

刘仙洲具有明确的教育思想，在教育实践中积极提倡，身体力行，多年坚持不懈。

造就人才，服务社会，提倡“工读协作制”

刘仙洲一生大部分时间都在读书、写书、教书。在教书方面，他并不满足于仅仅教好课程，而是关注我国工程教育状况，提出了明确的教育思想。综观其一生，他所有教育主张的根本出发点是从社会实际出发，为社会现实服务。在如何造就机械工程人才方面，他一贯主张理论与实验并重。

刘仙洲最具代表性的工程教育思想是“工读协作制”。在他从事教育事业的数十年间，多次三张工业教育可以试行“工读协作制”并根据实际情况进行调整。根据现有资料，“工读协作制”思想在中国的提出始于刘仙洲，时间是在20世纪20年代。自1918年从教以来，刘仙洲就很注意工程教育方面的研究。1918年至1921年，在河北保定育德中学执教期间，他对我国的工业教育进行了思考。他回顾了自己在香港大学工学院机械工程系四年的学习经历，研究了当时在青年学生中普遍存在的重理轻实心理，结合中国社会经济落后的现实，又参考了美国辛辛那提大学关于工业教育的经验，于1920年11月上书教育当局，提出了“工读协作制”，这是他提出的关于我国工业教育的基本理论和方法。“工读协作制”就是“在学校求学理，在工厂求实验；换一句话说，就是把学校和工厂合成一气，把学生和工人备于一身，是用最经济的办法，以造就工业人才的一种制度”。[①]

“工读协作制”的基本精神就是工业教育要理论结合实际。刘仙洲列举了实行“工读协作制”的四种好处：第一，各级工业学校可以减收昂贵的费用，清寒而聪慧的学生得以有入学的机会。第二，因为一入学即须做工，那种只注重学理，轻视实际，自视清高，不愿向工人请教的陋习，可以得到改变。第三，

① 见刘仙洲《我国工业教育当酌采工读协作制意见书》，《新教育》第三卷第五期，597-609页，1921年。

各级工业学校毕业生的出路，可以得到拓宽，减少“毕业即失业”的虞虑。第四，各级工业学校的实习费和设备费的开支，可以大大减少。刘仙洲充分考虑到了我国社会、经济、教育的实际需要。①

刘仙洲主张理论与实际联系，学理与实验并重，造就人才应该适于社会之用。他认为“工读协作制”是培养社会所急需机械人才的最优方法。1925 年，他任北洋大学校长期间，在《北洋大学 30 周年纪念册》序中提出：“学校之造就人才，原所以备社会之用，故社会上需用何项人才最急，学校应设法以应之。查本校历史当庚子以前及庚子以后续办之初，均极能在此点用力。如庚子以前因京奉路需用铁路人才则附设一铁路班。庚子以后因需用译学人才则附设法文班、俄文班，因各中学缺乏师资则附设师范班，皆为极显著之实例。吾国目下之机械工人才若专就学理言，则在各国留学专习机械工之毕业生已为数不少，且其成绩亦不在他国学生之下，惟多缺乏实验之技能，故多无补于实际。专就技能言，则在上海、香港、新加坡、唐山等处之中国工人为数尤多，且其技能亦多不在他国工人之下，惟多缺乏学理之辅助，故亦不能有所发明。现在最感缺乏者，实为学理与实验兼优之机械工人才也。欲造就此种人才以采用工读协作制最为适宜。”

同年，他提出《本校附设工读协作制机械工学门意见书》及《本校附设工读协作制机械工学门计划书》。刘仙洲生长于社会底层，因家境困难备尝求学的艰辛。对中国社会的了解使他的思想贴近于中国实际，他的主张是从中国国情出发，讲求实际，有效地培养人才，使清寒学生能够读书，使教育在中国能够普及。他详细论述他的主张：“就我国人民之经济状况言，尤为相宜。盖我国各大学之费用日益加多，平均计算每生每年费用不能在 200 元以下，即按本校而论最俭省者亦须百五十元左右。就我国社会上之经济状况察之，财力不能供给子弟入大学之人家恐在百分之九十五以上，贫寒学生即使有极高之聪明、极合于工业之天性，必因经济关系不能有所发展，埋没人才莫此为甚。因

① 见刘仙洲《我国工业教育当酌采工读协作制意见书》，《新教育》第三卷第五期，597–609 页，1921 年。

以上两层原因，即一方面欲得学理与实验兼优之人才；一方面为贫寒家聪明子弟谋一升学之路径，故本校拟设机械工学门工读协作班。”学校附设实习工厂，工厂附设补习学校，二者取长补短，在学校学习理论，在工厂求得实践经验，学校与工厂合二为一，学生与工人集于一身，从课程安排上使工读力求结合，既可解决只重书本、轻视实践之弊端，又可使工人有提高理论素养、提高文化水平的机会。如此可培养理论、实践兼优的工程技术人才。同时，工读所得可对清寒学生起到资助作用。刘仙洲是一位颇有远见的教育家，他从积贫积弱的国情出发，设计了一种以最经济的办法为国家造就理论与实践兼优的工程技术人才的教育制度。他还提出了具体的方案，指定北洋铁工厂和大沽造船所作学生做工的地方。可惜，这个建议被政府当局“留备采择”，未予支持实施。

刘仙洲力主的“工读协作制”是从学理与实验兼优的思想出发。由此，他主张理工合校。他任北洋大学校长期间，曾计划把学校办成理工大学。他认为：“工科为理科之实用，理科为工科之根基（有时虽不能尽谓其如是，然而至少有大部分互相关联），理科之主要课程如数学、物理、化学、地质等，倘工科学生对之有良好成绩，则其工科课程必易达于高深。工科之主要设备如机械、仪器、电机等，倘理科学生对之有充分参考，则理科课程必更较为切实。故本校如始终仅限于办工科则已，如能再进一步则以改办理工大学为最相宜，亦最为经济。”“工科同时兼办理科，则凡工科各学门之根基，可由理科教授担任之，其程度自易提高；凡理科各学门有需实物以证明者，可由工科之设备参考之，其观念自易于明了也。”①

随着刘仙洲离开北洋大学，他的教育理想也搁置下来。1932 年，刘仙洲来到清华工学院后，清华曾请长辛店机车厂李维国厂长来学校讲演，李谈到既有理论造诣又有实践经验的适当人才不易得，并表示愿同学校合作，造就学理和实验均优的人才。李维国的主张与刘仙洲不谋而合，为此，刘仙洲曾专门同清华大学机械系系主任庄前鼎商量，拟由机械系与长辛店机车厂合作，试办一下工读协作制，此事因时局和其他种种关系，也未成功。

① 见《北洋大学 30 周年纪念册》。

刘仙洲认为当时中国工科的教育偏重学理，学校工程教育与生产实际联系不够。为达到与实践相结合的目的，他在自己讲授“机械原理”等课程时，试验过理论与实际相结合的教学法，让学生在听课的同时，观摩和接触实物。1935 年，他在《机械工程学及其研究法》一文中指出：研究机械工程学，非常常接触实物不可，最好能有机会亲近机械，抚摸它们，使用它们，如果情况允许的话，更要拆卸它们，安装它们。他用生动的语言谆谆劝告学生：“这样做，你的衣服也许弄上油，你的脸上也许擦上黑，若钻到一个锅炉的烟道上去考察，你身上更无疑要弄上不少的灰尘。然而，你千万不要厌恶它，你应当觉得这样是最美！比穿上漂亮的衣服，甚至比擦上雪花膏美得多！”授课中，刘仙洲一向注意理论联系实际，多年来一直如此。20 世纪 50 年代他在给清华大学动力系学生讲授热工学时，已年逾花甲，仍然带着学生到实验室，亲手转动发动机，讲解优良的热力学性能如何靠巧妙合理的结构得到实现。

1936 年，刘仙洲在《清华机工月刊》发表了《我国机械工程教育应当改进的途径》，再次强调了他的主张，指出：“无论是哪一种工程人才，都应当学理和实验并重”，他说：“《公羊传》上对于士、农、工、商下的定义是：‘德能居位曰士；辟土植谷曰农；巧心劳手成器物曰工；通财货曰商。’士、农和商的定义，我们不必去谈。对于工下的定义，我以为是最好不过的。‘巧心’和‘劳手’两种条件，实在是非兼备不可。至少机械工程人才是如此的。只‘巧心’而不‘劳手’，只有学理而无实验，充其量不过是一位理论的工程家。可以作文章，可以勉强教书。就按作文章教书说，一遇到讨论实际的问题时，也难免失之不切实。只‘劳手’而不‘巧心’，是只有实验而无学理，充其量不过是一位熟练的老工匠。可以按图制造，可以照样仿做。但一问其所以然之故，则茫然不知。一令其稍加变化，则无从着手。我国现在的机械工程界，大多数正是在这种偏而不全的状态之下。不偏于此，即偏于彼。”①

经过多年的摸索，刘仙洲认识到，在当时中国的情形下，如果骤然试办

---

① 刘仙洲：《我国机械工程教育应当改进的途径》，载《清华机工月刊》第一卷第一期，2–5 页，1936 年。

工读协作制，实在尚有相当的困难，“第一，附近的各大工厂，就工人的技术及管理的方法等，尚多有不足为学生模范之处，与美国各大工厂的情形不同。第二，工厂的当局或是他的上司，对于此种办法，未必都表同情。万一人位一有变更，中途借故推翻成案，则学生无所安置。所以这种办法，虽说是最合乎理想，但是实行以前，还应当有相当的预备”。最合乎理想的工程教育制度既然无法推行，为适应社会实际情况，他又提出了一套全面的工程教育办法：

（1）大批地送机械工程实习的留学生。近年来，各大学每有直接同欧美各大工厂接洽，送少数实习学生的事情。在各工厂方面，为的是它们过去和将来的营业。在学生方面为的是得到实习的技能。是一种两方面有利益的事情。并且工厂里边给的津贴，差不多可以维持生活。即使不足，所差也无几。我想若是用国家的力量，大规模地进行一下，当不致有何困难。比方由教育、实业、铁道等部出面，一面约集国内机械工程的专家详加筹议，先作一整个的计划。按我国目下的情形，究竟是需要哪几种的机械工程人才及其约略的数量，以规定一次或陆续派送的人数；一面用政府或上述各部的名义，向所拟派的国家接洽，请其指定相宜的工厂。接洽妥当后，再由各大学机械工程系毕业生里边考选，或由各校保送，然后分别送往实习。以三年或两年为限。专注意制造上的技能和管理方法。津贴倘不足用，由政府补助之。资送其他留学生二十人的费用，若用以补助这种学生，至少可供百人。学成回国后，可担任各大学实习工厂的主任及实习教授，或各大工厂的高等技师等职。

（2）对于本国各大学的机械工程教育应当：（a）充实设备。（b）增加实习钟点。（c）特别注重实习教授的人选。如本国一时尚没有相当的人才，无妨采用二十年前各大学的方法，暂且延用外人。优其薪俸，但非有真正优良技术及丰富经验的，不得入选。（d）学生在实习工厂做工时，尽量采用营业工厂的管理法。使之不但学好技能，并得到工厂生活的训练。（e）更就国内成绩较优，设备较好的三数大学，由政府另筹专款，使扩大其实习工厂，完全按营业的性质去办理。一面再采用工读协作制以造就学理和实验均优的人才。

（3）对于中等的机械工程教育应当：（a）责成所属省市，宽筹经费，充实设备。倘经费困难，宁使减少校数，亦不宜因陋就简。（b）指定一二成绩较优，设备较好的大学机械系附设一机械工程师资训练班。招高职机械科毕业生为学生。严格训练三年或二年。多注重实习，少补充理论。毕业后使任高职机械科教师。（c）增加实习钟点。

（4）对于机械工人的补习教育应当：（a）国内各大机械厂，如各铁路的修机厂，各兵工厂，各地私人经营的大工厂等，均须附设补习学校。以前项所说的师资和厂内的技术人员任教师。以补充工人对于学理上的缺乏。

（5）在各大城镇设立机械工程博物馆，或附设于普通博物馆之内。把各种机械的种类和它演进的历史，尽量购置实物或仿制模型，陈列在里边，供一般民众的观览。以增进一般民众对于机械工程的知识。

（6）有计划地设立机械玩物制造厂。制造多数机械的玩物，以增加一般儿童对于机械的兴趣和印象，在小学教科书里边，也应当加入一部分简单而重要的机械工程教材。①

为开展、普及机械工程教育，刘仙洲分别设计了针对派遣留学生、大学生、中等学生、普通民众、儿童的方案。他提出的办法面面俱到，具体措施细致得当，可见他对开展工程教育、发展我国工业的重视和深思熟虑。但是在时局动荡不安、日寇步步紧逼、民族矛盾加剧的时期，刘仙洲的这些设想难以实现。经过艰苦的八年抗战，之后又目睹了国民党的腐败，他只能把工程教育的理想深埋在心中，曾想过在有生之年“顶多再教十年书，再写五本书，就算尽了我一生的责任了”。直到新中国成立，刘仙洲看到了国家、民族的希望，看到了教育的希望，他执着地倡导并开始积极实践“工读协作制”。

1949 年北平和平解放，从这年春天起，刘仙洲即经常于授课之余，应邀参加当时华北人民政府农业部有关农业机械的座谈会。了解了新中国政府是要切实发展生产、真心实意为人民大众谋利益之后，他对农业的发展、人才的培

① 刘仙洲：《我国机械工程教育应当改进的途径》，载《清华机工月刊》第一卷第一期，2-5 页，1936 年。

养、农机的制造提出了许多积极的建议。这年 4 月，华北农业机械总厂成立，他被聘为顾问。就任之时，他即建议华北人民政府农业部在清华大学附设农田水利专修科，在华北农业机械总厂附设农业机械专科学校，厂、校结合培养人才。之后，中央人民政府农业部曾多次与清华大学工学院联系、商榷，并于 1949 年 11 月委托清华大学开办农田水利专修科，训练农田水利干部。①

刘仙洲的建议被付诸实施。他多年的理论与实践相结合的教育理念，此时终于得以实现，欢喜的心情真是难以言表。他还被聘为农业机械专科学校的义务教务长，并讲授农业机械课程。在他的主持下，两校学生一面在学校“学理”，一面在总厂“做工”（实验），真正做到了“把学校和工厂合成一气，把学生和工人备于一身”。这两个学校没花国家多少钱，在短期内培养出近百名农业机械专业人才。②

新中国成立后，国家进行大规模的经济建设，急需各方面人才，产业部门急需生产干部，这给高校办学提出了新的任务。比如，1949 年至 1950 年间，中央人民政府农业部、中央人民政府军事委员会气象局、中央人民政府水利部、中国人民银行等单位曾纷纷要求清华大学以开办专修科的形式帮助它们培养急需的人才。如何把高校的教育资源与培养产业部门急需的生产干部相结合，如何解决快速专门培养人才与清华原有的通才教育之间可能产生的冲突，1950 年 6 月 6 日，面对《光明日报》记者的采访，刘仙洲发表了意见。

关于当时教育界争论的学校培养通才或专才问题，他认为“应该并重，不宜偏重。例如，进行工业建设我们不仅要照顾到当前的需要，更必需的是发展。如果不培养通才，只有专才，我们的学术和科学技术就不能随着社会的发展而进步。因此，培养通才是绝对重要的”。③从发展和科学技术进步的角度看，“通才”的培养不容忽视。

---

① 见“中央人民政府为委托清华开办农田水利专修科函”，清华大学校史研究室编《清华大学史料选编》第五卷（上），367 页，北京，清华大学出版社，2005 年。

② 王万钧:《回忆刘仙洲先生》，载《机械工程》1985 年第 5 期。

③ 《清华机械系教授刘仙洲谈培养产业急需人才——高等教育问题专访之四》（1950 年 6 月 6 日），清华大学校史研究室编《清华大学史料选编》第五卷（上），163-165 页，北京，清华大学出版社，2005 年。

那么，怎样才能满足新中国成立之初特定历史条件下社会对人才的急需？他谈道："不过主张培养专才的人也很多，特别是各产业部门急需多数的人才，所以它们提出的要求是：专、快、多。就是说学习的技术要专，学习的期间要快，培养的人员要多。从当前经济建设的需要来看，这确是有必要的，但如全面来讲，我们的通才也是极为缺少的，所以我认为如果我们有力量时，是应当两者并重的。"短期内训练相当数量的专才确有必要，但还是不能因此就停止通才的培养。

对于如何培养产业部门急需的人才，刘仙洲提出以下几个办法：

（一）学校附设，因为训练工程人才需要的设备和教师，在准备上是有相当困难的，而学校是具有这样规模和基础的，这样做起来比较方便。

（二）工厂附设，在工厂附设的好处是有实在的东西可看，同时工程师们准备一下，就可以教书，教师、设备的困难都可以得到解决。

（三）采取工读制，就是把一班学生分为两组，一组学习理论，一组下厂去实习，按照规定日期轮换。当然最主要的是工厂实习的东西要和所学的理论相配合，这样再把假期去掉，两三年后就可以训练出很好的工作干部来。

（四）产业部门设立专门学校，不过在教授和设备上是有困难的。

不难看出，刘仙洲提出的第三条解决办法就是学校与工厂协作，实行"工读协作制"。

从1952年秋季起，清华大学进行了第一次教学改革，改变了自建校以来实行的"通才教育"的教育理念，建立专业，学习苏联高校在教学思想、教学内容和教学方法方面的经验，制订和修改教学计划，加强技术基础课、专业课和课程设计、生产实习、毕业设计等教学环节。对于加强理论与实际联系的一切方针和措施，刘仙洲都积极执行。在学习苏联进行教学改革期间，他对于在加强基础理论课的同时增加专业实验、生产实习、课程设计、毕业设计等实践环节的措施都积极赞成。

1958年5月30日，在中共中央政治局扩大会议上讨论教育工作时，中共中央副主席刘少奇发表讲话，提出了著名的"两种教育制度、两种劳动制度"

的观点，提倡“半工半读的学校教育制度和一种半工半读的工厂劳动制度”，“中等技术学校更可以半工半读，某些大学也可以半工半读”。同年，党提出了“教育为无产阶级政治服务、教育与生产劳动相结合”的教育方针，刘仙洲对此由衷地拥护。

这年，为了贯彻党的“教育为无产阶级政治服务，教育与生产劳动相结合”的教育工作方针，探索创立适合中国国情的社会主义高等教育体制，全国开展了以勤工俭学、教育与生产劳动相结合为中心内容的教育革命。在这场全国范围的教育革命中，清华大学进行了多方面有益的尝试，积极探索发展中国高等教育的道路，实行了教学、科研、生产三结合，建设“三联基地”“真刀真枪”地组织和安排毕业设计，使学校各方面的工作都向前迈进了一大步。刘仙洲全身心地扑在工作上，为学校的教学、科研等各方面工作作出了贡献。

1958 年 4 月，在《人民教育》上，时任清华大学第一副校长的刘仙洲发表了《高等教育和生产结合的几种办法》，进一步阐述了他对“教育与生产相结合”的认识，他说：“过去我国读书人一向‘重理论轻实际’，重视书本学习轻视体力劳动，甚至轻视劳动人民。如果使‘教育与生产相结合’，或‘文化学习与劳动锻炼相结合’，就可以纠正这种偏向，对青年一代具有很大的教育意义和政治意义。这可以说是走向共产主义社会消灭体力劳动与脑力劳动对立的第一步。”可见，刘仙洲对“工”与“读”的认识已不仅仅为了造就“学理与实验”兼优的人才，而具有了马克思主义教育理论的特点。

从数十年教育的经验出发，刘仙洲考虑到“这一工作是相当复杂的和细致的”，为此提出了教育与生产相结合的七种方式：举办工读班；利用学生实习，生产市场需要较多的成品或接受加工订货；自制本校或本系需要的仪器设备；接受委托实验或委托研究；接受测绘及制图工作；接受测量工作；接受设计工作。这其中很重要的一种，就是根据“工读协作制”的原则和方法，成立工读班。他说：“工读班是采用半工半读办法培养工业人才的一种方式。外国有个别高等学校就采用过这种方式。具体做法是学校和工厂合作，把一班学生分成两组（同一时间，同一设备，可以培养加倍的人数），一组在学校上课，另一组在工厂做工。到一定时间以后（例如三个月），实行轮换，原做工的一组回校上课，原上课的一组到工厂做工。在轮换以后，学校教师把课程重讲一遍，在工厂里两组学生的工作是互相衔接的。……据说这样培养出来的学生一到工厂马上就很顶事，所以很受工厂的欢迎。”他亟盼我国若干工业学校可以找些工厂试行一下工读班。

自 1958 年起，在刘仙洲的积极参与下，清华大学陆续建设了试验化工厂、综合机械厂和试验电厂等一批教学、科研和生产的联合基地（简称“三联基地”），把教学、科研、生产有机地结合起来，对学校的发展和培养学生提高能力都产生了积极影响。同时，毕业班的学生在教师指导下，结合国家经济建设重点项目与社会实际生产任务，进行了“真刀真枪”的毕业设计，带动了教学、科研、生产的紧密结合，也创造了教育与生产劳动相结合的宝贵经验。

在探索发展中国高等教育道路的过程中，也产生了一些片面性，如生产劳动安排过多，忽视理论等。在全国教育界贯彻党的“教育和生产相结合”教育方针的一片热潮中，刘仙洲保持了清醒的头脑，并没有片面地强调劳动、生产实践的重要，而轻视理论学习。他对加强理论与实际联系的一切方针，都积极拥护并贯彻执行。同时，他不是盲目跟风，而是严格遵循教育规律。比如他对学校中生产劳动过多曾明确表示反对，在清华大学的各种会议上说：“学校总还是学校，应该以教学为主。”还说：学校、工厂、科学院各有各的任务，不能同时不分主次地都搞教学、科研、生产这三项任务。这些意见，在当时是不合时宜的，但刘仙洲仍然本着一个教育家的良心、实事求是的科学态度，直言不讳。

应该说，刘仙洲数十年所坚持主张、积极倡导的理论与实践相结合的教育理念以及“工读协作制”，今天仍值得关注，在目前的国情下，对我国机械工程教育仍具有借鉴意义。

学术独立

1. 中文授课，自编中文教材

在机械工程教育方面，刘仙洲是我国采用中文教学的创始人之一，是编写中文教材的奠基者。

在旧中国，尤其是在 20 世纪初，我国高等教育事业带有浓厚的半殖民地色彩。那时我国仅有的几所工科大学，如北洋大学、南洋大学、唐山路矿学校等，多聘用外籍教师。仅有的少数本国教师也多是留洋毕业生。无论中外教师，所用教材均为外文，舍此别无教材。在相当长的时期内，中国大学用书多采用外文原著，需进口大量外文原版书或予以翻印，而且内容不尽切合国情。教师也多用外语授课。对于这种状况，有识之士发出了呐喊，1913 年至 1918 年间担任清华学校校长的周诒春就认为："应以国语为教学媒介""……惟有如此，才能促进学术独立。用外语教学，使学生的思想穿了一套不自然的外衣，有碍于进步"，他呼吁"历史、政治、经济、法律等课，应用国语教学。至于理、工、医等课程，因尚无译本，暂用外语教学，一旦有译本，就采用国语教学"。他鼓励外籍教师学好国语，并用于教学；同时希望回国留学生积极翻译教科书，使西方知识逐渐"中土化"，产生属于自己的新知识与新文化。[①] 其时，教育界持有这种看法的应不止周氏一人。

刘仙洲刚刚从教时，对于当时工程教育用外语讲课、采用外国教材很有看法。他看到，外国教材的内容、实例均引自国外的资料，与中国情况没有联系，学生学起来感觉空洞，且对毕业后的实际工作不利。外文教材的逻辑思维

① 周诒春，《对中国教育的一些建议》，转引自苏云峰《从清华学堂到清华大学》(1911—1929 年)，63 页，北京，生活·读书·新知三联书店，2001 年。

方式也与中国教师教学、学生学习的思维方式存在差距。另外，有些学生的英语能力尚达不到用英文听课的程度，有时英文授课的课堂效果并不好。再有，当时中国社会经济发展已有一定进步，如工业已出现了纺织业、采矿业、运输业、机械制造业、制冶业等，可以为中文教材提供丰富的素材和实例，这给编写中文教材提供了良好条件。

早在 1920 年，刘仙洲就指出了这一问题："察吾国之工业教育，所授课程概用洋文……遍询坊间，无用中文出版者。""中国人教中国人，恒用外文课本，有时更用外国语讲解，长此不易，我国学术永无独立之期，国将不国。"他从学术独立、国家强盛的角度看待这个问题的严重性。刘仙洲不仅眼光敏锐，而且勇于付诸行动。为了使外国发达的科学技术在中国得到普及与发展，他带头提倡用中文讲课，用中文撰写学术论文和编写中文讲义。

为了编写这些教科书，刘仙洲参考了大量国外的有关书籍，内容充实，深入浅出，为国内高校和中等技术学校普遍采用。《机械学》是刘仙洲编写的第一本中技教科书，是他在育德中学执教时完成的。该书参照国外相关的著作编成，面世后受到普遍欢迎，再版多次。《机械原理》是刘仙洲完成的第一部大学教科书，是他在东北大学执教时，参照国外有关著作编成，交给中国重要的文化教育事业单位和当时最大的出版印刷企业——商务印书馆出版。1932 年，正当此书在制图排版时，发生了日本帝国主义侵犯上海的"一二八"事变，商务印书馆被炸，这部书稿也被焚毁。20 世纪 30 年代，蔡元培号召"课本中国化"运动，即提倡大学里使用中国人自己编写的课本。商务印书馆复业后，总经理王云五请蔡元培领衔，邀集国内各大学及学术团体代表组织大学丛书委员会，分请大学教授和各科专家担任编辑。商务印书馆制订了出版大学教材的计划。刘仙洲的《机械原理》被列入，于 1935 年正式出版。

在编写教材的过程中，刘仙洲在参照国外教材的同时，还时时注意联系中国实际。比如《热机学》的燃料一章，国外教材上所举的例子，都是国外的材料，不适合中国学生。刘仙洲就找到我国自己的材料来补充内容，比如讲到煤质的分析、煤的分类、各种煤的不同特性，以及石油、天然气等，他都应用开滦、井陉、门头沟、中兴、四川自流井、甘肃玉门等地的材料。当时的清华大学工学院院长顾毓琇，在为这本教科书写的序言中，肯定了这本书的优点，并对刘仙洲“于教学之暇，孜孜不倦，努力著述，将大学机械工程之课本一而再，再而三贡献于国人，表示钦佩”。他说：“仙洲先生为我国工程界前辈，……鄙人与先生共事清华有年，固知先生之志，乃欲机械工程之为我国所用，而望我国亦将赖机械工程以臻于现代化之境域也。”

为编写中文教材，刘仙洲几乎献出了他的全部业余时间和假期。那时人们一周只有星期日一个休息日，他把星期日叫做星期七，每逢此日，总是手不释卷，奋笔疾书。在编写过程中，他勤奋努力，坚韧不拔。抗日战争时期在昆明西南联大，他曾一边躲防空警报，一边还带着资料整理。三伏天，夏日炎炎，暑热逼人，人们都纳凉去了，他仍伏案疾书。汗水浸透了衣衫，浸湿了稿纸，他就一天换几遍衣裳，仍然坚持继续工作。刘仙洲几十年如一日地笔耕不辍，每一本教材都饱含了他的心血和汗水。

刘仙洲是我国编写中文工科教材的开创者，成绩斐然。1918 年至 1948 年三十年间，他先后编写了大学教本和中技校教本十余种，经正式出版的计有：《机械学》（商务印书馆，1921 年出版）、《机械学习习题解答》（商务印书馆，1922 年出版）、《蒸汽机》（商务印书馆，1926 年出版）、《内燃机》（商务印书馆，1930 年出版）、《机械原理》（商务印书馆，1935 年出版）、《经验计划》（商务印书馆，1935 年出版）、《热机学》（商务印书馆，1936 年出版）、《蒸汽表及莫理尔图》（商务印书馆，1936 年出版）、《蒸汽轮及其新发展》（商务印书馆，1947 年出版）、《热工学》（正中书局，1948 年出版），等等。这些著述是我国最早用中文编写的工科大学、中技校教材，刘仙洲为创立和发展我国的机械工程学作出了重要贡献。

国内编写工科中文教材一时成为风气。比如在 20 世纪 30 年代的清华工学院，土木系陶葆楷教授编著了《给水工程学》，吴柳生教授编写了《工程材料试验》，夏坚白、陈永龄合著了《养路工程学》，这些都是当时较好的中文教科书。另外，当时清华工学院的各种学术性刊物，诸如《清华大学土木工程学会会刊》《清华机工月刊》《清华大学工程学会会刊》《清华大学工程季刊》等，也一律用中文编辑出版。[①] 这些举措对于宣传、普及、发展先进科学技术，促进我国学术独立，无疑起到了推动作用。

2. 编译机械工程名词

20 世纪 30 年代，刘仙洲编订了《英汉对照机械工程名词》，他是我国机械工程名词统一工作的奠基者。

自 19 世纪 60 年代，在奕䜣、曾国藩等清末重臣的倡导下，中国出现了一场延续三十多年的洋务运动，洋务派主张进行改革，学习和引进西方先进技术。伴随着洋务运动的兴起，西方的机器设备不断输入中国。在中国，兴建了一批官营、官私合营或外资独办的工矿交通企业。随着大量西方机械迅速进入中国，这一时期，有关机械工程的西文书籍翻译日益增多。光绪十五年（1889 年），江南制造局曾编订了《汽机中西名目表》，这是一个英汉机械工程名词对照表，对当时制订、介绍、统一机械工程名词起了一定作用，但译词的数量及翻译不尽如人意。在 19 世纪、20 世纪相当长的时间内，我国机械工程名词的译名相当混乱，且数量也少，使用不便。

20 世纪以后，中国的工业发展较快。为适应国家发展的需要，必须加强工程教育。一些大学先后设置了机械工程专业。以中文编译的机械工程书籍及关于机械工程方面的论文增多，机械工程名词不统一、不规范的问题日益突出。

为求中国的学术独立，从踏上讲堂时，刘仙洲就提倡以中文讲课，他还奋发编写中文教材。在编辑或编译书籍时需要参考国外资料，故而他对机械工程名词的使用情况非常关注，在教书、编书过程中，他深感机械工程名词不统一的弊端。

刘仙洲曾比较了当时几个国内大学的机械工程系课程名称，发现“Mechanism”一课程，有译为“机构学”者，有译为“机件学”者；更可异者，在同一大学，甲系有“机构学”一课程，乙系有“机构原理”一课程，查其所

① 清华大学校史编写组：《清华大学校史稿》，232 页，北京，中华书局，1981 年。

注之英文原名，则均为“Mechanism”一字。一门课的名称，不统一之程度尚且如此，则一般普通名词之纷乱更甚。

另一方面，在工厂及企业中，工人在使用各种机器设备时，对机器部件的称谓也各循其归。有些比较一致，而有时为了方便随意起个“诨名”，或循音起名。比如工人把“弹簧”（spring）叫“司不令”，“化油器”叫“油壶子”，把机车前的“排障器”叫“猪拱嘴”，机车变换进退方向的“月牙板”叫作“吊死鬼”等。工人习惯用俗名，工程技术人员用学名，引起双方交流上的混乱。

机械名词混乱的情况，妨碍中国机械科学的发展，使很多工程师和大学工科教师产生忧虑。刘仙洲曾为此感叹：“长此不已，恐用本国文字编译之机械工程书籍愈多，名词纷乱之情形亦愈甚，其有碍于工程技术之进步，实不待言。”

为解决机械名词混乱的问题，1928 年 7 月，中国工程学会程瀛章、张济翔两位先生曾编印了《机械工程名词草案》，学者称便。此书有 38 页，收录名词两千余则。可惜，《机械工程名词草案》所收录名词有限，使用中尚感不能满足需要，而且此书初版所印不多，几年过去，便分散完毕。

1932 年，中国工程学会在杭州举行年会，此次年会重点之一就有“统一中国工程名词”问题。这次年会上，中国工程师学会推举清华大学工学院院长顾毓琇先生为编订工程名词委员会委员长。这年冬天，顾毓琇委托刘仙洲编订机械工程名词。他认为刘仙洲是从事这项工作的最适当人选，“大抵编译名词，与其凭空摩揣，不如实用经验。国内工程著作，寥若晨星，欲求有实用工程名词之经验者，实不多得。刘仙洲先生以工程前辈（曾任北洋大学校长，现任清华大学教授），先后著有《机械原理》（大学丛书），《内燃机》（工学小丛书），《蒸汽机》（学艺丛书），《机械学》（以上各书，皆由商务印书馆出版）等书，其于实用名词，盖已富有经验。而两年以来，搜集各种机械工程名词参考材料，自明末之《奇器图说》、《火攻挈要》及清季江南制造局时代各种译著，以致最近各机关各学会所颁名词及最新出版之各种工程著作，编成卡片，详加校核，郑重审订，其不辞劳瘁之处，尤非常人所能及也。”①

《英汉对照机械工程名词》一书的编著，工作量浩大而艰巨。按刘仙洲本人在序言中所记，他的编订方法是：首先尽可能搜集国内有关机械工程名词及普通工程名词的重要出版物，然后用卡片法，把所有有关机械工程的名词一一列出，每一名词，做一卡片，以英文字母为序排列，将所有旧译名均注于其下。经过细致整理资料，得出了名词计一万一千余条。

上述工作完成后，刘仙洲拟定了四条原则，作为确定恰当译名的标准，这四条原则是：

“从宜（即择所译与原意最宜者）、从熟（即择旧译采用最多者）、从简（即择比较字数简练者）、从俗（即择工人已经通用、字义不甚粗鄙者）”，既要考虑到翻译的准确性，同时还要简便易于理解，又要顾及工厂中技术人员和工人约定俗成的叫法。

例如 pump 一词，有十几种中国译名：“抽水筒”“抽筒”“运水器”“起水筒”“恒升车”“抽水机”“唧筒”“邦浦”“吸水机”“唧机”等。刘仙洲征求同行意见，经过反复琢磨，最后选定为“泵”与“唧筒”两个。又如 carburetor，有人翻译成“油壶子”，含义不清，他就根据“从宜”的原则，译为“化油器”。ball bearing 译作“滚珠轴承”，如果改为“滚球轴承”更合理一些，但大家已经习惯前一种叫法，也就“从熟”。cam 有人译为“偏突轮”，便简化为“凸轮”。

在编译过程中，刘仙洲感到确定一个名词的名称，是非常不容易的，常常思索很久，也定不下来；即使别人有译好的，选择取舍也是一个问题。例如，horse power 翻译成马力，就不合理。马力怎能代表单位时间内的工作量呢？只因为大家已经这样用惯了，就不得不仍其旧。②

刘仙洲在石峻吉、曹国惠、金希武等人的协助下，历时一年半，完

① 顾毓琇：前版序一，载《英汉对照机械工程名词》，上海，商务印书馆，1936 年。

② 张殿执：《回忆刘仙洲先生》，载《刘仙洲纪念文集》，176-177 页，北京，清华大学出版社，1990 年。

成了任务，编订了《英汉对照机械工程名词》（*English-Chinese Mechanical Engineering Terminology*），收录名词一万一千余个，1934 年 7 月由商务印书馆出版，受到工程界的热烈欢迎。这是刘仙洲第一次编订《英汉对照机械工程名词》。

因当时仅印 500 本，短短数月即销售告罄。预购此书而不得者甚多，直到两年以后，询问此书的信函，仍纷至沓来，甚至有些人直接把书费汇来。为满足社会需要，此书的增订再版实有必要。刘仙洲因忙于课务及其他稿件的写作，一时未能抽出时间做增订再版工作。他又风闻“国立编译馆已有起草编订之计划，恐工作陷于重复，故迟迟未能着手”①。

1936 年 5 月，中国机械工程学会在杭州正式成立。成立大会上通过了会章，其中会务一条第四项为“确定机械工程名词”。与会者认为：“因所有编译工作，借以介绍各国机械工程学术于吾国者，当进行时所遇最大之困难，厥为译名之采用与统一。故审定机械工程名词，实为会内最重要之初步工作也。”②

会议结束后，中国机械工程学会副会长、清华大学机械工程系系主任庄前鼎回到学校，称：“到会同人佥谓机械工程名词之编订为编译各种中文机械工程书籍及各种机械工程标准法规等之初步工作，非从速编订，不足以应急需而期划一。”他嘱托刘仙洲立即动手重新增订。③其时正值暑假，酷暑中，刘仙洲牺牲了休息时间，全力以赴投入工作。在校外石峻吉、贾象乾，校内石文元、范从振等人的帮助下，1936 年 9 月，《英汉对照机械工程名词》第二版终告完成，名词数增至两万以上，较之再版前几乎增加了一倍。“举凡机械工程有关之航空，汽车，机车，电厂，机厂等各种普通应用名词，大体已搜集无遗，实为吾国机械工程界一重要之贡献。”此书出版后，颇受机械工程技术界的重视，“盖一则可供本会（中国机械工程学会）及教育部日后审订之草案，一则可应国内机械工程界同人目前编译工作之急需也。”④

---

① 刘仙洲：序三，载《英汉对照机械工程名词》，中国机械工程学会出版，1936 年。
② 庄前鼎：序二，载《英汉对照机械工程名词》，中国机械工程学会出版，1936 年。
③ 同①。
④ 同②。

这部著作的印刷费用之筹措，由庄前鼎等人负责。刘仙洲坚持不受丝毫报酬，售书所得，全部捐赠给了中国机械工程学会。

机械工程名词的编译、统一，是一项关系到中国机械事业发展的重要工作，也是一项开创性的工作。刘仙洲在《英汉对照机械工程名词》一书的编订过程中，感到以一人或几人之力涉及多个专业编订机械工程名词，存在一些问题，他认为："查机械工程名词之范围，日益扩大。其各种分科，决非一二人所能全部研究。因之规定各分科名词之中文译名时，亦决非一二人所能斟酌尽当。长于此即短于彼，长于彼即短于此，实无可如何之事也。"为解决这个问题，他想出了办法："若将各分科之名词，各请一二专家负责编订，例如汽车名词请黄叔培先生担任，机车名词请陈广沅、杨毅两位先生担任等，然后再综合于一处。各科公用者，择其意义最普遍应用最通行之一名。某科独用者，即从其专家之规定。如此则必比较完善多多。"如果由于种种原因各分科专家难以共同编译，"若不得已先由一二人起草，则最好初编出版后，由各分科专家予以不客气的批评及热心的指正，俾再版时尽量修改。如此经历数次，或亦得到较为完善之结果。"然而，他这一想法并没有得到机械工程学界广泛响应，"此书前版印出后，鄙人曾极诚恳地希望阅者加以指教。结果除姚南枝先生对于化学工程有关之数十名词，陈广沅先生对于机车及炼钢之数名词，予以不客气的改正与讨论外，其余多属默然，实甚可惜也。"当然，这也从一个侧面反映了刘仙洲编订的《英汉对照机械工程名词》质量比较高，得到了学界大多数同人的认可。为了机械工程名词翻译得精确，刘仙洲真诚地希望再版的《英汉对照机械工程名词》能得到读者的指正："此次重版，仍极望阅者诸君对于鄙人此种希望，多予以注意及合作。因此种工作，与普通编译一种书籍之性质不同，非多人合作，极难达到完善之地步也。"①

虽然刘仙洲认为他主持编订的《英汉对照机械工程名词》仍有一些不尽如人意之处，但这部书的出版使国内所用新式机械得以有了统一的标准名称。

① 刘仙洲：序三，载《英汉对照机械工程名词》，中国机械工程学会出版，1936 年。

“编印工程名词为提倡工程学术之先导，其重要固不待言”[①]。这部书影响广泛深远，奠定了我国机械工程名词统一的基础。

这一时期，国立编译馆亦开展了编译机械工程名词的工作，1937 年春，刘仙洲遂将所有卡片送交国立编译馆，“该馆二十九年六月，采取分类编订办法，将全部机械工程名词分为七类。并将第一第二类合编为一处，称为‘机械工程名词普通部’。”寄各地审查委员分别审查之后，于 1941 年 3 月，在重庆正式审查通过。但其后并未刊出。为应对社会的迫切需要，1943 年中国机械工程学会在桂林开年会，议决请刘仙洲增订《英汉对照机械工程名词》。[②] 增订后，1947 年 10 月由商务印书馆印刷发行，此后又陆续增订重版印行，受到工程界的普遍欢迎。

中国机械工程学会会长程孝刚曾说：“世人多以为名词之用，仅限于讨论学术，实则不然，举凡法规之条款，买卖之契约，制造之规范，均须依名词而定界说，依界说而定权利义务。吾国工程，尚在幼稚时代，名词未定，界说混淆，然在欧美先进国家，则名词及其界说，均早经确定，故望文生义，即可得公认之标准。本书以英文为根据，有中文名词之用，而省略界说之繁。倘能普遍采用，则公认之标准，即可于无形中建立，工商各业实利赖之。”[③]

《英汉对照机械工程名词》是我国统一机械工程名词的里程碑，从此中国机械工程界有了一套规范的中文专业名词术语。我国的机械工程名词，由此逐步走向统一。这为机械工程学与机械工程教育在中国扎根、发展、壮大提供了必要的条件。现在人们熟知的“轴承”“节圆”“齿节”等机械工程上的常用词汇，刚刚由《英汉对照机械工程名词》确定时人们曾经感到很不习惯，今天已被普遍运用。

刘仙洲编订的《英汉对照机械工程名词》，多次再版，广受欢迎，成为以

① 顾毓琇：前版序一，载《英汉对照机械工程名词》，中国机械工程学会出版，1936 年。

② 中国机械工程学会主编、刘仙洲编订：《英汉对照机械工程名词》，程孝刚：序；刘仙洲：自序，上海，商务印书馆，1947 年。

③ 中国机械工程学会主编、刘仙洲编订：《英汉对照机械工程名词》，程孝刚：序，上海，商务印书馆，1947 年。

后同类书的重要基础。20 世纪 60 年代初，中国科学院编订《英汉机械工程名词》，所收词汇已扩至 10 万，前言中特别写明："本编是在刘仙洲同志的《英汉对照机械工程名词》基础上进行编订的。"

严谨的教学作风

刘仙洲在教学方面以严格认真著称，这一传统从他早年任教于保定育德中学时即形成。党和国家在统一战线和民族工作方面著名的理论家和卓越领导人李维汉同志，早年曾在育德中学留法预备班跟随刘仙洲学习。新中国成立后，1955 年他去拜望刘仙洲时，曾回忆起当年因制图作业马虎而被退回重做的事，认为从此培养了他日后做事认真、严谨、不敢马虎的习惯，他说"几十年后回忆起来，印象尤深"。①

刘仙洲对学生的严格要求源于他对工程技术人才的培养理念，他一向认为：严谨正规是培养工程师基本素质的重要步骤。在向学生布置作业时，他总是明确规定纸张规格、作图比例、中心线位置、各种线条的粗细等。倘若学生违反了要求，一律退回，限期重做。有一次机械原理小测验，有一道计算飞轮尺寸的题目，有位同学用计算尺时小数点定位定错了，把飞轮半径 1.2 英尺误为 12 英尺。刘仙洲以此事为例，教育学生，"将来你当了工程师，在进行设计工作的时候，如果小数点错了一位，那将会造成什么结果！所以一定要加以严格的训练。"他还循循善诱地教导学生如何避免犯这类错误，他说："你要想想，

① 陈南平：《怀念我们敬爱的导师刘仙洲》，载《刘仙洲纪念文集》，69 页，北京，清华大学出版社，1990 年。

半径 12 英尺的飞轮，那厂房要多高？这间教室有多高？联系这些实际思考一下，便容易检查出自己的错误来了。”[①]

中国卫星与返回技术专家、“两弹一星”功勋奖章获得者王希季院士 1942 年毕业于西南联大机械系，当年读书时，一次，刘仙洲命题考试，要求学生做题精确到小数点后三位，由于当时验算主要靠计算尺，而计算尺的准确度又有限，若想精确到小数点后三位得借助笔算。王希季很快用计算尺把题做完，却忽略了精确到小数点后三位的要求。刘仙洲没有宽恕他对小数点位数的忽略，判卷时毫不留情地打了“零分”，这个零分犹如一剂清醒剂，使得王希季认识到科学来不得半点马虎，这也督促他日后时时刻刻注意在工程上保证做到“零缺陷”。[②]

从严格执行学习纪律入手，刘仙洲培养学生们严谨认真的好习惯。他规定，上课不准迟到、缺席，他给每个学生都排了座位，谁迟到缺席便一目了然。在这样严格的老师面前，同学们在学习上谁也不敢来半点马虎。考试时，他更是铁面无私，奖罚分明。他规定考试试卷必须按时交，他总是站在考场门口，一边一份一份地收考卷，一边对每份答卷注上时间，对提早交卷的，奖，加分；对延迟交卷的，罚，扣分。一次有个同学未按规定，在老师跨出教室时才交卷，刘仙洲接手便把卷子撕了，此后再无人敢超时交卷。[③] 他认为，工程人员必须建立这样的价值观念：花不同时间完成同样的工作是不等价的。刘仙洲把握每一个教学环节，培养学生们优良的工程素质。

刘仙洲对学生严格，前提是对自己也同样要求严格。在清华大学及西南联大时期，刘仙洲每周承担 8~12 小时课程。对待教学工作，刘仙洲始终是一丝不苟。据曾在西南联大机械系学习、1947 年毕业于国立清华大学机械系、此后一直任教于清华大学机械工程系的陈南平教授回忆，刘仙洲“每次讲课总

① 陈南平：《怀念我们敬爱的导师刘仙洲》，载《刘仙洲纪念文集》，69 页，北京，清华大学出版社，1990 年。

② 赵婀娜：《水木清华 人文日新——写在清华大学百年校庆之际》，载《人民日报》2011 年 4 月 22 日。

③ 同①。

要提前到教室把要讲的机械图形、曲线规规矩矩地用圆规、直尺画在黑板上，章节标题及主要内容也总用直尺比着在黑板上用楷书写得整整齐齐，做到一丝不苟”。他讲课，不仅推理严谨，概念清晰，深入浅出，理论联系实际，而且遣词用字也非常严格，从不用那些含混不清的工程术语。当年他在给学生讲授热工学课程时，认真讲述了他是如何摒弃了那些“热含”“热含量”……含义不明确的名词，创造了“焓”“熵”等新词，避免了望词生意而对物理概念的误解。

太原理工大学教授、我国著名机械学专家朱景梓，1934 年以优异成绩考入清华大学机械工程系航空工程专业，曾师从刘仙洲。他深情地回忆：“我们今天能够严格认真从事教学和科研工作，是和刘老师的潜移默化分不开的。刘老师以严格认真的教学作风培养了我们机械工程的几代人才。”①

刘仙洲严格认真的要求完全出自于对学生们的爱护，他对人礼貌谦和、平易近人，对学生们既严格又和蔼可亲，深受学生们的爱戴。20 世纪 50 年代，他已年过花甲，精力已不如年轻时那样充沛，所以讲课的声音较小，但仍保持着条理分明、逻辑性强的一贯风格，严谨而不失风趣，学生们都爱上他的课。他对学生怀有深厚的感情，经常向班长和课代表征询同学们的意见。在校园内，有时他路遇学生，必招手致意。

“桃李不言，下自成蹊”，刘仙洲严于律己，以身作则，对学生要求极其严格，从他那里，学生们不仅学到了知识，学会了治学方法，还懂得了如何做人。他们对老师怀有深深的崇敬。

几十年杏坛耕耘，刘仙洲的学生遍布全国各地。1937 年，他从北京到广西，沿途都有人代买车票，到站接送，安排食宿，引导参观——所有这些人，都是他的学生。1940 年，刘仙洲在昆明度过了“大衍之庆”（五十寿辰）。他的学生和助教吴仲华、郭世康、白家祉等，特地购置手杖一根，并附题词：“杏坛执教，以六尺之杖，谕贵贱之等，辨亲疏之义。”1957 年春夏之交，刚刚从苏联访问回国的工程热物理学家吴仲华教授在清华大学组织并主持了一次学术讲

① 朱景梓:《读书教书写书》，载《机械工程》1985 年第 5 期，4 页。

座，讲座的题目是“热力学第一定律”。吴仲华是刘仙洲西南联合大学时期的学生，1947 年获美国麻省理工学院博士学位，20 世纪 50 年代初发表的《轴流、径流和混流式亚声速与超声速叶轮机械中三元流动的普遍理论》论文，在国际上被称为“吴氏通用理论”，其主要方程被称为“吴氏方程”。他在工程热物理学方面取得的成就使他成为蜚声世界的学者。刘仙洲为学生取得的成就而深感欣慰，而吴仲华对恩师所表现出的发自内心的尊重和毕恭毕敬的态度，使众人既惊讶又深受感动。①

1962 年 3 月 14 日，刘仙洲在教室里给青年教师讲中国机械工程发明史

① 王旭蕴：《回忆我敬爱的导师刘仙洲》，载《刘仙洲纪念文集》，94 页，北京，清华大学出版社，1990 年。

为祖国培养“又红又专”的高质量的科学技术干部

从刘仙洲一生的经历中，人们感受极深的是他对祖国热烈、诚挚的爱。他在中学时代，曾加入同盟会，是一位青年革命者，他怀着一腔爱国热情，置生命安危于不顾，积极参加辛亥革命和倒袁运动。辛亥革命后，他深感“欲求国家各种事业之独立前进，非先求各种学术独立发展不可”，寄希望于“教育救国”和“工业救国”，他把毕生的精力都投身于教育、科研事业。

刘仙洲的教育思想非常明确，就是要为国家建设培养业务素质高、思想合格的人才。

在教学过程中，刘仙洲非常注重对学生进行思想教育。比如，他对中国机械工业的发展历史很有研究，他就把研究成果带入课堂，经常向学生们介绍我国古代机器、机械制造的成就，比如中国使用筷子就是我们祖先对杠杆原理最早而且最熟练的运用；走马灯是燃气轮机的雏形等。抗战时期，刘仙洲在西南联大执教。当时在昆明滇池行驶的是机轮船，学生宿舍水井上打水用的是杠杆式水桶。刘仙洲对学生们说：它们形式古老，但都是我们祖先一代代传下来的机械设备，有待你们去动脑筋去改善。师生共同为我们祖先的聪明才智由衷赞叹，学生们学习了机械工程知识，也潜移默化地接受了爱国主义教育。

新中国成立后，刘仙洲仍继续他的教学生涯。随着时代的发展，他在教学中增添了新的内容，更加注意把教学活动与政治思想教育结合起来，培养又红又专的社会主义建设人才。正课之余，他差不多每学期都要带同学们到与清华校园近在咫尺的圆明园去凭吊残垣断壁，向同学们讲述当年英法联军侵略中国火烧圆明园的暴行。他多年从事中国机械工程史的研究，把研究成果按照教学内容的需要，适当融于教学中，丰富教学内容，同时利用这些材料对学生们进行爱国主义教育。以前学生们大都从书本中知道古希腊数学家欧几里得及其欧几里得几何学，也知道阿基米德及其定律，至于中国古代科学家有谁，则不很清楚。经过刘仙洲的讲解，学生们了解了中国古代的科学家和发明家，知道了祖冲之、张衡、僧一行、梁令瓒……，民族的光荣感和自豪感油然而生。

在刘仙洲看来，培养学生必须红、专结合，思想教育不能放松，学业同样非常重要。1961 年是清华大学建校 50 周年，学校举行了盛大的庆祝活动。在那次会后大约一个星期，刘仙洲针对某些同学学习不甚踏实的现象，通过清华大学校刊《新清华》向同学们说[①]：

首先应该说明，今天我们广大教师和同学们，在党的不断教育和培养之下，政治觉悟都有很大的提高。建设社会主义祖国的高度政治热情，已经成为大家努力教学和努力学习的强大动力。学习的积极性和自觉性是过去所不能比拟的。但是旧清华很多教师在工作上的认真负责，绝大多数同学学习时的勤奋努力，还是有它好的一面，应该批判地继承。

新中国成立以前，清华在教学工作上的严格是颇为有名的。很多教师工作认真，从不轻易缺课。我记得有一年，当时的教育部派孙国封督学来查学，他查出：机械系和物理系两系所有教师，在一学年里没有缺过一小时的课。其他各系的教师，请假的也很少。有的教师为了讲课时节省时间，复杂的图常在上课以前，甚至在前一天晚上就画在黑板上。每门课都要按时讲完。对学生的要求也很严格，每堂课都点名，并且下课以后（有时过五分钟后），就由工友把缺席名单送交注册组登记。一门课如果缺课三分之一以上，就不许参加这一门的大考。

大考对于学生来讲是很重要的。在工学院，大考考试成绩一般占总成绩的 50%。日常作业占 10%，小考和月考占 40%。小考很多，至少一个月一次。也有每周一次或每两周一次的。也有小考以外，还举行月考的。有的是事先通知，学生必须平常就把功课学得很好，不能临时抱佛脚。考试作弊，绝对不允许，一旦发现作弊，这次考试就算零分。后来，甚至规定发现作弊就开除。

---

① 见刘仙洲手稿：《新清华》社记者汪广、晓雅来访时的谈话，刊于《新清华》1961 年 5 月 19 日。

在西南联大工学院时，有一位学生从别的大学二年级转学，当时由我审查是否收录。我见他成绩单上力学的成绩是80分，就对他说："这门课可以不必重学了。"他说："过去学得不好，全书只讲了三章，希望还学一遍。"一学期下来，一本教科书完全学完，但是他考试成绩却只有18分！当时有的学校或学校的个别教师，考试分数有"底分"，然后按着学生考试的成绩加上一些，算做成绩。有的"底分"甚至高到80分！就是说：学生的成绩没有80分以下的。

教师经常教育和训练学生养成谨严和准确的习惯，如严守时间和注意计算的准确度等。有一位力学教师，对学生的粗心大意认为不能忍受，他就规定了一种办法：如果考试答案的小数点错一位，他就把分数也给错一位小数点。这就是说，100分就成了10分！80分就成了8分！他说：'将来你当了工程师，在进行设计工作的时候，如果在小数点差一位，那会造成什么结果？所以一定要加以严格锻炼。……

刘仙洲认为，历史是不可以割裂的，他并不讳言新中国成立前清华大学办学的优良传统和成绩。对于成长在新中国的学生们，他从建设祖国、为人民服务、为国家培养"又红又专"的高质量的科学技术干部的高度出发，对学生们提出了刻苦学习、严谨认真的要求：

今天……同学们都应该为祖国、为人民自觉地认真地学习；教师严格要求，学生也能充分发挥主动精神。

同学们应当了解祖国和人民对你们的期望，了解自己肩上的责任。国家期望做到"又红又专"。国家给清华大学的任务是培养"又红又专"的高质量的科学技术干部，因此，应当自觉地严格要求自己。

近来有些同学学习不够踏实，这很不好。念书是好事情，清华是培养科学技术干部的地方。你们来上大学，主要就是要求你们努力钻研科学技术，为祖国而勤奋学习。我国高等学校能不能培养出一批高质量的又红又专的科学技术干部，对我们国家科学技术水平、生产水平的提高有很大影响。我们在政治上要努力进步，这样才不迷失方向，这当然是重要的。但是认清了方向，还需要走路才能到达目的地。在前进中要求不断地辨别方向，但会不会走，怎样走，走得快慢，都影响我们能不能到达目的地。步行、骑马还是乘车，这就要看你掌握了什么样的实践活动的本领。坐汽车总比骑马、步行快得多。所以我们必须以先进的科学技术武装自己，才能多快好省地建设社会主义祖国。国家要求你们德、智、体全面发展，你们一定要努力做到。‘只专不红’或‘只红不专’，或又红又专而不健康，都是没有完成任务。我们教学计划上所规定的内容，对你们学习都不是多余的，一定要严格依照学习。团支部和班会的干部也不要放松业务学习。

刘仙洲把严谨的学风与新时代对人才的要求结合起来，把严格要求视为对学生的爱护，视作教师对国家应尽的责任，教育学生要以建设祖国为己任，又红又专。这些发自肺腑的教诲，今天仍具有现实意义。

第十六章　中国机械史奠基人

中国机械工程发明史的奠基人

刘仙洲在学术上最突出的成就是对中国机械发明史的研究进行了开拓性的工作。他的《中国机械工程发明史》第一编被认为是研究中国机械史的奠基之作，在科技史界产生了深远的影响。

中国机械工程发明史的研究工作，意义重大。它是机械科学技术中的重要组成部分。开展这项工作，可以总结机械发展过程，探索机械发展规律；可以从技术上探索古为今用的途径；还可以改进人才培养工作；更可以继承和发扬祖国优秀的文化传统，提高人民的爱国心和民族自尊心，使世界认识古老中国的文化成就。我国是世界四大文明古国之一，历史悠久，文化积淀丰厚，机械工程发明史是具有鲜明中国特色的一门科学。

过去多少年来，中国古代机械发明的情况没有受到应有的重视，中外人士提起中国古代科学技术，只知道四大发明——造纸术、印刷术、罗盘和火药，除此以外别无其他。实际上，在过去四五千年中，我国人民在机械工程方面的发明创造不仅数量较多，质量较高，而且发明的时间也较早，只是缺乏记载，或者记载不详，更无图例可据。刘仙洲很早就注意到中国机械发明史的有关问题，虽然他的研究论文、专著大多在晚年时期发表，但这一研究工作却历经了近半个世纪。

刘仙洲幼年曾在私塾读书八年，熟读古籍，打下了扎实的中国古文和历史的基础，也培养了对中华民族及其灿烂文化的热爱。他熟知中国历史、历代名人和各种典故。他从中国传统文化中汲取养分，对祖国悠久的历史和文化满怀深情，对千百年来的发明创造和技艺无比尊崇和自豪。同济大学教授、机械史专家陆敬严这样评价刘仙洲对机械史的贡献："刘先生的过人之处，首先在于他以很高的学术敏感性及其远见卓识，认识到了这项工作的重要性，并在人们还对其不甚了解时，就认真地做了大量的工作。不难想象，在当时从零开始进行这项工作是何等困难，但是刘先生在认定了这个方向后，就以无畏的开拓精神和极大的工作热情投身工作，坚韧不拔，顽强奋斗数十年，功绩卓著，影响巨大，成为中国机械史学科的奠基人。"①

当刘仙洲最初进入中国机械史这一学术领域时，呈现在眼前的还是一片荒芜，他摸索着开始了工作。研究中国机械史必须从古籍入手，中国古代的文化遗产异常丰富，但要从浩如烟海的古籍中，发现、筛选出能说明问题的资料却相当困难。要进一步推断千百年前的发明创造的史实更不是轻而易举的事。这要求研究者具有深厚的科学、古文和历史知识根基，还必须坚持不懈，实事求是，勇于开拓。

从 20 世纪 20 年代，刘仙洲就开始发掘祖国宝贵的文化遗产，他注意搜集机械工程史料，并进行实地考察。1933 年写出了《中国旧工程书籍述略》，在《清华周刊》上发表。1935 年他在《清华大学土木工程会刊》上发表了研究中国机械史的笔记性著作《中国机械工程史料》，内容分：绪论、普通用具、车、船、农业机械、灌溉机械、纺织机械、兵工、燃料、计时器、雕版印刷、杂项及西洋输入之机械学等十三章。全书计两万余字，图 64 幅。这部著作把中国四千多年来关于机械工程发明及应用的资料，详加搜罗，分类叙述，初步整理了汉语古籍中关于机械的记述。

在这以后的四十多年中，不论是身负繁重的教学工作、抗日战争时期的颠沛流离、出国考察、新中国成立后担任校内外各种工作，还是史无前例的"文化大革命"的摧残干扰，或是晚年的疾病缠身，刘仙洲都几十年如一日，从未放弃过搜集和研究有关资料的工作，直至生命的最后时刻。他取得了累累硕果，是我国机械工程发明史的奠基人。

1949 年以后，科学技术史在中国成为一项有组织的事业，实现了初步的

① 陆敬严：《刘仙洲先生对中国机械史研究的巨大贡献》，载《刘仙洲纪念文集》，109-110 页，北京，清华大学出版社，1990 年。

建制化，研究工作有了较大的进展。1952年，时任清华大学第一副校长的刘仙洲向高等教育部提议，在清华大学图书馆设立“中国工程发明史编辑委员会”，按一般机械、机械制造工艺、农业机械、纺织机械、天文仪器、交通工具、兵工机械、化工、手工艺、河防水利、建筑、地质矿产等类，从汗牛充栋的古籍中搜集工程技术史资料，查阅范围遍及丛书、类书、文集、笔记、小说、方志等多种古籍。据统计，至1969年底，共组织人力查阅两万一千一百多种古籍，抄录资料卡片一万两千多张、抄件三千九百多份。刘仙洲依据这些文献和考古挖掘的最新成就，深入分析研究了我国机械工程方面的发明创造，在许多问题上作出了有重要学术价值的结论。

刘仙洲从1952年起组织并领导中国工程发明史编辑委员会，至1969年底，搜集资料卡片一万两千多张、抄件三千九百多份（图为资料卡片柜）

1961年他向中国机械工程学会成立十周年年会提交了专著《中国机械工程发明史》（第一编），这部书于第二年由科学出版社正式出版，共计7万多字，插图133幅。这是一部研究中国机械史的奠基之作，是中国机械发明的通史性著作，初步勾画了中国机械技术发展的大致脉络。他按照近代机械工程的科学体系、分类方法和研究方法，归纳、分析和研究中国古代各类机械工程发明和发展的历史规律。在这部著作中，他先从一般机械的定义和分类入手，然后按照简单机械、弹力、惯力、重力和摩擦力、原动力与传动机五个方面展开论述。

在《中国机械工程发明史》（第一编）的绪论中，刘仙洲指出："我们应该根据现有的科学技术知识，实事求是地，依据充分的论据，把我国历代劳动人民的发明创造分别地整理出来。有就是有，没有就是没有。早就是早，晚就是晚。主要依据过去几千年可靠的记载和最近几十年来，尤其是新中国成立以后十多年来在考古发掘方面的成就，极客观地叙述出来。"他系统地总结了我国古代在简单机械的各种原动及传动机械方面的发明创造。通过查阅大量古籍，吸收考古发明的成就，他证明我国古代科学技术上的发明创造，同西方相比较，不但科技水平高，而且时间也较早。例如在风力方面，三千多年以前，我国就发明了帆。在水力方面，两千多年前，就发明了利用水力舂米的机器——水碓；一千九百多年前，就发明了水排；六百多年前，就发明了用水力纺纱（而英国四大发明之一的水力纺纱机，则是1769年才由Richard Arkwright得到专利的）。在热力方面，一千二百多年以前，就发明了雏形的燃气轮；七百多年以前，就发明了用火药喷射力推进的火箭；到14世纪又发明了雏形的飞弹并做了发明雏形喷射飞行器的尝试；17世纪初年，更发明了雏形的两级火箭。

刘仙洲对于机械史的研究，很有特点。首先，他具有朴素的唯物主义观点。他认为，中国古代的一切发明创造主要不是源于富于智慧的人们在头脑中的凭空想象，而是来源于日常生活的实际需要、农业生产上的实际需要、工业生产上的实际需要、抵御外患的实际需要。人们生产、生活和战争的需要，促进了科学技术的发明创造。比如汉武帝时，因连年用兵，国力消耗极大，需要大量地生产粮食，因此有轮种制度的发明；在农具方面，有耕田耘草和播种等农具的新创造。这些农业生产技术的改变使一亩地的产量比使用旧方法耕种增加五斗以上，甚至有些地方能增加一石以上[①]。再比如，东汉初年，急需恢复发展

① 一亩≈666.67平方米。一斗＝十升。一石＝十斗。

农业生产，社会需要大量铸造铁质农器，用马力及人力鼓风已远远不能满足需要，就有杜诗发明用水力鼓风铸造农器。至于轧蔗制糖和纺纱织布等机械，同样是为满足人们生活的需要而兴盛起来。各种武器的发明则多是在异族侵略比较猛烈的时候发展起来的，比如西汉时期的弓弩、南宋及明代的火炮和火箭等。

其次，刘仙洲认为，人们所有的发明创造都要经过一个逐渐发展的过程。人们在生产劳作的实践中，不断深化认识，从而使科学技术不断地由简入繁、由粗到精、由低级向高级发展。例如用于脱粒的机械：最初，人们以手握石反复搓轧谷粒得米；后来发明了杵臼，可以用人上肢的力量向下舂击；再往后，发明了脚踏碓，能利用一部分人体自身的重力了；第四步，发明了用人力或畜力的磨和碾；第五步，发明了利用水力的连机碓，能利用天然的水力；第六步，发明了利用水力的水磨和水碾。

第三，刘仙洲研究科学技术的发展与进步，不是孤立地研究其本身，而是将它和社会制度联系起来，看到了社会制度对它的制约关系。他的研究结果表明，大体上在14世纪以前，我国的发明创造不但在数量上比较多，而且在时间上多数也比较早。但是在14世纪以后，除了火箭技术仍有显著的发展外，一般的发明都逐渐落后于西方。出现这种情况的原因是：西方在文艺复兴以后，尤其在18世纪开始工业革命以后，资本主义生产完成了从工场手工业向机器大工业的过渡，以机器取代人力进行生产。各国逐渐由封建社会转变为资本主义社会，商品经济迅速发展，导致对于科学技术的需要及要求日益迫切。相形之下，我国在同期甚至之后的很长一段时期内，始终停留在封建社会。封建社会的经济以农业为主，统治者对于农业科学技术的发展比较重视并实行垄断，对于其他的科学技术和发明创造，不但不奖励，反而斥责、惩罚。如《新唐书·柳泽传》载："开元中（公元713—741年），周庆立造奇器以进。泽上书曰：……庆立雕制诡物，造作奇器，用浮巧为珍玩，以谲怪为异宝，乃治国之巨蠹，明王之所宜严惩者也。"

又比如农业机械，他认为："农业机械的发明和进展对于农业生产有直接的关系，间接着对于社会制度也有互相影响的关系。即农业生产对于社会制度有促进的影响；反过来，社会制度又能够限制或促进农业机械的发展。""社会制度足以影响农业农业机械的进展，更显著的一个实例就是在封建社会制度之下，农业经营过度分散，结果能阻止农业机械的进一步发展。”①

严谨治学

研究古代机械工程发明史，在一般人看来，是一项非常枯燥、寂寞和艰难的工作，既要钻研古文献，又要钻研机械工程技术，需要长期坐冷板凳。刘仙洲顽强的治学精神，非一般人所能企及。数十年如一日，他始终坚持这项工作。他深深地陶醉于这项研究工作，每当和有同样兴趣爱好的朋友、同事谈起某段历史、某部书籍，总是谈笑风生，眉飞色舞；每发现一条新的资料就会告知同好者，分享喜悦。

1957年秋，在周口店考古时与老工人在一起

中国有几千年未曾中断的文明史，有连续的文化传统，保留了浩繁的古籍。有关古代机械的记载，散文见于多种体裁的典籍之中。然而，关于技术的文字记述或绘图大多过于简略，时常仅有只言片语，甚至找不到任何记载。考古发现能够提供某些可靠的第一手资料。当考古工作者发现了新的历史遗迹或出土文物时，刘仙洲总是欣喜异常。如果是工具、农具或车船等属于广泛的机械工

① 刘仙洲:《中国古代农业机械发明史》“结语”，北京，科学出版社，1963年。

程领域的文物，则想方设法亲自去查看、研究，取得第一手资料；看不到的也要索取照片或拓片，和文字资料一起珍藏起来。他做学问非常严谨，对古书上记载的发明创造，尽力研究，细细琢磨。

比如，《晋书·天文志》上记载："至顺帝时（约公元130年）张衡又制浑象。以漏水转之于殿上室内。星中出没，与天相应。因其关捩，又转瑞轮蓂荚于阶下，随月虚盈，依历开落。"说明东汉时期张衡曾做过水力浑象，即以水为原动力的天文计时仪器。这是有记载的我国最早的计时器，不仅能计时，还能随着月亮的圆缺而计日。相当于现在的日历表。这一记载，非常重要。但能不能根据这寥寥数十字的记载就推断我国早在公元130年就有了以水为原动力，以齿轮、凸轮等机构传动的水力机械性计时器呢？刘仙洲没有轻易地推出这个结论。

1954年，他在《机械工程学报》上发表了《中国在传动机件方面的发明》，文中，他提出："若没有轮系的转动在内是绝不能得到这样结果的。"1956年，他和竺可桢、李俨等应邀到意大利佛罗伦萨和米兰出席第八届世界科学史大会，英国剑桥大学教授李约瑟在其学术报告中说："通过对一些中世纪书籍的考察，我们可以确定在7世纪到10世纪之间，中国已有制造天文钟的悠久传统。"[①] 刘仙洲则在他宣读的学术报告《中国在计时器方面的发明》中，提出了不同的看法："到东汉张衡的时候，即一千八百多年以前，就极可能已开始有了采用齿轮系和凸轮等机构以表示时间的创造。"他的理由是：其一，据可靠记载，约在公元前100年，我国已制造出浑天仪，张衡是在前人的基础上进行了他的发明；其二，张衡极可能已采用了齿轮系和凸轮等，像后来各代的水力天文仪器那样。"因为浑仪转得很慢，浑象也是每天只转一周，若是采用漏水作原动力，传到浑天仪或浑象上去使它很规律地每天只转一周，甚至还少于一周，中间的传动机构如果不是采用逐渐变慢的齿轮系是很不容易做到的。"[②] 如果没有变速机构，不可能达到日转一周以计时的慢速运转，不借助齿轮和凸轮机构传

---

① 见李约瑟：《中国的天文钟》，载《自然》1956年3月。

② 刘仙洲：《中国在计时器方面的发明》，载《天文学报》第四卷第二期，222页，北京，科学出版社，1956年。

动更得不到代表日的蓂荚的“依历开落”；其三，从出土文物看，在当时不仅有东汉初年的齿轮出土，而且有西汉齿轮范和西汉初年的齿轮出土。除了文献资料之外，实物的旁证极有说服力，说明我国至少在西汉时已应用了齿轮传动机构。

1956 年 9 月，刘仙洲参加在意大利召开的第八届世界科学史会议时与中外学者合影（左二刘仙洲，左三李约瑟，左四李俨）

据上述理由，刘仙洲认为“所以若推断张衡已采用了齿轮和齿轮系，应当是没有什么错误的”。他证明中国早在公元 130 年前后即已发明利用水力作原动力驱动、采用齿轮系传动的机械性天文计时仪器，比西方早一千年，改变了学术界既往的观点，即机械传动的天文钟是欧洲人在 14 世纪初创始的。他的推断，严谨缜密，无懈可言，李约瑟当场即表示接受，并说：“这样一来，中国天文钟的传统，似乎很可能是后来欧洲中世纪天文钟的嫡系祖先！”至于传播过去的时间，李约瑟进一步推断“与其说是在鞑靼人统治下的和平时期（即蒙古人统治欧亚时代，亦即元代）和马可波罗时期，还不如说是在十字军（东征）时期”。[①]

关于浑象仪的研究，刘仙洲并没有到此止步，为了穷尽这个问题的研究，他开始对浑象仪进行复原研究，根据文献记载和其他古代仪器推断其机构，复

① 刘仙洲：《中国在计时器方面的发明》，载《天文学报》第四卷第二期第 233 页，北京，科学出版社，1956 年。

1956 年 9 月，与数学家李俨在比萨斜塔下

原成机械图。1959 年，他在《机械工程学报》上发表了《中国古代对于齿轮系的高度应用》，提出了浑象仪的齿轮和凸轮传动机构复原模型。这一研究成果收录到他的专著《中国机械工程发明史》中。1975 年，根据有关文献和考古新发现，他又对这一问题进行了进一步探索，并于 1975 年 9 月将《中国在传动机件方面的发明》一文进行了重新修订，题为《我国古代在计时器方面的发明》，发表在清华北大理工学报第 2 卷第 2 期。他在文中确认：毫无疑问，张衡是我国创造机械性计时器的第一个人。从张衡开始，我国计时器的阶段，比西方约早一千年。据助手王旭蕴回忆，刘仙洲对这个问题的研究考证，反复推敲，从 20 世纪 50 年代初直到他生命的最后一刻，前后竟持续了二十多年。

刘仙洲在机械工程方面造诣很深，他精通现代机械工程理论，并以此科学地归纳和分析浩繁的史料，揭示出许多古代机械科技成果及其宝贵价值，提出了许多创见。例如《三国志 · 蜀书》诸葛亮传中，有诸葛亮制造木牛、流马之说，“建兴九年（公元 231 年），亮复出祁山，以木牛运粮。……十三年（公元 235 年）春，亮悉大众由斜谷出，以流马运。”有很多人认为木牛、流马是诸葛亮发明的木制牛马，能自行行走，以代人运粮。刘仙洲否定了这种说法，他根据机械原理，指出不会有不继续给予一定的动力而能连续工作的机械，能自动行走的木制牛马“其实无论就机械原理说，或就当时机械知识的水平说，都是不可能的事。后来根据宋代的几项记载，可以断定：所谓木牛流马，就是独轮小车”。[①] 后来，他从重庆市博物馆编辑的《四川汉画像砖选集》中，看

① 刘仙洲：《中国古代农业机械发明史》，91 页，北京，科学出版社，1963 年。

到了这种独轮车。又从四川渠县两个石阙（推断其中一个约为公元 122—125 年建）的浮雕上，见到了这种独轮车。1962 年，他又在东汉许慎（公元 30—124 年）所著的《说文解字》中，发现一个“上面两‘火’，下面为‘军’”字，原解说是“一轮车”。由此可见我国的独轮车在东汉（公元 8—220 年）就已出现了。同年，他又查阅了不少文献，包括汉代董永孝亲的故事，刘向（公元前 77—前 6 年）还曾著有《孝子图》。此图可惜已失传，不过他从东汉时期的梁武祠石刻画像上，所看到的董永所推的正是这种独轮车。这种独轮车和现代成都一带普遍使用的一种独轮车（当地名叫鸡公车）非常相似。从画像看，我国独轮车的创始年代可以推到西汉时期，距今至少已有两千年以上的历史了。诸葛亮只是用在“难于上青天”的蜀道上运粮而已。所谓“木牛流马”，是由于独轮车实有牛马的功用而来。[①]

中国古汉语以言简意赅见长，然而涉及机械工程发明史的具体问题，则往往失之于语焉不详，给研究者造成极大的困难。为了弄懂一个问题，刘仙洲常常不耻下问。比如《宋史》卷一百四十九《舆服志》所载吴德仁指南车的结构，是“左右龟鹤各一”。这句话可以理解成“左有一龟，右有一鹤”，也可以解释为“左右各有一龟一鹤”。理解不同，指南车的构造也就不同：前者外围六轮，后者外围八轮。刘仙洲通过反复研究，虽然发现两种结构都有可能制造，但一定要弄得非常确切，做到可靠可信。为此，他专门请教了汉语专家，又特地考证了北京故宫太和殿前龟鹤的古迹，认定应按后一种理解，方着手绘制成图。该书中还记载了燕肃指南车的构造，殿本《宋史》有“系右小平轮一匝”的话，刘仙洲怀疑“系”系“击”之误，但不轻下结论，贸然更改，而是认真查阅好几种版本，最后发现百衲本《宋史》中确系“击”字，才改了过来。又比如为中国古代齿轮问题，他曾向学生致信询问。他的学生张殿执在兰州铁道学院工作，刘仙洲曾问他黄河边上的水车直径有多大。

刘仙洲是人们公认的中国机械工程发明史领域的元老，但对待学术问题，仍然非常虚心。1962 年，他编著的《中国机械工程发明史》（第一编）由科学

① 陆敬严：《刘仙洲先生及其机械史研究》，载《机械工程》1985 年第 5 期，9–10 页。

出版社出版，他送给学生张殿执一本，在第一页上写了："殿执学弟阅，并请多提意见，以便修正。仙洲赠。"张殿执读过此书后，提出了一些建议，1962 年 11 月 28 日给刘仙洲寄去。刘仙洲接信后，仔细阅读，并马上复信，表示有些建议将在再版时加进去。① 在研究工作中，刘仙洲严守学术道德，在研究中从不掠人之美，凡是采取别人著作上的东西，或向别人询问所得，或别人给他一个建议等，都要把那个人的姓名列出，即使是他的学生也不例外。

中国机械工程发明史研究工作的继续

"文革"前的十几年间，是刘仙洲研究工作上的旺盛时期，他的两部专著——《中国机械工程发明史》(第一编)、《中国古代农业机械发明史》是中国机械史研究上的重大成就，我国机械史研究工作进入了一个初步繁荣的阶段。

此后，刘仙洲的研究工作仍在不断深入，研究范围也在扩大。他陆续发表了一些论文：1964 年在《文物》第 6 期上，发表了《我国独轮车的创始时期应上推到西汉晚年》；1973 年，在《文物》第 11 期上，发表《我国古代慢炮、地雷和水雷自动发火装置的发明》；1975 年，在清华北大理工学报第 2 卷第 2 期上发表《我国古代在计时器方面的发明》。

在《中国机械工程发明史》(第一编)出版后，刘仙洲就计划撰写《中国机械工程发明史》第二编。随着十年浩劫的到来，刘仙洲遭遇到前所未有的厄运，研究工作无法进行，计划被迫中止，"中国工程发明史编辑委员会"也被解散。刘仙洲一生工作的最后计划是将中国机械工程发明史第二编写完。1970

① 张殿执:《回忆刘仙洲先生》，载《刘仙洲纪念文集》，177 页，北京，清华大学出版社，1990 年。

年，在80岁生日那天，他工工整整地写下了一份《我今后的工作计划》，并拟出了《中国机械工程发明史》（第二编）共十章的写作提纲，文献资料也基本齐备，甚至已写出了部分初稿。然而，病魔已不容许他把计划进行下去。

“文革”结束后，中国机械工程发明史研究者继承了刘仙洲未竟的事业。刘仙洲等人当年搜集的工程技术史资料卡片一直完好无损地保存在清华大学图书馆。1980年，清华大学校务委员会决定在图书馆成立科技史研究组（1993年成立科技史暨古文献研究所），继续搜集、整理中国工程技术史资料，编辑出版《中国科技史资料选编》。1991年，科技史研究组向学校科技处申请“中国古代机械工程发明史研究”课题，开始重新撰写《中国机械工程发明史》（第二编）。2004年8月，由清华大学图书馆张春辉教授、游战洪副研究员与清华大学精密仪器与机械学系吴宗泽教授、人文社会科学学院刘元亮教授合作撰写的《中国机械工程发明史》（第二编），在清华大学学术专著出版基金委员会的资助下，由清华大学出版社正式出版。这部书是刘仙洲先生所著《中国机械工程发明史》第一编的续编，全书分为七章，依次是机械制造工艺、农业机械、纺织机械、陆路运载机械、水路运载机械、军用机械、天文仪器与计时器，全面论述了中国古代各种机械发明和发展的历史，着重分析了各种机械本身的结构、材料、制造工艺、动力和机械性能，并说明各种机械发明、发展的社会背景、技术原因及技术水平。总计四十七万多字，配有插图四百余幅。

尽管人类社会已经进入了知识和信息技术飞速发展的时代，机械工程和制造业仍然是社会经济发展的基石，是一个国家国力的支柱。总结机械发展过程，探索机械发展规律，对机械技术的发展、机械工程人才的培养具有重要的现实意义。刘仙洲等老一辈机械史专家毕生耕耘，使我国机械史研究呈现出勃勃生机。但是，任何新学科的创立和发展都远不是一代人的努力所能成就的，中国机械工程发明史的研究工作在后来者的辛勤努力下不断深入、枝繁叶茂。

第十七章　中国古代农业机械发明史的拓荒者

刘仙洲是我国古代农业机械发明史的拓荒者和奠基人，他首次全面地系统地整理了中国古代几千年来在农业机械方面的发明。

大约起始于 19 世纪后半叶，我国开始引进欧美农业机器用于农业生产。凡是要开拓一项事业，必先做知识传播、灌输方面的工作。为了推动农业生产机械化，势必要引进机器，传授知识，培训人才。我国学者的农机著作先从教科书开始。20 世纪 30 年代，有两本非常重要的非教科书农机专著问世。一是 1933 年世界书局出版的唐志才著《改良农器法》，二是 1935 年刘仙洲研究中国机械工程发展史的笔记性著作《中国机械工程史料》。刘仙洲在其《中国机械工程史料》中，从我国有史以来的大量文字记载中摘出了涉及机械、机构的文字论述，并加以诠释、分析、整理，汇集成册，为其后来中国机械史、农机史的专著奠定了深厚的基础。

刘仙洲爱人民，也爱历代人民的创造——民族的优秀文化遗产。刘仙洲对劳动人民的感情极深，他认为，中国之所以生存、发展，靠的是农民和手工业者的辛勤劳动，他们的创造力和潜力是极大的。他开展古代农业机械发明史的研究工作，源于对我国农业机械事业的关心。他熟悉中国古代历史，熟读古代典籍。中国封建社会历史悠久，绵延上千年，中国自古就有重农的传统，在长期的封建社会里，更实行“以农为本，重本抑末”的政策，因此，古人很重视对农业和农业器具的研究。1935 年，在编辑《中国机械工程史料》时，他就发现其中以属于农业机械者为多。历代正史对农业都有综述，《吕氏春秋》《氾胜之书》《齐民要术》等类书、笔记也有许多记载，特别是王祯《农书》、宋应星《天工开物》和徐光启《农政全书》更对农业器具的发明、创造和改进作了专门论述，只要认真去下功夫，就可能找到极有价值的东西。刘仙洲认为，机械工作者有责任去挖掘中国古代农业机械发明创造的成就，使它重放光彩。在 1935 年至 1975 年前后四十年的时间里，他经常不断地搜集我国过去几千年里在农业机械方面的各种发明创造。

1953 年，清华大学中国工程发明史编辑委员会从古文献中帮助搜集到不少有关资料。伴随着新中国考古事业的蓬勃发展，各地出土的农业机械实物不断涌现。刘仙洲从中国历史博物馆、山西省博物馆、洛阳博物馆、中国科学院自然科学史研究室等处搜集到很多相关的出土文物照片和资料，以考古成果和史书等文献资料互相印证、互为补充，加快了研究的步伐。

1961 年暑假，由于身体的原因，刘仙洲到青岛休假。利用这个难得的闲暇，他把几十年积累的资料进行了初步整理和编订。休假结束回校后，继续进行编订工作，整理成文。

刘仙洲是中国农机史研究的创始人和奠基人，是中国农业机械学会第一任理事长。在他的主持和支持下，创办了中国第一个农机学术期刊《农业机械学报》。1962 年 7 月及 10 月，他先后在《农业机械学报》第五卷第一、二期上发表《中国古代在农业机械方面的发明》一文，这篇文章汇集了他多年在农业机械方面的研究成果。

文章发表后，引起很大反响。科学出版社赠给刘仙洲三十多册考古方面的出版物，据此，他给文章增加了一部分出土实物的重要资料。他还汲取了学者们对于《中国古代在农业机械方面的发明》一文的反馈意见，对文章进行重新修订，添加了二十多幅插图，整理成书稿。1963 年，交由科学出版社出版，定名为《中国古代农业机械发明史》。这部著作第一次全面系统地介绍了中国古代农业机械发明的历史，进一步推动了学术界对我国古代农业机械的研究，标志着中国古代机械工程史已进入分类史研究的新阶段。《中国古代农业机械发明史》是刘仙洲对中国机械史、中国科技史乃至中国文明史研究作出的重要贡献。

《中国古代农业机械发明史》全书共计 11.5 万余字，配有插图二百一十三幅，图文并茂。书中旁征博引，把我国古代农业机械分为七个门类：整地机械、播种机械、中耕除草机械、灌溉机械、收获及脱粒机械、加工机械、农村交通运输机械。从这部书中人们可以了解我国自古重视农业的传统，了解我国劳动人民几千年来在各种农业机械的发明创造上所作出的光辉成就。

在《中国古代农业机械发明史》一书中，刘仙洲引用的文字资料出自六十余种古今书籍。据新中国成立后跟随刘仙洲进行机械史研究的王旭蕴估计："为了摘引这些能够说明问题的资料，要阅读的书刊至少在十倍以上，即近千种。"① 在选用资料时，刘仙洲慎之又慎，反复推敲，分析研究。一部古籍常有几种版本，如明末宋应星著的《天工开物》，是我国明代一部科技巨著。它记录了明代中后期农业和手工业生产技术的详实情况，是反映我国古代科技水平的重要文献。这部书对机械史研究非常有用，但它有多种版本，刘仙洲不仅力争将国内版本都参阅一遍，甚至还要参考日文版本。

学界公认《中国古代农业机械发明史》是中国古代农机史的奠基性著作。此后很多研究、关注中国农机史的专家、学者都以这部著作为研究的捷径，直接取材于此书。这部著作第一次为"机械"下了一个简洁而科学的定义，对古农机进行了科学分类、论述和考证。刘仙洲认为再简单的农具也是由两个以上构件组成的，而两个以上构件的系统即是"机械"。所以他把古代最简单的"农具"统称为"农业机械"。故本书不用"农器发明史""农具发明史"，而用"农业机械发明史"。这就理清了此前在这些称谓上的混乱概念，确立了农业机械在中国发明史上的重要地位。

这部著作全面再现了我国古代农业机械的工作原理和在农业生产中的重要作用，展示了古代劳动人民的聪明智慧。刘仙洲在书中告诉人们"禹之王天下也，身秉耒臿以为民先"，可见古代帝王对农业的重视。他还引用《管子》上所记述的"一农之事必有一耜，一铫，一镰……一铚，然后成为农"，可见没有农具就没有农业生产。不少古代农机发明，其构思的巧妙使今天的农机科技人员赞叹不已。比如：汉朝赵过发明的三行耧，用很少的零部件实现了开沟、下种、覆土、调节播量等四项功能；古代的船磨可节省开渠引水的工程费用，其构思非常巧妙；古代发明的"水轮三事"装置，就是一套能碾、能磨、能砻谷的综合性粮食加工机械。

刘仙洲的创造性研究，还解决了许多过去不清楚的农机史问题。例如什

① 王旭蕴：《回忆我敬爱的导师刘仙洲》，载《刘仙洲纪念文集》，88页，北京，清华大学出版社，1990年。

么时候我国开始有了犁耕，他在详细研究历史资料后认为，“由间歇动作的耦耕，发展为连续向前运动的人耕和牛耕，是犁耕的开始，也是耕作方法的一大进展”。我国何时有了犁壁？他运用现代犁耕知识作了独到的研究，他根据犁壁曲度平阻力小、曲度大阻力大翻土好的特性，深入分析得出《周礼》所记之庇即犁壁，并得出至晚战国末年我国已有了犁壁的论断。

经过刘仙洲的辛勤考证，证明我国古代农业机械发明不仅数量多，而且时间早，对世界文明有卓越的贡献。以农业上的原动力为例，他指出，在殷商时代帝乙以前，就开始了利用畜力耕田，至今已有三千二百多年的历史；在西汉晚年，就发明了利用水力舂米，至今已有两千多年的历史；在距今一千九百多年前的东汉初年，就出现了利用水力鼓风以铸造农器；在距今七百多年前的宋末元初，就发明了利用风力磨面……诸如此类，不胜枚举。读完他的这部著作，自然会得出这样的结论：中华民族有着悠久、光荣的历史，是一个勤劳而充满智慧、富有创造力的伟大民族，她对世界文明的发展作出了卓越贡献。

第十八章　中国农业机械化的先驱者

新中国成立前的工作

刘仙洲不仅从事中国古代农业机械的研究，为发掘中国古代科学技术的宝藏树立典范，而且还致力于现代中国农业机械的改革、推广，为建立我国自己的农业机械工业和培养农业机械工业人才倾注了心血。他是中国农业机械化的先驱者。

早在青年时代，刘仙洲就设计并试制农业机械，在实际生产中发挥了作用。1920 年，华北五省大旱，上海《民国日报》《申报》连载华北五省灾区惨状：直隶受灾八十余县，灾情为四十年所罕见。华北五省灾区，因饥荒日死万人。面对无情的灾荒，刘仙洲运用所学的知识，理论联系实际，自行设计了两种提井水的新式水车，一种用人力，一种用畜力，并在育德中学的留法勤工俭学预备班的实习工厂试制。这两种新式水车效率高，制造简单，被推广两百多架，深受农民的好评，在华北抗旱中发挥了积极作用。为此，刘仙洲曾获得农商部颁发的奖状。[①]

抗日战争期间，刘仙洲在昆明搞过改良犁、水车和排水机的研究工作。他在昆明西南联合大学工学院机械系任教授时，曾写过《中国农器改进问题》一文。

1944 年，国民党政府准备派遣一批留学生出国深造，可选的专业很多。其时，刘仙洲正在西南联大执教。他对我国农机事业特别重视和关心，恳切地建议学生到美国学习农机。他说："农业是立国之本，我国农民有几万万人，

---

① 中国农业机械学会：《刘仙洲诞辰一百周年纪念》，载《刘仙洲纪念文集》，116 页，北京，清华大学出版社，1990 年。

他们长年累月胼手胝足在地里作业十分劳累，生产效率很低。有志青年要改进我们的农具，减轻农民的劳动。”[①] 在他的鼓励下，一些学生报考了农机出国生，赴美学习农机，学成回国后终生为祖国的农业机械事业服务。

1946 年，刘仙洲由当时南京国民党政府的资源委员会派往美国，他利用出国进修的机会，研究和考察美国的农业机械，历时一年半，所获甚丰。他从西雅图、旧金山到芝加哥，访问了十几个州的农学院、农业实验站、农业机械厂及灌溉工程，搜集有关资料四五百种，并参加美国农业工程师学会年会，见到了该学会第一任会长戴维森等许多农业工程学家。通过考察，刘仙洲认为，先进的农业机械无疑能大大促进农业生产，但是农业机械必须适合中国国情而不能盲目抄袭外国。以实际情况看，与其完全模仿照搬外国的大型机械，不如先对我国原有的畜力机械加以改良，即机械部分改进设计，动力部分仍用畜力，然后求其发展。

刘仙洲是我国较早讲授农业机械课程的教授之一。1947 年秋季从美国回来后，他在中国工程师学会作了一次题为《农业机械与中国》的学术报告，还系统完整地编写了二十万字的农业机械课程教材——《农业机械》，这是我国第一部高等农机教科书专著。1948 年，他在清华大学机械系开设了农业机械选修课，为我国农业机械化培养人才作出了重要贡献。

刘仙洲还非常重视农业机械的自主开发。1946 年，他在美国考察时，当时国民党政府资源委员会派遣了一些学机械工程的大学毕业生到美国制造农业机械的大企业——国际收割厂（International Harvester）实习。厂方接受中国实习生的主要目的是推销他们的产品，对关键技术不让问津，他们对这些实习人员讲：你们只要熟悉各种农业机械的性能即可，至于农机设计方面则不必过问，因为回国后，你们可以订购。而刘仙洲在考察时，谆谆嘱咐这些实习人员，要想方设法，学习设计和制造农业机械的知识，以便回国后为建立和发展中国自己的农业机械工业作出贡献。

---

① 张德骏：《纪念吾师刘仙洲诞生 100 周年》，载《刘仙洲纪念文集》，131 页，北京，清华大学出版社，1990 年。

为什么刘仙洲如此热衷于中国农业机械现代化事业呢？原因有二：其一，他对农民有着深深的关爱。刘仙洲生于乡间，长在农村，从小参加农业劳动，亲眼看见农民脸朝黄土背朝天的辛苦劳作，亲身体会到汗滴禾下土的不易。他对农民有着深切的同情和理解。在抗战期间，他曾在西南各省往返奔波，更是耳闻目睹了战争时期农民的惨苦情状。农民对抗战作出了巨大的贡献和牺牲，政府征兵、征粮等负担基本上都落到农民头上。但抗战结束后，内战旋即爆发，受苦最深的仍然是农民。他在《农业机械与中国》的报告中曾发出这样的呼声："我们这些学工程的人，甚至研究任何学问方面的人，若是常常想到我国全人口 80% 以上的农民，替他们谋些利益，应该是义不容辞的。"其二，他认为，推行农业机械现代化，是为国效劳的重要举措。中国自古以农业立国，到了现代仍是个农业大国，农业人口在全国总人数中占到 80% 左右。故设法增进农产一事，对国家前途之关系实属甚巨。

积极投身新中国农机建设事业

新中国成立后，刘仙洲更是积极投身于新中国的农业机械事业。新中国成立后，他致力于改革现代中国农业机械的愿望得以实现。1949 年新中国成立，我国很快投入了社会主义建设。刘仙洲为国家在多年战乱之后百废待兴之际迅速恢复农业生产作出了重要贡献。

1949 年，刘仙洲已年近花甲。这年 4 月，当时的华北人民政府邀请在京的农业专家开了座谈会，朱德总司令和董必武同志都参加了这次会议，会上组成了一个农业建设研究委员会，刘仙洲参加了该会农业工程组的工作。

在新中国成立初期的国民经济恢复时期，党和政府施行了兴修水利、改革农具等一系列措施发展农业生产。中央农业部提出在1950年要推广十万辆水车的计划。据1949年10月《人民日报》所载，当时制造水车是一件大事，农业部、重工业部等有关单位专门组织了水车生产委员会。刘仙洲受到邀请参加了会议，参与制订水车的改良及大量生产的计划。会后，他亲自组织清华师生参加了新式水车的设计试制工作，并积极协助政府安排生产。1950年1月，新式水车试制成功，为新中国首次向广大农村推广贷放十万部水车和第一个五年计划生产几百万部水车创造了条件。①

1949年4月11日，在北京诞生了新中国第一个农业机械厂——华北农业机械总厂（即后来的北京内燃机总厂）。刘仙洲被聘为顾问。

华北农业机械总厂建厂之初，厂里仅有七十三名职工，几十台破旧机器。刘仙洲为这个厂的建设和发展付出了极大心血。他在清华大学的教学工作本来就很忙，但在百忙当中他还是坚持每周抽出一天亲临工厂指导。每逢周六，他风雨无阻地坐公共汽车去厂里进行指导，研究农业机械改进试验中的关键技术问题，对产品规划、设计及生产实验等环节付出了大量心血。

对于如何办好工厂，刘仙洲认为，若想使工厂发展壮大，必须有大量的农机设计、制造人才。他亲自联系，从全国各地为工厂物色了一批立志农机事业的技术人才。当时我国仅有二十几名留学欧美具有农业机械专长的青年专家，应聘来厂工作的就有八人。同时他还介绍了清华大学机械系、中央大学农业工程系第一届毕业生来厂从事农业机械设计制造工作，总厂从产品设计、制造工艺到质量检验有了较强的技术力量。正像他的学生、农业机械专家张德骏教授所说：当年华北农业机械总厂筹建时刘仙洲老师的最大贡献就是为工厂聘请了一批农机人才。②

有了专家人才，可是应该从生产哪些产品入手呢？曾任华北农业机械总

---

① 中国农业机械学会：《刘仙洲诞辰一百周年纪念》，载《刘仙洲纪念文集》，117、118页，北京，清华大学出版社，1990年。

② 同①。

厂总工程师的虞辟回忆，刘仙洲到厂后首先提出了我国农业机械生产发展的指导方向问题："刘先生希望我厂能成为今后农业机械发展的中心厂，一方面要重点生产一些发展与推动我国农业机械化的方向产品（如生产与粮食增产密切相关的新式步犁和发展与农业集体化有关的双轮双铧犁）；另一方面要设计试制一些为农业机械化配套产品提供地方农业机械厂生产所需的图纸、工艺文件和样品（如耘锄、播种机等）。再就是关于农业机械动力选择问题，刘先生强调先发展畜力农业机械后再发展机引农业机械。他认为只有这样才能适合于我国广大农村的实际情况，避免盲目性。"①

在农业机械的改革上，刘仙洲有明确的指导思想，简而言之，就是务实。他认为：一切要从农民的经济技术条件和生产生活的实际情况出发，不能盲目照搬外国。或者好高骛远，把将来可以做的事放到现在来做。在抗战期间，他对西南各省农村经济的凋敝、农民生活的窘困，有了更深入的了解。他一贯主张，中国农业机械的改革，一定要从农民的实际情况出发。

其实，早在1945年抗战胜利前，刘仙洲就曾著文《中国农器改进问题》，在这篇文章中他提出了一个原则性的意见："就吾国目下一般农民之技术程度言，无论介绍新式农器或改良旧式农器，宜采用简单、安全、宜于使用及易于修理者，效率微有高低之差，反属次要。"

1951年1月，在全国农具会议上，刘仙洲提出了《我对于开展新式农具工作的意见》，又一次强调："要根据农民需要的缓急和经济价值的高低""从大多数农民现实的情况出发""采用新式农业机械的原理及机构，对于吾国旧日的农机酌加改良，或设计小型的新式农具，原动力暂时仍以牲畜力为主。"为切合农民的需要，他拟定了设计的精细原则：构造上力求达到可能的简单程度：材料多采用木料，不但价值低，且在农村容易配制；原动力要估计本国的骡马牛驴的实际力量；要重视农民的习惯、农民的技术水准、农民的高矮和体力的大小等；在农具的使用上，越简单越好，以不需要特殊技术为宜，甚至使

① 虞辟：《为了祖国的农业机械的发展》，载《刘仙洲纪念文集》，137页，北京，清华大学出版社，1990年。

妇孺都能运用；调节装置也要力求简单，调节力求节省时间，调节装置的部位，力求容易使人手接近；在设计、试验和试用过程中，必须多吸收农民的意见，以避免“闭门造车”之弊。刘仙洲洋洋洒洒提了十五条设计原则，其核心就是针对中国农村的实际情况、农民的特点设计、制造、推广农具，以促进农业生产。刘仙洲当时还说：“农民是最重现实的，农具若是真好使，你不用劝他买，他一定还要争着买的。”

在刘仙洲的指导思想影响下，华北农业机械总厂设计制造了我国第一部新式步犁，备受农民欢迎，被誉为“北京红犁”。在20世纪50年代，华北农业机械总厂生产了大量新式农具，试制的二十多种新式农具，曾在中南海里专题展出。

短短几年，华北农业机械总厂成为当时我国最大的农业机械工厂。办厂的实践证明，依靠本国技术力量，完全可以建好农机工业，发展具有我国特点的农机。刘仙洲为发展新中国农机事业建立了不可磨灭的功绩。

为了开拓我国农机事业的新局面，刘仙洲还很重视培养农业机械人才。新中国成立初期，地方工厂对制造新式农具、农民对使用新式农具都是陌生的，这些都是制造好用的农具和正确使用农具的关键性问题。在刘仙洲的建议下，华北农业机械总厂创办了农业机械专科学校，清华大学成立了农业机械系和农田水利专修科，刘仙洲还将他自己多年收藏的农业机械书刊七百余册赠与学校。他义务担任华北农业机械总厂农业机械专科学校教务长并亲自讲课。这个学校前后招收两批学员近百人，这些学生毕业后从事农机的试验、示范、推广工作，或为全国各地农业机械事业的骨干力量。

1950年，参加农机培训班开学典礼（左三为刘仙洲）

1950年，刘仙洲在农机培训班开学典礼会上讲话

后来，刘仙洲担任了清华大学的领导工作，工作繁重，工厂又转产内燃机，他到厂指导的机会就少了，但他仍很关注着厂里的工作。“文化大革命”时期，刘仙洲受到迫害，在十分困难的情况下，仍然关心着曾经辛勤耕耘过的农业机械事业。“文革”后期，他的健康情况已经不太好，精神压力也很大，一次厂里的同志们去看望他，他问长问短，仍然关心着厂里的生产情况，不断询问着一些老同志的近况。他非常怀念解放初期在厂里工作的那段难忘的日子。

绘制我国农机科技发展蓝图

20世纪50年代是我国农机化起步的重要时刻。当时从增补旧式农具、推广新式农具开始，随之确立了学习苏联农业机械化的经验。1952年创办了专门的农机大学——北京农业机械化学院。1955年确立了先行农业合作化、后发展农业机械化的方针。1959年毛泽东主席提出了“农业的根本出路在于机械化”的论断。

1956年，国务院成立科学规划委员会，制定国家12年科学规划。刘仙洲担任机械组副组长。他亲自领导农业机械科学家小组编写了“农业机械化电气化和农业机械制造问题”规划（即1956—1967年国家重要科学技术任务第44项），为我国农业科技事业的发展绘制了蓝图。

在这项开拓性的工作中，他和我国机械工程界老前辈江泽民、蹇先达一起，执笔写出了科学技术任务说明书，这是指导农业机械大发展的纲领性文件。这个规划将我国农业机械化科学技术发展精辟地概括为九大中心问题，即：适合不同地区农业机械的选型改进；创制适合我国特点的农机产品；建立农机系统；研究农机制造新技术；农机维护修理研究；农业机械化进程研究；农机化工艺研究；农业电气化、畜牧业机械化电气化。这九大中心问题的确立及相应的科研机构建设、国际合作、人员培养计划及组织措施，形成了我国第一个农机科技发展纲要。

这个发展纲要在认真分析我国农业和农机技术实际状况后，明确提出要结合我国特点吸收国外经验，发扬独创精神，建立具有中国特点的农业机械化技术体系。在规划说明中，刘仙洲提出的“结合我国特点吸收外国经验，从应用外国技术起步，发扬独创精神，力求花较短的时间、较少的人力、物力，建立起具有中国特点的农业机械化技术体系”的主张。[①]

按照这个纲要，我国农机科技发展取得了显著成效。通过选型改进，我国成批生产了八种型号的拖拉机、五个系列的内燃机，以及各种联合收割机和农机具，基本满足了农业生产的初步需要。我国自行创制农具工作也取得可喜成果，人力插秧机、垄作机具等相继投产。在材料工艺方面，发展了球墨铸铁、精密铸造、硼钢、普通低合金钢等实用技术，保证了农机生产的需要。在科研机构方面，先后建立了拖拉机研究所、内燃机研究所、中国农机化科学研究院。在国际合作方面，引进了大批苏联及其他社会主义国家的技术，并聘请少数专家来我国指导科技工作。同时国家选派了相当数量的留学生出国学习农业机械，在国内也建立了几所有一定规模的农机专业院、系，培养建立了一支农机科技队伍。[②]

---

① 《刘仙洲对农业机械事业的贡献》，载《农业机械学报》，中国农业机械学会编辑，1989年第4期，102页。

② 中国农业机械学会：《刘仙洲诞辰一百周年纪念》，载《刘仙洲纪念文集》，121页，北京，清华大学出版社，1990年。

在 12 年发展规划中，刘仙洲等专家学者关于我国农业机械化的科学论述，至今仍有重要参考作用。当人们议论中国人多地少机械化怎么办的时候，他们就指出：农业机械化能大量增加农业生产，减轻农民劳动；大多数农业增产措施只有使用农业机械才能很好地实现。那时刘仙洲就告诉人们：机械耕地既工效高又可增产，还可以在我国复种指数高的情况下，解决抢收抢种劳动力不足等问题。六十多年过去了，我国的农业生产实践和农业机械化进展，证明当年刘仙洲等人的论断是正确的，他们的主张对我国农机行业形成“人多地少也要机械化”的观点，起了先导作用。

附　录

刘仙洲生平活动年表

1890 年 1 月 27 日　出生于河北省完县唐行店。

1897—1905 年　私塾读书。

1906 年　县立高小学习一年。

1907 年　河北完县唐行店小学任教员半年。

1907 年　河北保定崇实中学学习。

1908 年春　加入中国同盟会。

1908 年冬—1912 年夏　河北保定育德中学学习，曾参加保定一带的辛亥革命运动。

1913 年 2 月—1914 年 7 月　北京大学预科实部学习。

1914 年 8 月—1918 年 7 月　香港大学工学院机械工程系学习，获工程学学士，并获得“头等荣誉”（First Class Honors）毕业文凭。

1918 年 8 月—1921 年 7 月　河北保定育德中学任教，并任育德中学附设留法勤工俭学高等工艺预备班机械学科教员。1921 年，提议募款资助建校图书馆，于 1922 年 9 月落成使用。

1921 年 8 月—1924 年 7 月　任河北保定河北大学物理教员、农业机械讲师。

1924 年 8 月—1928 年 8 月　任天津北洋大学校长。

1928 年 9 月—1931 年 9 月　任沈阳东北大学机械工学系主任、教授。

1928 年冬　被补选为河北育德中学董事会董事。

1931—1932 年　任河北唐山交通大学工学院总务主任兼讲师（三个月）。

1932 年 3 月—1932 年 7 月　任北平东北大学机械工学系教授。

1932 年 8 月　任北平清华大学机械工程学系教授。

1937 年 9 月—1937 年 12 月　任湖南长沙临时大学机械系教授。

1938 年 1 月—1938 年 10 月　由英庚款委员会借聘任广西梧州广西大学理工学院机械系教授。

1938 年 11 月—1946 年 2 月　任云南昆明西南联合大学工学院机械系教授、大学用书编辑委员会委员、七种名词审查委员会委员。

1943 年 12 月 16 日　教育部学术审议委员会议通过部聘教授人选，共确定 15 位教授为部聘教授。刘仙洲是其中唯一的工科教授。

1943—1945 年　当选中国机械工程学会副会长。

1946 年 3 月—1947 年 8 月　在美国伊利诺伊大学等地考察研究农业机械。

1947 年 9 月—1952 年 8 月　任清华大学工学院机械工程系教授。

1949 年 5 月　当选清华大学校务委员会委员。

1949 年 5 月　当选华北农业建设委员会委员。

1949 年 10 月　当选北京私立育德中学董事。

1949 年　当选华北农业机械总厂顾问。

1950 年 4 月　当选河北省人民政府委员。

1951 年 9 月　当选中国机械工程学会副理事长。

1952 年 6 月　京津高等学校院校调整清华大学筹备委员会主任委员。

1952 年 9 月　当选清华大学第二副校长。

1952 年 10 月　当选清华大学校务委员会副主任委员。

1952 年 11 月　当选清华大学副校长。

1953 年 1 月　当选华北行政委员会委员。

1953 年　当选科学规划委员会机械组副组长、国家科委技术科学学科组副组长。

1954 年　当选中国机械工程学会副理事长。

1954 年 7 月　当选河北省人民代表大会代表。

1954 年 9 月—1959 年 4 月　当选第一届全国人民代表大会代表。

1955 年 6 月　当选中国科学院技术科学部委员。

1955 年　当选中国科学院技术科学部常务委员兼机械组组长、中国科学院中国自然科学史研究委员会委员、中国机械工程学报编委、中国农业机械工程学报编委、文化部知识丛书编委。

1955 年 11 月 7 日　在清华大学加入中国共产党。

1955 年 11 月　当选中国科学院奖金委员会委员。

1955 年 12 月　当选中国科学院中国古代自然科学及技术史编辑委员会委员。

1956 年 8 月　赴意大利参加世界科学史会议。

1957 年 1 月　当选清华大学第一副校长。

1959 年 12 月　当选中国机械学会副理事长。

1959 年 4 月—1964 年 12 月　当选第二届全国人民代表大会代表。

1961 年 11 月　当选中国机械学会副理事长。

1963 年　当选中国农业机械学会理事长。

1964 年 12 月　当选第三届全国人民代表大会代表。

1975 年 1 月　当选第四届全国人民代表大会代表。

1975 年 10 月 16 日　因胰腺癌医治无效在北京病逝，享年 85 岁。

刘仙洲主要论著目录

一、机械学与工程教育著述

《机械学》，上海，商务印书馆，1921 年。

《机械学习题解答》，上海，商务印书馆，1922 年。

《蒸汽机》，上海，商务印书馆，1926 年。

《内燃机》，上海，商务印书馆，1930 年。

《英汉对照机械工程名词》，上海，商务印书馆，1934 年。

《机械原理》，上海，商务印书馆，1935 年。

《经验计划》，上海，商务印书馆，1935 年。

《热机学》，上海，商务印书馆，1936 年。

《蒸汽表及莫理尔图》，上海，商务印书馆，1936 年。

《燃汽轮及其新发展》，上海，商务印书馆，1947 年。

《热工学》，上海，正中书局，1948 年。

二、工程教育论文

《我国工业教育应酌采工读协作制意见书》，载《新教育》，1921 年。

《机械工程学及其研究法》，商务印书馆《出版周刊》，1935 年。

《我国机械工程教育应当改进的途径》，载《清华机工月刊》，1936 年。

《对于我国大学工学院课程的几点意见》，载《高等教育》，1941 年。

《培植我国工业建设人才的具体计划》，载《东方杂志》，1943 年。

《高等学校教育和生产劳动相结合的几种办法》，载《人民教育》，1958 年。

《我国学术研究之回顾与前瞻》，载《高等教育季刊》，1958 年。

三、机械工程发明史论著

《中国旧工程书籍述略》，载《清华周刊》，1933 年。

《中国机械工程史料》，载《清华大学土木工程会刊》，1935 年。

《二十年来蒸汽锅炉之进展》，载《清华大学工程季刊》，1937 年。

《三百年前中国第一位机械工程学家王端节公传略》，载《清华机工月刊》，1937 年。

《中国在热机历史上的地位》，载《东方杂志》，1943 年。

《三十年来之中国机械工程》，载《三十年来之中国工程》，1946 年。

《中国农具工作的略史和发展》，载《中国农业》，1951 年。

《中国在原动力方面的发明》，载《机械工程学报》，1953 年。

《中国在传动机件方面的发明》，载《机械工程学报》，1954 年。

《中国在计时器方面的发明》，载《天文学报》，1956 年。

《介绍“天工开物”》，载《新华社半月刊》，1956 年。

《王徵与我国第一部机械工程学》，载《机械工程学报》，1958 年。

《中国古代对于齿轮系的高度应用》(与王旭蕴合作)，载《机械工程学报》，1959 年。

《中国古代在简单机械和弹力、惯力、重力以及用滚动摩擦代替滑动摩擦等方面的发明》，载《清华大学学报》，1960 年。

《中国机械工程发明史》(第一编)，科学出版社，1962 年。

《中国古代农业机械发明史》，科学出版社，1963 年。

《从车的发明谈到木牛流马》，载《科学画报》，1964 年，

《我国独轮车的创始时期应上推到西汉晚年》，载《文物》，1964 年。

《我国古代慢炮、地雷和水雷自动发火装置的发明》，载《文物》，1973 年。

《我国古代在计时器方面的发明》，载《清华北大理工学报》2 卷 2 期，1975 年。

四、政治思想教育论文

《我为什么加入中国共产党》，载《人民日报》，1955 年。

《党在高等学校中的领导问题》，载《新华半月刊》，1957 年 10 月。

《捍卫高等教育和科学事业的社会主义方向》，载《新清华》，1957 年 12 月

《向红透专深的目标前进——同青年们谈谈“政治和业务”的问题》，安徽人民出版社，1958 年 1 月。

《做一个工人阶级知识分子——我在思想改造中的体会》，中国青年出版社，1958 年。

《论又红又专——同青年们谈谈“政治和业务”的问题》，中国青年出版社，1958 年 4 月。

《科学与生产》，载《红旗》，1958 年。

《党使我获得新的生命》，北京出版社，1959 年。

刘仙洲代表性著述节选

1. 我国工业教育当酌采工读协作制意见书

刘振华

什么是工读协作制 学习工业，应当学理和实验并重；这是人人知道的。在工业极简单的时代，无论是哪一国，大概是用师徒传接制。学徒的一面作着工——实验——一面更受那业师的指导——学理——就可以专精所学的工业。到后来关于工业的学理一天比一天复杂，一天比一天深奥；这种办法，就觉着范围太窄了。接续这师徒传授制的，就是现在各国实际上最通行的两项办法：

（甲）在学校里边附设着实习厂，使学生于学理以外，兼得实验。

（乙）在工厂里边附设着补习班，使工人于工作以外，兼得学理。

这两种办法，各有它的缺点。按（甲）项办法，因为各种实际的工业，决非学校里边所能完全设备；造就出来的人才，究竟偏于学理。按（乙）项办法，因为各种书籍，仪器，各科专门教授，又决非工厂里边所能兼备；造就出来的人才，究竟偏于实验。所以新发明的学理，和实际的工业往往有不接头的地方。工读协作制，就是按这两项办法，各取其长，各去其短，在学校求学理，在工厂求实验；换一句话说，就是把学校和工厂合成一气，把学生和工人备于一身，用最经济的办法，以造就工业人才的一种制度。

协作制的略史 这一种制度，就我所知道的，是发生在十五年以前（一九〇五年）美国欧海阿省辛辛拿地大学施乃德（Schneider）教授[①]（在他以前别处是否已经有这种办法，我无从参考，阅者诸君，如有知道详细历史的，很希望指教。）在这种制度未实行以前，工科的学生，大都是在校四年，毕业后再入工厂实习二年。学校设备，用款很多。学生在校内实习，更要格外纳费。有一天晚间，施乃德教授正在院中闲步，忽听见附近的钢铁厂发出鼓风炉的声

① 欧海阿省今译为俄亥俄州。辛辛拿地今译为辛辛那提。施乃德今译为施耐德。

音。他就想起来“为什么不把这多而且大的各种工厂当作学生的实习厂，偏要在学校里边设一个既不经济又不完全的工厂呢？为什么不把这六年的工夫合并起掺杂起来，使学生一半在学校读书，一半在工厂做工，学理和实验互相印证。且学生不但可减少实习费，并可得相当的工资呢！”

他有了这一种理想以后，就向校内当事提议。奈当时校内的当事，对于这种办法，非常的怀疑；不敢试办。到一九〇六年春天，新任校长德博尼（Dabney）博士才容纳了他的意见，着手试办。

试办的时候，同时有两个问题发生：（一）与附近各工厂交涉，允许此种学生，在厂内做工。（二）招生。

关于第一个问题，附近各工厂的经理，工师，以及工头等，多数赞成这种办法。不过怀疑的地方，也是不少，最要紧的是：

（甲）两个学生交替在工厂工作，于工作上恐有妨碍。

（乙）多数学生掺杂在工人里边，于全厂的秩序上，恐有妨碍。最终的结果，有十二个工厂，应允试办一年。但是学生，仅限于电工和机械工两种。

关于第二个问题，在招生的时候，先定了两种条件。打算加入这个班的，除对于必修科学须有一定的程度外，至少须与一种条件相合。不然就概不收入。这两种条件是：

（甲）须有工厂证明书或推荐书，证明已经略有工作的技能。

（乙）如无工厂证明书，须于暑假期内——开学以前——完全在工厂做工，预备工作技能。

招考的结果，共得了二十八人；都是合于乙种条件的。把他们送到工厂以后，施乃德教授就避暑去了。到九月一号要开学的时候，施乃德教授回来，才知道这二十八人里边，仅剩了六七人，仍旧在厂做工。其余的都因为不胜劳苦，陆续走开了！施乃德教授于失望之余，又赶快补招新生若干人。不过这次补招的学生，以已有工厂经验的占大多数。对于必修的科学程度，格外从宽。实行下去，成绩很好。上面所想象的两种妨碍，均没有发生。学生在校内做事的能力和课程，比较正科的学生有过之无不及。各工厂的经理和工师，更是一致赞许。到了一年以后，投函请人的增到四百多人。后来又扩充班次，扩充工作范围；所有机械工、电工、土木工、应用化学等，大的工作，如制造汽车，建筑桥梁，小的工作，如制造日用墨水，都是这种学生活动的范围。近几年以来，更是非常的发达。允许协作的工厂，增到二百多家。学生人数，已过几千人。请求收入的，人数更日见加多。今年春天，友人刘国桢王云海二君往美，就是立志专投考这个学校。现在我把他们到校以后来的信，抄下一段，阅者就晓得这个班的现状了。

（上略）弟等到辛后，即持法思得君介绍信，往访一机器公司经理卜洛克特司曼君（Broxtesman）。此人热心沈毅[1]，精明诚笃，和蔼可亲。弟等之成功，全赖此人之力。不然恐不免流离之苦矣。其间所经过之困难，请为约略述之：识卜君后，即同往见大学教务长施乃德君，施君告以目下想入该校工读协作班者，已有六千人之多，其中四千为欧洲归国之兵士；其余二千为美国本国之学生。此学生中又以辛辛拿提本地者为最多。兵士因效力疆场，各邦政府，特立法条，予以特别权利。月与恤金若干，使求较深学识。故各学校考取新生，必须先兵士而后他人。该大学所以成立，由于该城绅士之动议。每年一切经费，出于本城之市民。故本城之市民，对于该大学亦享有特别权利。每收新生，必先辛辛拿提而后他市。若外国学生，更勿论矣。今合兵士与美国学生已有六千余人之多。该校地基，仅容八百人。似此情形，安有弟等插足地耶？且前有先例。前年有吾国学生二人，一系美产，来是校思入是科，因未能而入正科。去年又来数人，因未能入而返国。今有智利学生一人，系政府派送，去年来此，想入是科。经若干周折而终无济。今尚等候在此。以外想入者尚多。因此，地工业特别发达，故学者多欲入工科，而工科毕业者，尤以此班毕业者为最受欢迎。因学而实习也。此亦学生拥挤之一原因也。然弟等于百般困难中，赖卜君之热心毅力，百折不挠，往返磋商，不成不已；遂于最终定一条件，许弟等于暑假后入学。条件为何？即课外必教一班美国学生以中国文字是也。（下略）

协作制的组织　辛辛拿地大学工读协作班的组织，是把全班的学生分

① 原文如此，依现代汉语例，考虑为忱毅。

成甲乙二排，更在两排里边，各取相当的一个人，分成若干组，每组两个人，轮流工读。这样办法，学校里边，总有一排学生读书；工厂里边，也总有一排学生做工。课程在换排以后，是要重复一次。做工在换排以后，凡在同组的两个人，必要互相接续。初办的时候，轮流的日子，定了一个星期。后来觉着有些不便（特别是离着学校远的工厂或工作），就改成每两个星期轮流一次。毕业的年限，原来定了六年，和大学正科四年，实习二年一律。后来把暑假缩短，改成五年毕业。可是所学的课程，比正科一点也不少。

中级学校的协作制　近几年以来，采用协作制的学校，一天比一天增加。除辛辛拿提大学以外，如纽约（New York）、麻斯（Mass）及乌尔忙特（Vermont）等州的学校[①]，都相继采用。且不仅于大学工业及工业专门，中级学校采用的也很多。现在我把乌尔忙特州（Springfield）市中学校的工读协作制举出来说一说，其余的也就可以推想个大概了。

这一个中学，是四年毕业。第一学年，因为学生太年轻，恐怕不适于工作，所以就让他们完全上课。和中学普通班一律。从第二学年起，就按着两周读书，两周做工的办法进行。他的组织法，也是把全班学生分作两排，和辛辛拿提大学的办法一样。

他最近的课程如下：

（一九一七年至一九一八年）

第一学年课程表

钟点 课程 星期	一	二	三	四	五	六	七
一	历史	英文	机械画	机械画	代数	机械学	物理
二	历史	英文	机械画	机械画	代数	机械学	物理
三	历史	英文			代数	机械学	物理
四	历史	英文			代数	机械学	物理
五	历史	英文	机械画	机械画	代数	机械学	物理

① 麻斯今译为马萨诸塞州或麻省。乌尔忙特今译为佛蒙特州。

第二学年课程表

钟点 课程 星期	一	二	三	四	五	六	七
一	物理 化学	机械学	代数 几何	美国史	机械画		英文
二	物理 化学	机械学	代数 几何	美国史	机械画		英文
三	物理 化学	机械学	代数 几何	美国史	机械画		英文
四	物理 化学	机械学	代数 几何	美国史	机械画		英文
五	物理 化学	机械学	代数 几何	美国史	机械画		英文

备考

第一钟点 暑假前物理 暑假后化学

第三钟点 暑假前授代数 暑假后授几何

第三学年课程表

钟点 课程 星期	一	二	三	四	五	六	七
一	机械学	化学		经济学	机械画	数学	英文
二	机械学	化学		经济学	机械画	数学	英文
三	机械学	化学		经济学	机械画	数学	英文
四	机械学	化学		经济学	机械画	数学	英文
五	机械学	化学		经济学	机械画	数学	英文

工作的种类和时间，各工厂微有不同。可是大致都不相上下。今选 The Fellows Gear Shopper 工厂的分配表列下：

工作的各类	星期数
锻工	六
工具制造	六
小镟床	六

大洗床	八
杂工	十
制齿轮	六
巡视	六
磨床	十
大镟床	八
旋转镟床	六
铇床	四
储存库	四
案工	四
小洗床	四
钻孔	四

学生做工所得的工资，也常常稍有出入。

现在把一九一九年 Springfield 每个学生每星期所得的工资，列表如下：

（甲）学生年岁在十六岁以下者。

第二学年　七元九角八

第三学年　九元七角四

第四学年　十三元三角九

（乙）学生年岁在十六岁以上者。

第二学年　八元六角四

第三学年　十元五角六

第四学年　十三元角毛四[1]

又每个学生每年可在工厂做工三十三个星期。年岁在十六岁以下者，每星期做工四十四又四分之一小时。在十六岁以上者，每星期做工四十八小时。

我国工业教育应当采用协作制的理由　我国应当采用协作制的理由，约有以下四个：

---

① 原文如此。

（甲）适应我国的生活程度　我国各省甲种工业的学生，每年用费，平均不能在八十元以下。工业专门的学生，每年用费，平均不能在百五十元以下。大学工科的学生，每年用费，平均不能在百八十元以下。若是和欧美各国的学生用费比较，也不过相当四分之一。可是按着我国的生活程度论起来，仍有许多的家庭，不能供给。寒家的子弟，就让他有很高的聪明，有很适于工业的性质，也只得落一个“裹足不前”罢了。

若是实行协作制，学生自己所得的工资，就按我国工价很低说，平均起来，每年也可得费用的半数。这样一做，一定可出多数的工业学生。

（乙）纠正我国工业学生的通病　我国工业学生的通病，约有下列两种：（子）学生在校，多注重学理课程，轻视实习。校内实习厂的管理人和指导人，又多容忍学生，勉强应付。这种现象，在欧美的学校实习厂里，都所难免。在我国的各级工校，恐怕更甚。（丑）毕业后入工厂实习几年，这是比较着很完全的法子。可是学生毕业后，往往自视颇高，不肯拿种种的实际问题，去问同厂的工人，所以那实行制造的种种要点，——课堂里边所讲不到的——他不能从工人得到。这本是毕业生入工厂实习的通病。至于我国工业毕业的学生，更是多数不屑于入工厂实习。往东西洋留学工业的，他们回国以后，就要在政界或学界谋一个好位置；这是不用说了。就是国内各工业毕业的，也多是不肯找一个工厂去实在地做工。因为毕业生初入工厂，他的工资多在普通工人以下，多觉着很无以对家庭很无以对自己的样子。所以有许多工业毕业生，没有相当的事，他宁愿改入他途，也不肯做工。以上两种通病，若是在协作制，是都可能免的。因为在协作制，学生做工的工厂，完全是营业性质。学生一入工厂，就得受工人一样的待遇；和工人一样的勤勉。不然，他不但不能得到工资，并且不准他入厂。且学生正在困苦求学的时候，并没有毕业生的虚名来增长他的骄气，对于工人也就不耻下问。所以这样造就的工业人才，真是能把学理和实验合到一处的，真是我国现在所需要的。

（丙）扩充各级学校毕业生的出路　就我国现在的教育统计看：全国受教育的不过百分之一二。距我们所盼望的程度，——教育普及——还差得非常的远。可是看一看各处学校的毕业生，除少数升学就事的以外，无法安插的情况，又实在使我们害怕。今天托人谋事，明天托人找差，处处人浮于事；好像各级学校造就出来的毕业生非常的多的样子！学界道德的堕落，和各地方办公人员的互相排挤，都有一天比一天加甚的趋势。

若是各级工校多采用协作制，自可容纳许多毕业生，使归于工业一途。变为独立有用的人才。

（丁）减少各级工校的实习费和设备费　无论哪一级的工业班或工业学校，若是打算办得越好，他的实验室和工厂的设备，非力求完全不可。所以在工业班或工业学校，他的总开除，这工厂设备费和实习费，必要占一大部分。因为建筑、机械、燃料、物料等的设备，和厂监、主任、工师、工人等的薪金，开除是很多的。学生的制造品，可以应用的却是很少。用大部分的金钱，结果得到没有什么价值的经验。这岂不是极不经济的事吗？若是采用协作制，由学校和附近适宜的工厂议妥，使学生往工厂做工，学校里边关于上面所说的那些费用，必可大为减少。[若是附近没有相宜的工厂，看下边办法（丙）条]。

我国采用协作制的办法　倘我国工校采用协作制，凡关于学校一方面的，如课程的规定、钟点的分配、学年的增多、假期的缩短等，都不是什么难问题。最难的就是工厂一方面。因为我国的工业，现在方在萌芽时代。各级工业学校所在地，未必全有适宜的工厂。就我的意见看起来，可以先按下列的三种办法试办：

（甲）由教育部协同农商部向美国政府交涉，每年允许我国的学生若干人，加入此种班次。一面仿照留法勤工俭学预备班的办法，在国内设一种留美工读预备班。专预备英语，工业科学和铁工实习；一年或二年；再送往美国。如所得工资，不足费用时，或由政府酌量资助，或使学生自筹。此种学生归国以后，对于我国工业前途的贡献，或比那专攻学理的什么工学博士工学硕士还要多一点。

（乙）国内的工业学校，如所在地点附近有适宜的工厂；可由校长与厂长接洽，或用政府的助力，采用美国的办法，组织办理。

（丙）国内的工业学校，如所在地点，附近无适宜的工厂；可就学校已有的工厂设备，组织完全营业性质的工厂。或是公家增费若干，作为公家的工厂。或是添招商股，将校内已有的一切设备，也合为若干股；作为商办的工厂。然后采取美国的办法，组织办理。

工读协作制和留法勤工俭学及工读互助团的分别　　近几年以来，我国的学生界新发生了两件事，很和协作制相仿佛。第一就是“留法勤工俭学”；第二就是“工读互助团”。

不过性质上却有分别。勤工俭学，是把学和工分成两段；先做几年工，积蓄下钱，再去读书。且所做的工，对于将来所读的书，不一定有什么关系。工读互助团，是在当学生的时候，同时做种种杂工，专以劳动得资为目的。他所做的工，和他所读的书，大概更是没有什么关系。至于工读协作制的学生，他所做的工，力求和他所学的课程有关系；课程的分配，也力求和所做的工作接近。所以这样办法，虽说可与那两种办法并行不悖，比较着似乎更好一点。

结论　　我这篇意见书，是参考美国教育当局一九一六年关于辛辛拿地大学工读协作制的报告书，“The cooperative System of Education”和乌尔忙特州 Springfield 中学协作制，一九一九年的报告书，“Good Square pegs for good Square Holes”并加上我自己的经验作成的。

究竟有几分道理没有，我国是不是可以采用，我不敢确信。倘阅者诸君，对于这个问题，也有什么意见，什么感想，肯发表你们的伟论，使它得以圆满解决，我就感激不尽了！

（《新教育》第三卷第五期，597–609 页，1921 年）

2. 牺牲精神与育德中学

诸位同学：我们育德中学，已经到二十七周年了，在这二十七年里边，我自光绪三十四年到民国元年，当了五年学生，——那时中学是五年毕业。——自民国七年到民国十三年，又回来当了六年教员，所以我终年在学校的时间，就有十一年，其余的时间，除去最初小学三年以外，有六年我在别处求学，有七年我在别处就事。在这两段时间里，我虽说没有在我们学校，可是我的精神上，总觉着这个地方是我的家似的。每逢一到保定，无疑就要跑到家来住！只是因为时间太匆忙，总没有得机会同在校诸位同学谈谈话，这次郝先生命我来帮着韦子寿先生看看我们的铁工厂，至少要有三四天在校，才得这个机会，向诸位同学谈几句话。

我想对诸位同学说的话很多，单就关于我们学校的，我已经有几个题目想说一说，因为限于时间，现在我先说我认为对于我们学校过去和将来最有关系的一种东西，就是"牺牲精神"。

我们学校，在这二十七年里边，在校学生人数，由十几人增到八百多人，校址由借用的几十方丈，增到一顷有余[①]，建筑由租赁的十几间破庙，增到六百余间，至于图书仪器的设备，更在一般中等学校以上，这样各方面的进展，并不是有什么大有力的人或是极有钱的人来帮助我们。详细看看我们学校的历史，就知道所有一切发展，都是自创办到现在前后诸位师长各人牺牲的总代价！

我现在，就我个人知道的，举几个显著的例子来说一说：

（一）当光绪三十一年，本校萌芽，创办小学时，系高等学堂和农业学堂的学生何德辉先生等十一人，轮流告假上课。正在肄业的学生轮流告假来上课，当然是一种牺牲。后来因为必须有人驻校管理，其中靳东格先生更自请退学，驻校办理。

（二）光绪三十二年，省当局有令，各校肄毕业学生不许在外兼课。贾聘之先生遂又自请退学，专办本校。

---

① 1 丈 ≈ 3.33 米，1 方丈 ≈ 11.11 平方米。1 顷 = 100 亩 = 66 667 平方米。

（三）宣统元年七月，本校中学第一任监督陈幼云先生因积劳病故。

（四）郝仲青先生第一次任我们学校的校长，是自宣统元年陈先生病故以后，至民国元年，那一次他几乎要累死，有一次他进城走到现在警察厅街的西头，几乎晕倒。他回来向同学们说："恐怕也要继陈先生之后！……"第二次系由民国十年到现在。就郝先生的学问和能力说，若去做别的事，他的地位和报酬，都要高得多。可是他甘于牺牲，总不肯去。并且薪金数比其他中学校长都低得多，在民国十一二年的时候，同学们在此就事的，曾共同提出，请他增加，他却不肯。

（五）王则雍先生在本校兼课八年，未要过丝毫薪金。

（六）民国三年省署教育司，借省库空虚为名，将补助费全部停发，本校一时陷入十分困难的地位。当时由校长王国光先生召集发起人及维持人会议，提出三项办法。

（1）停办，使在校学生转学他校。

（2）办至各班毕业为止。

（3）仍按发起时之办法，即由发起人及维持人分别担任管教各职，不取薪金。

讨论结果，采取第三项办法，王濬明、张纪五、郝仲青三位先生相继返校，后时局变更，补助费恢复，方又照旧办理。

（七）民国十六年张纪五先生因校事积劳病故。

（八）何德辉先生在民国八九年任本校学监时，月薪原为四十元，后自改为廿元，当时同学问他，他说："家里用不着我的钱，我自己每月二十元已是用，何必多要！"

（九）普通的说起来，凡在我们学校任事的诸位先生们，和其他同等学校同等职务的人比较起来，都是薪金少，钟点或事务多。在民国十年左右，——当时我也在此——教员里边常说，在育德中学当教员，有三种条件：就是"钟点多""报酬少""功课不好干不了"！这虽说是当时的一种笑谈，然而却也是实情，因为凡到这里就事的，都知道我们学校是完全由人力构成的，所以尽一部分义务，也都甘心。

就以上的情形看起来，可知我们学校若没有前后诸位师长的“牺牲精神”，最初即不能成立，即能成立，亦不能维持，即能维持，亦不易发展，当民国十二年，王则雍先生去世时，郝仲青先生曾自制一挽联。我记得上联仿佛是：“兴学廿载，艰苦备尝，迄今广厦千间，断瓦零砖皆热血”！这几句话，当时郝先生虽说是专对王先生而发，其实我们学校的一花一木，一瓦一砖，若细推究他的来源，真真可以说都是前后诸位师长牺牲金钱和生命的交换品！

以上所说的都是“牺牲精神”对于我们学校过去的关系，以下我再说这种精神对于我们学校将来的关系。

说到将来，自然是一种理想的计划，理想的计划，往往失于空洞，我们向来是好脚踏实地地去做，不好多说空话的。不过我们在社会上做事，若没有一种理想的目标，精神上也常觉无趣，所以对于我们学校的前途，有时也会作一种理想的计划，偶尔也曾向郝先生和何先生谈过。就个人理想说，我们学校的将来，还有三步可走：

第一步横着走，添设女子中学部，因为女子中学，河北省立的，现在只有一处，在平汉线上，女生志愿升入大学研究高深学术的，求学的机会，比较少。虽说第二女师有附设的中学班，就我们想着，保定这个地方，似乎还缺少一个设备比较完善，办理比较谨严的女子中学。我们学校应当仿照南开学校，添设一个女子中学部，把这种责任负起来。

第二步向后走，添设正式小学部，我们学校最初创办，原系小学，中学初年，亦会附办小学四五年。民国八九年以后，又添办平民学校，现在我们若就着平民学校的根基，添设一个比较整齐完善的小学，似乎也很有必要。

第三步向前走，添设大学部，这一步比较最难，我们就其他的私立大学看，知道走这一步，自筹划到实现，自实现到基础巩固，其间不知要经过多少困难。不过因为我们学校是私立学校，私立学校，是不应当只以维持现状为满足的，所以这一步虽难，却是非走不可！

这三步究竟能走不能走，和迈步的早晚，当然要看我们经费上有无办法而定。经费的来源，又不外下列两种：

（一）由公家补助。

（二）由私人捐助。

因为我们是私立学校，依赖公家补助经费的可能性是很小的。因为公家对于私立学校，是处于补助地位。能补助的经费，差不多是有一定限量的，所以我们学校前途的发展，最大部分应仰赖于私人捐助。私人捐助又可分为两项：

（一）社会上热心教育的人的捐助。

（二）我们前后全体同学的共同努力。

不过社会上的人为什么就肯对于我们学校热心捐助？我们同学为什么就肯共同努力？就我想最主要的还是源于诸位师长的“牺牲精神”！假设我们学校的前后师长，都是自奉很丰，一点不肯自己牺牲，社会上的人又谁肯来帮助？因为是有牺牲个人金钱和生命来办社会上公益事业——教育——的精神，才能引起社会人士的同情心。至于我们同学，应除去对于这样牺牲个人办理公益事业的精神，加以同情外，更应当存一种饮水思源的观念，因为我们的学识的基础，至少有一部分是诸位师长金钱和生命的牺牲换来的！

说到这个地方，我有两个实例可以证明：

第一就是我们的“学生图书馆”。第二就是我们的“学生物理实验室”。这两次事情的经过，我都在里边帮同着做来，我确知道发起的动机，和诸位同学捐款的踊跃，都是受母校前后诸位师长“牺牲精神”的感动！我们学校将来若再有大的发展，我敢断定也必要以这一种高尚精神为原动力！

至于方才我说的那三步，我想前两步是容易做到的。单就同学们的努力，或者至远五年以内，就能使他实现。第三步自然比较稍难。但是我们也应当从现在起，时时作一种前进的准备。

我们将来的大学部，似乎是以包括文理工三科为妥。因为法科似不需要，商科地点不宜，医与农又各有一个省立的在此地。不过初成的时候，恐怕没有同时设立的能力。我们的高中部是先设文理两部，将来我们的大学部恐怕是工科在先，文理在后。因为第一我们已经有价值五万元以上的工厂，设备上可以借力不少。第二我们同学里边比较学工的多，可以本着从前诸位师长牺牲的精神，回校帮忙。所以工科的成立，似乎比较容易。至于我们现在能够做的，第一设法整理并扩充附设工厂，使他一面获利多，一面添设备，为将来工科的根基。第二设法整理并扩充图书馆，为将来文科的根基。第三设法整理并扩充物理和化学实验室，为将来理科的根基。一面更要特别注意我们的同学会，以为我们共同努力的大本营，等到十年八年以后，一遇机会，自有水到渠成的一日！我们看看世界上最著名的私立大学的历史，就可以知道的。

我今天说这番话，是希望在校诸位同学知道，"牺牲精神"对于我们学校的过去和将来，都极有关系，我们学校的创始在此，维持在此，发达在此，将来的发展必仍在此。对于过去的，我们应当感激并崇拜诸位师长这种精神，对于将来的，我们也要多尽一分力量；使我们的母校，在四十周年以前，达到包括小学部、初中部、女中部、高中部和大学部的一个育德大学！

（《育德双周》第十期，中华民国二十一年四月三日）

3. 我国机械工程教育应当改进的途径

一、机械工程人才必备的条件

无论是哪一种工程人才，都应当学理和实验并重。这是人人所公认的。机械工程人才，当然也应当合于这种条件。

公羊传上对于士、农、工、商下的定义是："德能居位曰士；辟土植谷曰农；巧心劳手成器物曰工；通财货曰商。"士、农和商的定义，我们不必去谈。对于工下的定义，我以为是最好不过的。"巧心"和"劳手"两种条件，实在是非兼备不可。至少机械工程人才是如此的。只"巧心"而不"劳手"，只有学理而无实验，充其量不过是一位理论的工程家。可以作文章，可以勉强教书。就按作文章教书说，一遇到讨论实际的问题时，也难免失之不切实。只"劳手"而不"巧心"，是只有实验而无学理，充其量不过是一位熟练的老工匠。可以按图制造，可以照样仿做。但一问其所以然之故，则茫然不知。一令其稍加变

化，则无从着手。我国现在的机械工程界，大多数正在这种偏而不全的状态之下。不偏于此，即偏于彼。（详第三段）

二、各国造就机械工程人才的方法

当工程学术比较简单，工程事业比较幼稚的时候，无论哪一种工程人才的养成，都是师徒传受制。就是学习的人一面亲手作着工，以练习技术——实验；一面随时接受业师的指导和解释，以明了其所以然之理——学理。久而久之，自能专精所学的工业而成为某种工程的专门人才。后来因为工程学理，日益高深；工程事业，日益扩大；这种师徒传受制就不适用了。在机械工程，代替这种师徒传受制的方法，也就是现在各国造就机械工程人才的方法，约有下列三大类：

（甲）在学校里边，附设着实习工厂，使学生于学理之外，兼得实验。

（乙）在工厂附近，附设着补习学校，（多为夜校），使工人于工作之外，兼得学理。

（丙）采用工读协作制。使学生在学校求学理，同时即在工厂求实验。

按（甲）种办法，因为各种实际的机械工程，多非学校里边所能充分设备。所以造就出来的人才，总嫌偏于学理。纠正这种缺点的方法也有几种：第一，非先有在工厂做工两年的证明书，不许入学（如德国）。第二，学生在大学机械工程系毕业后，多数再入大工厂实习二三年，以补实习之不足(如英美)。第三，校中特别注重实习。授课情形，大致每天上午，均为理论课程。每天下午，均为实习（如法国）。

按（乙）种办法，因为各种参考书籍，各种仪器和各科专门教授，又决非工厂里边或补习学校里边所能兼备。所以造就出来的人才，总嫌偏于实验。英国造就中等的机械工程人才多采用此法。造就高等的机械工程人才，没有采用这种方法的。

按（丙）种办法，似乎是最合道理。因为这种办法对于（甲）（乙）两种办法是各取其长，各弃其短；在学校求学理，同时即在工厂求实验。换一句话说，就是把学理和实验联成一气，把学生和工人备于一身的一种制度。

（甲）（乙）两种办法，因为很普通，没有再述说的必要。（丙）种办法，就鄙人所知道的，再介绍几句。这一种办法，近年来美国已经很发达。创始的人是美国俄亥俄州辛辛拿地大学的施乃德教授。据现在已约有三十年的历史。由学校和附近的工厂合作，将一班学生分作两部。更在两部之内各取一人分成若干组。每组二人，交替工读。结果是学校中无论何时总有一部分学生读书，工厂中也无论何时总有一部分学生做工。最初规定每两星期交换一次。后来因为时间太短，有改为一个月交换一次的，有改为两个月交换一次的。学校里边的课程，当交换以后，教师就完全重讲一遍。工厂里边的工作，当交换以后，凡在同组的两个人必须互相衔接。又工厂按学生工作的技术和成绩，发给相当的工资，学生就用以交纳学校必需的费用。这是此种办法的大略。

三、我国过去机械工程教育的概况

我国过去的机械工程教育，可以分“学校教育”和“工人训练”两方面来说。

学校教育，可以说是由前清光绪二十一年（1895 年）十月，天津北洋大学的成立起始。距现在已有四十一年的历史；因为北洋大学是我国开办最早的大学，且开办的时候就设有机械工程科。后来各大都市相继有工业专门学校的设立，其中也多数设有机械科。在民国十年至十五年的时候，许多工业专门学校又都升为大学或独立工学院。到现在全国省立和私立的大学或学院里边，已有十八院校有机械工程系。发展的情形，不能算太慢，可惜在办理的方法上始终没有离开前边所说的（甲）种办法。就是在学校里边附设着实习工厂，使学生于学理以外兼得实验。但是对于实验一层至少尚有下列几种缺点：（1）没有采取在入学以前先须做工二三年的方法；（2）没有采取特别注重实习的方法；（3）因教育经费多不充足，附设的实习工厂，多数因陋就简，太欠完备；（4）我国学生多受几千年来读书人传统心理的影响，喜欢学理论，不喜欢亲手做工；（5）毕业后自视颇高，不肯再去埋头实习；为家长的，也多认为毕业就算学业已经完成，多不肯再使其到工厂实习；（6）即使有志实习，国内现在各工厂内容的情形，无论就工人的技能说，就管理的方法说，有使学生实习的资格的，又不多见。

因为有以上几种缺点，所以在学校里边造就出来的机械工程人才，总嫌偏于理论。各省职业学校设有机械科的，也正犯着同样的病。结果是一方面毕业生往往有找不到工作的呼声，而同时负责经营或管理工厂的人，又常常感觉没有适当的人才可用。

工人训练，可以说是由前清同治四年（1865 年）五月，上海江南制造局的成立起始。距现在已有七十一年的历史。后来又有北洋铁工厂，大沽造船所，汉阳兵工厂等的设立。又有外国人在中国办理的机械工程事业，如香港的太古造船厂，九龙的九龙造船厂等，因为要利用我国低价的人工，无意中也为我国训练了不少的机械工匠。这些工匠又辗转传授，散布于全国的各大城镇。对于我国各地的大小机械工程事业，实在也很占重要的地位，最可惜的是他们只能做工，没有人对他们加以学理上的补充。所以也很难希望有多大的发展，例如青岛的利生机器厂，潍县的华丰机器厂，他们技术方面的人，据说都是从前青岛某德国人开的机器厂的学徒出身，利生机器厂能仿制各种工作机，成绩很好。华丰机器厂能仿制 8 马力、15 马力、25 马力、40 马力的柴油机。但是他们的制法，完全是抄袭。若让他们改变一种式样或改变其他马力数的柴油机，他们就有点来不及了。

就上边所说的情形看起来，可知我国过去的机械工程教育是产生了两种人才（少数特殊的留学生不在内）；就是懂些学理的，大多数不能从事亲手制造；而能亲手制造的人，又大多数没有学理的帮助。所以我在第一段上说：我国现在的机械工程界，大多数正在这种偏而不全的状态之下，不偏于此，即偏于彼。实在是最痛心的一种现象。

四、将来应当改进的途径

就前数段所说的各种情形看，不难找出几种改进的途径来。在民国十年，我曾写过一篇“我国工业教育应酌采工读协作制意见书”，一面在当时出版的《新教育》上发表，一面并向教育部建议。结果在社会方面，没有得到任何的反响。教育部则只给了一件回文，说：“留备采择施行”，也就完了。民国十四年，我在北洋大学的时候，曾想自己试办一下。作了一个计划书，请当局核准。

并请指定北洋铁工厂和大沽造船所作学生做工的地方。不料当局很怕学生和工人混在一处，改变了工人的思想，主张“缓行”。去年长辛店机厂李维国厂长来校讲演，谈到适当人才的不易得，曾表示愿同学校合作，造就学理和实验均优的人才。当时和庄主任商议，打算在本系试办一下。后来因时局和种种的关系，也没有着手。就现在想起来，在我国目前的情形之下，若骤然试办此种制度，实在尚有相当的困难。第一，附近的各大工厂，就工人的技术及管理的方法等，尚多有不足为学生模范之处，与美国各大工厂的情形不同。第二，工厂的当局或是他的上司，对于此种办法，未必都表同情。万一人位一有变更，中途借故推翻成案，则学生无所安置。所以这种办法，虽说是最合乎理想，但是实行以前，还应当有相当的预备。现在我把我理想中认为可行的几种改进的途径略述如下：

（1）大批的送机械工程实习的留学生。近年以来，各大学每有直接同欧美各大工厂接洽，送少数实习学生的事情。在各工厂方面，为的是他们过去和将来的营业。在学生方面为的是得到实习的技能。是一种两方面有利益的事情。并且工厂里边给的津贴，差不多可以维持生活。即使不足，所差也无几。我想若是用国家的力量，大规模地进行一下，当不致有何困难。比方由教育；实业；铁道等部出面，一面约集国内机械工程的专家详加筹议，先作一整个的计划。按我国目下的情形，究竟是需要哪几种的机械工程人才及其约略的数量，以规定一次或陆续派送的人数；一面用政府或上述各部的名义，向所拟派的国家接洽，请其指定相宜的工厂。接洽妥当后，再由各大学机械工程系毕业生里边考选，或由各校保送，然后分别送往实习。以三年或两年为限。专注意制造上的技能和管理方法。津贴倘不足用，由政府补助之。资送其他留学生二十人的费用，若用以补助这种学生，至少可供百人。学成回国后，可担任各大学实习工厂的主任及实习教授，或各大工厂的高等技师等职。

（2）对于本国各大学的机械工程教育应当：（a）充实设备。（b）增加实习钟点。（c）特别注重实习教授的人选。如本国一时尚没有相当的人才，无妨采用二十年前各大学的方法，暂且延用外人。优其薪俸，但非有真正优良技术及丰富经验的，不得入选。（d）学生在实习工厂做工时，尽量采用营业工厂的管理法。使不但学好技能，并得到工厂生活的训练。（e）更就国内成绩较优，设备较好的三数大学，由政府另筹专款，使扩大其实习工厂，完全按营业的性质去办理。一面再采用工读协作制以造就学理和实验均优的人才。

（3）对于中等的机械工程教育应当:（a）责成所属省市，宽筹经费，充实设备。倘经费困难，宁使减少校数，亦不宜因陋就简。（b）指定一二成绩较优，设备较好的大学机械系附设一机械工程师资训练班。招高职机械科毕业生为学生。严格训练三年或二年。多注重实习，少补充理论。毕业后使任高职机械科教师。（c）增加实习钟点。

（4）对于机械工人的补习教育应当:（a）国内各大机械厂，如各铁路的修机厂、各兵工厂、各地私人经营的大工厂等，均须附设补习学校。以前项所说的师资和厂内的技术人员任教师。以补充工人对于学理上的缺乏。

（5）在各大城镇设立机械工程博物馆，或附设于普通博物馆之内。把各种机械的种类和它演进的历史，尽量购置实物或仿制模型，陈列在里边，供一般民众的观览。以增进一般民众对于机械工程的知识。

（6）有计划地设立机械玩物制造厂。制造多数机械的玩物，以增加一般儿童对于机械的兴趣和印象，在小学教科书里边，也应当加入一部分简单而重要的机械工程教材。

（《清华机工月刊》第一卷第一期，2-5 页，1936 年 10 月 20 日出版）

4.《英汉对照机械工程名词》前版序二

吾国由外国文字编译机械工程书籍，当以王徵之《远西奇器图说》（明天启七年）及焦勗之《火攻挈要》（明崇祯十六年）为最早。《火攻挈要》中之名词，除镟刀；镟架；长钳；短钳；铁钻等，尚与今日通用之机械工程名词有关外，其余多为铳；枪；弹等，对于今日之机械工程名词，已无甚关系。《远西奇器图说》中之名词，有一部已无人采用，如称排水唧筒为恒升车，称螺旋线为藤线，称椭圆形为鸡蛋形等。而滑车；杠杆；曲柄；曲拐；飞轮；齿轮；风轮；水轮；灯轮；螺丝转（今只称螺丝）等，则迄今仍多沿用。其次为前清同治光绪年间江南制造局所译者。当时译书，比较最有计划。属于机械工程者，将《汽机发轫》《汽机必以》两书译成后，即编订一种英汉机械工程名词对照表，名之曰《汽机中西名目表》（光绪十五年出版）。其内容实不仅限于蒸汽机，当时所译各种机械工程书籍，其名词一律以此为标准。如译 piston 为鞲鞴，piston rod 为挺杆；connecting rod 为摇杆；pressure 为抵力；lathe 为车床等，各书完全一致。其译名之是否适当为另一问题，其统一之精神，则远非今日所能企及。

近年来，用本国文字编译机械工程书籍及发表关于机械工程之论文者，日见增加，此实为极可喜之现象。惟所用名词，则极不一致。鄙人两年前，曾就吾国数个著名大学之一览，比较各校机械工程系之课程。发现 mechanism 一学程，有译为机构学者，有译为机件学者，有译为机械学者，有译为机械原件学者。更可异者，在同一大学，甲系有机构学一学程，乙系有机械原理一学程，查其所注之英文原名，则皆为 mechanism 一字。一学程之名称，其不统一之程度已如此，更无怪一般普通名词之异常纷乱也。长此不已，恐用本国文字编译之机械工程书籍愈多，名词纷乱之情形亦愈甚，其有碍于工程学术之进步，实不待言。

民国十七年八月，中国工程学会程瀛章张济翔两位先生编订《机械工程名词草案》一册。其译名之精审，远胜于前。惜字数稍少，且出版将及六年，所印已分散完毕。机械工程界同人，多以不能人手一编为憾。民国二十一年，中国工程师学会，推定本校工学院院长顾一樵先生为编订工程名词委员会委员长，是年冬，顾先生委托鄙人担任机械工程名词一种。迄今已一年有半，经数人协助之力，始勉强告成。惟内容乃多不完备之点。正式审定以前，应再加相当之搜集与改正也。

编订之方法，分搜集与拟定两部：

搜集方法，系将吾国此前关于机械工程名词及普通工程名词之出版物，尽量搜罗（日本出版之《英和工学字典》，因全系中文，故亦采入）。然后用卡片法，将所有关于机械工程之名词，一一提出，每一名词，写一卡片。按英文字母，顺序排列。并将所有旧译名词均注于其下。（除认为毫无采取之价值者，概不略去）。所搜集之出版物如下：

出版物名称	出版机关	出版年度
汽机中西名目表（简写，汽名）	江南制造局	光绪十五年
英和工学字典 （简写，英和）	丸善株式会社	大正三年
华英工学字汇（简写，华英）	中华工程师学会	民国四年
铁路词典（简写，铁）	审定铁路名词会	民国五年
机械工程名词草案（简写，机名）	中国工程学会	民国十七年
英华汽车名词（简写，汽车名）	中国汽车工程学会	民国二十年
国有铁路材料分类编号名称汇编草案（简写，铁部）	铁道部	民国二十一年
中华国有铁路北宁线材料名称分类及编号目录（简写，北）	北宁路局	民国二十一年
物理学名词（简写，物）	国立编译馆	民国二十三年

其次尽量搜集中文机械工程书籍，亦将其中所译之名词提出，如法加入。搜集之书计二十余种。因多系民国十年以后出版普通常见者，兹不具录。

最后更在比较完备之英文原文机械工程书籍五六种之索引中，提出前此未有之字，依次加入。此一部多无旧译名词，故须自行酌译。

如此得出之名词共计一万一千余则。

拟定方法，系将各名词所有之旧译名词均注于原名词之下以后，并将工人常用之俗名注上（就已知者），然后按下列四项标准，拟定一名或数名，暂行排印，以备将来审定。四项标准如下：

（一）从宜……即择所译与原义最宜者。

（二）从熟……即择旧著译采用最多者。

（三）从简……即择比较字数简练者。

（四）从俗……即择工人已经通用，字义不甚粗鄙者。

兹举两例如下：

air brake

空气停轮机，气掣，空气制动机…………（华英）

用气制轮……………………………………（英和）

空气轮掣…………………………………（机名）

压气轫……………………………………（铁）

气压制动器………………………………（郑廷珧著《铁路机车》）

风闸………………………………………（李光耀著《风闸中之风泵》）

风闸………………………………………（工人俗名）

此名词拟定之结果为“风闸”与“气轫”两个，留待审定。因风闸一名词可谓合于（二），（三），（四），三项标准。气轫一名词，可谓合于（一）与（三）两项标准也。

pump

恒升车……………………………………………（王徵译《奇器图说》）

起水筒，运水器…………………………………（汽名）

唧筒………………………………………………（英和）

抽水筒，抽筒，抽水或抽气机…………………（华英）

唧筒，吸水机……………………………………（机名）

唧筒………………………………………………（胡嘉诏著《汽车》）

唧机………………………………………………（郑廷珧著《汽车厂》）

泵，邦浦…………………………………………（工人俗名）

此名词拟定“泵”与“唧筒”两个，留待审定。

以上略举两例，其余以此类推。

编订时，协同搜集之人，校外有石峻吉先生，校内有曹国惠、金希武、孙瑞珩、褚士荃，夏坚白诸位先生。协同拟定之人，有本校机械系主任庄前鼎先生。谨附记于此，以志不忘。

刘仙洲 二十三·七·七·于国立清华大学工学院

《英汉对照机械工程名词》刘仙洲编订，中国机械工程学会出版，国立清华大学机械工程系代印，1936 年 10 月 10 日出版。

5.《中国机械工程发明史　第一编（初稿）》序、第一章绪论

序

我是学习机械工程的人。在过去四十多年中，主要是从事机械工程方面的教学工作。在二十多年以前，我就经常想道：我们这个民族在过去几千年的历史里边，对于机械工程的发明曾有过什么表现？授课时间以外，每在古代典籍中找些有关的资料，并在 1936 年出版过一小册“中国机械工程史料”。1937 年写过一篇“王徵与我国第一部机械工程学”的文章。原拟在那一年八月间在太原举行的中国工程师学会的年会上发表。因“七七”事变，年会没有开成。在抗战期间，逃到昆明，因资料缺乏，仅写了“中国在热机历史上之地位”（在 1943 年东方杂志第 39 卷第 18 号上发表）和“三十年来的中国机械工程”（在中国工程师学会主编的“三十年来之中国工程”上发表）两篇文章。[①] 新中国成立以后，经教育部的大力支持，在清华大学设置中国工程发明史编辑委员会，并邀请三数位专门帮助搜集资料的人员，共同检阅古书[②]。后来，中国科学院又支援了一位专人，在城内北京图书馆和科学院图书馆阅书。他们共阅过的古书已有九千多种，搜集的资料也不少。其中有关采矿；冶金；地质；纺织等资料已由中国科学院自然科学史研究室另请专人分别从事整理。在机械工程方面，我曾经写过“中国在原动力方面的发明”（在 1953 年 10 月机械工程学报第 1 卷第 1 期上发表），“中国在传动机件方面的发明”（在 1954 年 7 月机械工程学报第 2 卷第 1 期上发表），“中国在计时器方面的发明”（在 1956 年 9 月意大利佛劳伦斯召开的第八届国际科学史会议上宣读，并在 1956 年 12 月天文学报第 4 卷第 2 期上发表）等论文。1958 年，重行编订了“王徵与我国第

---

① 依原文，此处书名均用引号，而非书名号。

② 原文如此。

一部机械工程学”一文（在 1958 年 9 月机械工程学报第 6 卷第 3 期上发表）；1959 年与王旭蕴同志共同发表了“中国古代对于齿轮系的高度应用”一文（在 1959 年 8 月清华大学学报第 6 卷第 4 期及同年 12 月机械工程学报第 7 卷第 2 期上发表）。1960 年，我又写了“中国古代在简单机械和弹力，惯力，重力的利用以及用滚动摩擦代替滑动摩擦等方面的发明”一文（在 1960 年 12 月清华大学学报第 7 卷第 2 期上发表）。现在决定以过去这些论文的内容为基础，并根据最近得到的新资料加以补充和修正，作为中国机械工程发明史的第一编。有些项目的内容较原来更为充实，有些项目的发明时期较原来更为提早。大体上以我国最初发明的简单机械和各种原动力及传动机件为主。至于各种工作机，各种制造工艺，和受到西洋影响以后一段时期及新中国成立以后大发展时期的发明创造，以后再陆续整理写出。

帮助搜集资料的人前后计有：常审言、刘剑青、赵濯民、郭梦武、耿捷忱五位。有关水力天文仪器，指南车，记里鼓车等所用齿轮系的安排计算和绘图等，多得到王旭蕴同志的协作。有关石器时代出土遗物年代的判定，多受到裴文中同志的帮助。郭守敬最早采用滚珠轴承的记载是北京天文馆李鉴澄同志向我提出来的；詹希元五轮沙漏里边所用的四对齿轮的排列法曾根据自然科学史研究室钱宝琮同志的意见加以改正。又在重要的发明里边，有十几种已由中国历史博物馆把它们复原出来，则多赖该馆领导人的大力支持和王振铎同志及几位技术工人同志的努力。谨附此一并致谢。

书中难免有不妥之处或错误之处，倘承阅者提供宝贵意见，以便修正，笔者极为欢迎。

刘仙洲

1961 年 4 月 6 日

清华大学

第一章　绪　　论

一、整理我国科学技术发明史的重要意义

我们中国已有四五千年的历史。历代的劳动人民因为生产和生活上的需要，在各种科学和工程技术方面都有不少的发明创造。因为过去一两千年，我国的读书人对这方面重视不够，又向来不好自我宣传，以致西洋写科学技术史的人们，除了提到最显著的所谓中国四大发明——造纸；印刷；罗盘；火药——等以外，似乎我们就没有其他重要的发明。自 1840 年以后，帝国主义侵入我国，它们的一部分科学技术也随之输入（17 世纪初年，即明代末年，有少数传教士输入了一部分科学技术，但是没有发生多大影响）。我国多数读书人悚于它们的船坚炮利，曾发生过不应有的自卑感。认为我国在各种科学技术的发明上，事事不如人。甚至认为我们什么也没有。今后如果想着使我们国家和民族的文化向前进步，只有一切都向外国学习。就是所谓要"全盘西化"的主张。但是同时也有另一部分读书人却妄自尊大，认为我国什么都有。在古书里边找到同西洋某种科学技术影似的一两句话，就加以穿凿附会，说这些东西我国早已发明过。甚至说西洋的许多发明都是我国传去的。这两方面都是错误的，因为都和实际的情况不合。我们应当根据现有的正确的科学技术知识，实事求是地，依据充分的证据，把我国历代劳动人民的发明创造分别地整理出来。有就是有，没有就是没有。早就是早，晚就是晚。主要依据过去几千年可靠的记载和最近几十年来，尤其是新中国成立以后十多年来在考古发掘方面的成就，极客观地叙述出来。这样，不但对人类发明史上可以增加不少宝贵的内容，同时使我国过去几千年劳动人民的光辉成就不致埋没。在编写本国有关的科学技术教材时，更可择要选入，对于后一代多数青年的爱国教育也将有一定好的影响。

二、整理我国科学技术发明史遇到的困难

在整理我国科学技术发明史的过程中，遇到以下各种困难：

在秦汉以前，一般地说，我国对于各种科学技术上的发明创造还算重视。

如《周易·系辞》上说："备物致用，立成器以为天下利，莫大乎圣人。"周礼考工记上说："智者创物，巧者述之守之世谓之工。百工之事皆圣人之作也。"又说："烁金以为刃，凝土以为器，作车以行陆，作舟以行水，皆圣人之所作也。"但是也有反面的思想，对于新奇的发明加以轻视或排斥。如老子上说："民多利器，国家滋昏。人多技巧，奇物滋起。绝巧弃利，盗贼无有"。到秦汉以后，则除有关农业生产的发明创造以外，一般的多改为轻视。更晚一些，甚至有劳动人民向当时的统治者贡献自己的发明创造而得罪的。明实录上载着："洪武元年（公元 1368 年）冬十月甲午，司天监进元主所制水晶刻漏，备极机巧。中设二木人能按时自击钲鼓。上览之，谓侍臣曰：废万几之务而用心于此，所谓作无益害有益也。……命左右碎之。"可说明当时统治者对科学技术的痛恨。明末王徵在远西奇器图说的序文里边说："客有爱余者顾而言曰……吾子向刻西儒耳目资，犹可谓文人学士所不废也。今兹所录，特工匠技艺流耳，君子不器，子何敝敝焉于斯？"宋应星在天工开物的序文里边说："丐大业文人弃置案头，此书于功名进取毫不相关也！"都是针对着当时读书人轻视科学技术而发出的感慨。

因为在过去的历史上有重视和轻视的两种思想，结果就发生了两种不同的偏差。在比较重视的时期，对于科学技术的发明创造，在重要的著作上多加以记载。如世本上作篇专记载古代的发明创造。这是好的一面。但是多把发明创造归之于所谓"圣王"或他们的大臣，如神农、黄帝、虞舜、夏禹等。就是说，因为重视的缘故，就多把劳动人民的发明创造都归功于当时的统治者，不能表出真实情况。在轻视的时期又与此相反，许多发明创造多不在正史或其他重要著作上记载，只散见于笔记和杂记等著作之中，使资料非常散乱。甚至有很重要的发明创造无法查出是何人所发明。

又我国古代有关科学技术发明的记载，如世本上作篇的记载，易经系辞及诸子上的记载多系本之传闻，且每有彼此不完全一致的地方，如车的发明各书上所载的竟有七八人之多。后来，在事物紺珠，物原。壹是纪始等书里，每提到一种发明的创始者，从不给出所根据的证据来，结果更不敢轻于依据。

其次是：真正作出发明创造的人或自己不会用文字记载，或因社会上不予重视之故而没有加以记载。一部分幸而被记载的又多出于当时或后世的文人。他们在记载时多在文字的简练上注意，并不真正了解这些发明创造的内容，以致或过于简略，或记载失实，或过分夸大，或故事神奇，或详于记载外形和表面的作用而略于记载内部的结构及传动的机构，使后人无法根据记载而加以全部地了解。我记得在中学读书时，教历史的先生曾批评：在二十四史里边以宋史写的最为芜杂（实际上是写的最详细，过去一般文人认为不合此前写历史的传统）。其实，自后汉张衡以后，历代的天文仪器；指南车；记里鼓车等发明，如果没有宋史舆服志上几段比较详细的记载供我们研究探索，简直无法加以了解。只有归之于“失传”了事。

又我国向来不甚重视对于器物的绘图，结果有不少古代的发明创造，因为没有绘图的帮助，很难把它们搞明白。到宋代以后的著作中才好了些。

以上是就着我国古代所有的各种科学技术说的。因为这本书是专门论述我国古代机械工程方面的发明的，所以下边将专门论述有关机械工程的东西。

三、机械对于人类的关系和它发展的程序

机械的发明是人类区别于其他动物的一项主要标志。恩格斯在他所著的自然辩证法上说“没有一只猿手曾经制造过一把即使是最粗笨的石刀”。可见开始发明创造机械是人类离开其他动物的一个根本特征。

人类发明创造机械的动力是迫于生产和生活上的需要。

当人类创造出机械以后，首先就能增加生产力和提高劳动生产率。紧接着就影响到生产方式和生活方式。以后又根据着机械的发展和逐步提高，人类的社会组织也就随着前进。所以如果说机械的发生和发展是推动人类社会逐渐前进的一种主要因素，似乎也不算太过。

无论在哪一个民族，机械的发明和发展都是先由几种简单机械开始，如石刀石斧等。在用它们进行工作的时候，所需要的原动力是直接出自人的本身。

利用这些简单机械，只是能够省力或便于用力。人直接用手做不到的工作利用这些机械就能做到。第一步的发展是在一定的短时间以内会设法储蓄一部分本身所出的力量，使需要的时候再发出来，如弓箭上所利用的弹力，舞钻上利用的惯力等。原动力仍是出于人的本身，但是利用机械在一定短时间以内储蓄一下，有时就便于工作。第二步的发展是能使几种简单机械互相合并成为比较复杂的机械，以便达到比较复杂的目的，如剪刀是由尖劈和杠杆合并组成等。第三步，也是很大的一步发展，是在本身以外能利用其他的原动力。开始时先找到利用牲畜力，后来更发明利用风力、水力和热力，如各种风轮，各种水轮和各种热机等。结果，使机械对人类的生产力和劳动生产率更大为提高。第四步就是向着半自动化和自动化发展，所需要的人力将越来越少，也可以说是人的劳动生产率会越来越高。对于以上各阶段的发展过程，在我国机械工程发明史上都有一定的表现。

又就我国的考古资料和有文字记载的历史看，粗制的石器，即机械工程发明的开始，至少已有四五十万年的历史，而在本身以外找到其他原动力，则只有四五千年的历史。就是说，在本身以外找到其他原动力来帮助或代替我们做工的一段时间和已发明机械但是原动力仍出自本身的一段时间相比，只不过是百分之一。但是因为它对人类生产力的影响越来越大，社会的进展也就越来越快了。

四、机械的定义和我国对于机械定义的表现

打算机械工程发明史应当首先了解一些有关机械的基本知识。什么叫作机械是首先应当加以了解的一项。

什么叫作机械？是不大容易回答的。苏联奥德萨工业大学 B.A. 多布罗窝利斯基教授（В.А.Доброволъский）曾于 1955 年 3 月向大连工学院机械零件教研组函问我国古代给机械这一概念下的定义，他们来信问我。我当时曾以东汉许慎所著的说文解字上对机的解释答复他们。即："主发谓之机。"后来我又深入地思索了一下。认为许慎给机字下的定义主要是对弩机上叫作"机"的那一件而言。若把它作为机械的定义不够全面。不如根据庄子上所载的子贡（公元前520—前456年）对汉阴丈人所说的话[①]，规定为“机械是使人用力寡而成功多的器械”。就是说我国在公元前五世纪，子贡就给机械下了一个定义，是：“能使人用力寡而成功多的器械”。后来韩非子上也有同样的说法[②]，并且有了初步的经济观点。

在西洋第一位对于机械提出定义的人是恺撒时代（公元前一世纪）罗马的一位建筑工程家味多维斯（Vitruvius，王徵远西奇器图说上译作未多。）他给的定义是：“机械是由木材制造且具有相互联系的几部分所组成的一个系统，它具有强大的推动物体的力量。”他还对机械和工具作了区别。他说：“机械和工具的区别似乎在于：机械的开动要用大量人力，消耗很多的能量；而工具只要一个人熟练的操作就可以作出所要求的工作。”

到1724年，德国莱比锡的一位机械士廖波尔特把机械和工具统一起来，给出一个比较进步的定义。即：“机械或工具是一种人造的设备，用它来产生有利的运动；同时在不能用其他方法节省时间和力量的地方，它能做到节省。”他明确地表示出机械的目的。在提出运动概念的同时，也提出了时间和力量的概念，并提出经济上的考虑。

在十九世纪晚年和二十世纪初年的几本机械原理的教科书里边有下列的几种定义：

（1）机械是高级的生产工具。（维尔特，1871）

（2）机械者，无论其式样如何，大小如何，皆所以变化运动与力量者也。（Rankine）

（3）机械者，固定部分与运动部分之组合体，介乎能力与工作之间，所以使能力变为有用之工作者也。（Keown，1912）

---

① 原文注：庄子外篇天地第十二：“子贡南游于楚，反于晋。过汉阴，见一丈人，方将为圃畦。凿隧而入井，抱瓮而出灌，搰搰然用力甚多而见功寡。子贡曰：有械于此，一日浸百畦。用力甚寡而见功多，夫子不欲乎？为圃者仰而视之，曰，奈何？曰，凿木为机，后重前轻，挈水若抽，数如泆汤。其名为槔。为圃者忿然作色而笑曰，吾闻之吾师，有机械者必有机事，有机事者必有机心。机心存于胸中，则纯白不备，纯白不备则神生不定，神生不定道之所不载也。吾非不知，羞而不为也。”

② 原文注：韩非子卷第十五，难二第三十七：“舟车机械之利，用力少，致功大，则入多”。

（4）机械者，两个以上之物体之组合体，其相对运动皆继续受一定之限制，使一种能力由之变化或传达，以做一种特别之工作者也。（Mckay，1915）

我在1930年编辑中文的机械原理一书时，曾参考以上各种教本规定了下列的一个定义：

机械者，两个以上之物体之组合体，动其一部则其余各部各发生一定之相对运动或限制运动，吾人得利用之使一种天然能力或机械能力发生一定之效果或工作者也。

这本书在1935年才出版。1937年以后，清华大学采用的时候，我曾改订如下：

机械者，两个以上具有抵抗力的机件的组合体，动其一件，则其余各件，除固定的机架以外，各发生一定的相对运动或限制运动，吾人得利用之使一种天然能力或机械能力发生一定之效果或工作者也。

1955年，前边提到的苏联奥德萨工业大学 B.A.多布罗窝利斯基在他写的“机械这一概念的发展和进一步明确的必要性”一篇论文中，根据马列主义的观点，并参考过去两千多年的发展规定了下面一个较好的定义：

机械是为人所使用的劳动工具，在这个劳动工具中，形状和尺寸适合的部分是由能经受很高压力（阻力）的材料所制成；在引入能量的不断作用下，能完成适合的实际上有利的运动和动作；这些运动和动作是人们为完成技术和工艺目的所必要的。

总起来看，我国在最近四五百年，对于机械工程的发展虽说落后于西洋，但在两千多年以前就对于机械提出了定义，在时间上约早于西洋四个世纪。

五、机械的分类和我国对于各类机械发明上表现

机械的种类已经太多了。从前有人作过一些分类，但是就目前的情况说，这些分类法多不够全面。马克思在资本论第一卷机器与大工厂一章上曾有过一种分类。他说：“一切的发展的机器都是由三个在本质上不同的部分——发动机，配力机与工具机（即工作机）——构成。”这样说法，包括的范围似乎也不够十分完备，现在谨就各类机械显著的特点分为下列七大类：

1. 简单机械

简单机械是人类最初发明的机械：如尖劈；杠杆；轮轴；斜面与螺旋等。过去一般人多叫它们为生产工具，不叫作机械。其实若就近年以来我们给机械下的定义说：它们都应当归入机械之内。有人认为它们的构造过于简单，且不做工时，似乎只有一件，和前边所说的定义不合。但是细加分析，任何简单机械，当用它做工时，总是有另一件配合它。不但杠杆必须有一个支点或转轴，就是尖劈，当工作时，都可以想象使被劈物体的一边离开，是我们要达到的目的，被劈物体的另一边，则起着配合尖劈完成它的功用的作用，同时又有一定力量和运动的关系。所以在构造上虽说是很简单，但原理上则都是机械。它们的特点是被人类发明的最早，构造上特别简单就是。后来的多数复杂机械，多包含着它们的一种或几种作为组成的部分。

2. 发动机或原动机

这一类机械的主要特点是改变能力的种类，就是把不适于做工的他种能力改变为适于做工的机械能力。如风轮；水轮；热机中的蒸汽机；蒸汽轮；内燃机；燃气轮等，它们所有的运动多是比较简单。最大多数是发生回转运动，少数是发生往复运动，也有的是先发生往复运动再改变为回转运动的。

3. 工作机

这一大类包括的太多了。任何一个生产工厂，都根据它的产品有它一定的工作机，如一个机械制造厂有它一定数目的工作机；一个纺织厂有它一定数目的工作机等。但是所有的工作机都有一个明显的特点，就是加入它的已经是机械能力。无论是由皮带带动，由绳轮带动，由电动机带动，甚至由一种发动机直接带动，加入的总是机械能力，经过工作机的各部最后做工的地方，性质上仍是机械能力。

4. 传动机

这一大类是介乎发动机和工作机之间的一部分。它由发动机接受的是机械能力，最后它给予工作机的仍然是机械能力。只是传达过去，本身并不做什么工作。有时也许有便于分配的好处。有时在它传动的同时担负着一定的运输任务。这一大类原可认为是一种传动的机件，不必另分成是一种机械。但为清楚起见，专立一大类也未尝不可。

5. 仪表

在这一大类，加入的也许是一种天然能力，如风速表，水的流速表等，也许是一种机械能力或电磁能力，经过各部分的传达或变换以后，最后只表现一种效果。我们一般的不说它是发出了什么工作（当然严格地说来，表上的一个指针反抗摩擦力而移动，也是一种工作的表现）。

6. 反用发动机原理的机械

就是（2）项的反用。如鼓风机、压气机、排水机、制冷机和排热机等。它们的特点与（2）类恰相反，加入它们的是机械能力，所得的结果则是气体速度的增大，气体压力的增高，水位升高，水压增大及热能的被移出等。它们的运动也是比较简单，和各种发动机相同，只是在功用上恰恰相反，所以我把它们定为反用发动机原理的一类机械。

7. 发电机与电动机

发电机与电动机又是另一种特殊机械。不少的人把它们也列入发动机之内，但实际上是很有不同的地方。发电机所接受的是某一种发动机所发出的机械能力，所发出的是电能力。电能力的应用很多，可以变为热能力，如电炉；可以变为光能力，如电灯；可以变为磁场能力，如电磁；可以变为化学能力，如电解。这些性质就不像一种发动机。但若把发电机所发的电能力直接供给一个电动机，则电动机所发出的又是机械能力，并且多半是供给工作机之用。所以就全部说起来，发电机和电动机可以说是介乎发动机和工作机之间的一种东西。发电机接受的是一种发动机的机械能力，电动机供给工作机的仍是机械能力，只是便于动力的分配和就传达动力说，比较经济而已。就是说：若单就一个电动机直接带动工作机说，似乎同一个发动机相当，但若把发电机和电动机合并起来看，它们又恰和一个传动机相当。所以最好自列一类。

除去发电机和电动机以外，在所有其他种类的机械里边，我国古代多有一定的发明创造（当然古代西洋也没有发电机和电动机），而且按发明的年代说，我们的多比较早。只是在十四世纪以后，特别在西洋工业革命以后，我们才逐渐落后了。

六、各种机械的功用和我国古代劳动人民对于各种功用的掌握

一种机械有一种机械的功用。因为机械的种类太多了，它们的功用似乎是说不完的。但是若在原理上归纳一下，所有机械的功用可以分为下列六大类：

1. 改变不适于直接做工的能力为机械能力

这一类都是改变一种不适于直接做工的天然能力为适于直接做工的机械能力。如各种风轮是改变风的动能力为机械能力的机械；各种水轮是改变水的动能力为机械能力的机械；各种热机是改变各种燃料燃烧时所发出的热能力（原子能发电站是改变原子分裂时所发出的热能力，原理上也是热机的一种）为机械能力的机械等。

2. 改变力量的大小

这一类多为用较小的力量使发生较大的力量，如各种起重机，压力机等。人类最初发明的机械多属于这一类。因为那时人类在生产上遇到的困难多是力量有所不足。子贡称机械的特点是“用力甚寡而成功多”，味多维斯给机械的定义着重提出“它具有强大的推动物体的力量”，都可以说明这一点。

3. 改变运动的种类

如将回转运动改变为往复运动；将往复运动改变为回转运动；将回转运动改变为摆动和多种比较复杂的运动；把连续运动改变为间歇运动等；以适应我们生产上的需要。

4. 改变运动的方向

原动部运动的方向可以经过一种机械改变为从动部另一种运动的方向，以适应我们工作上的需要。

5. 改变速度的大小

原动部运动速度的大小，可以经过一种机械使从动部的速度变大或变小，以适应我们的需要。如我国唐代一行梁令瓒等设计的水力天文仪器，能使一天回转 1920 周的水轮的运动传到浑象，使它一天只回转一周；更间接者传到日环上去，使它三百六十五天才回转一周，就是很好的例子。

6. 第一种功用的反用

即花费一部分机械能力使发生其他的能力以适应我们的需要。如前段所说，风扇或鼓风机，可以说是风轮的反用。它们都是把已有的机械能力改变为风的动能力或气体压力，水的动能力或水的压力和得到热能力的迁移等。这也是机械的一种特殊功用。

在我国古代劳动人民所发明的各种机械里边，对于这些主要的功用的绝大部分也都早就掌握了。

（《中国机械工业发明史》第一编（初稿）清华大学 1961 年 10 月出版）

6.《古代农业机械发明史》引言及结语

引　言

我国古代重农，为了增加产量，提高劳动生产率，自远古直到清代中叶，对于从事农业生产各方面所使用的工具，都相继有所发明和发展，而且同样的一种工具，按创始的年代说，往往早于其他国家几百年，甚至一两千年。

在我国历代文献上，对于这一类工具有时叫作田器；有时叫做农具；有时叫作农器。若就机械的定义说，任何一种工具，无论简单到什么程度。当使用它做工的时候，都是一种机械。所以在这一本书里边，一般都叫它们做农业机械，并按晚近对于农业机械的分类法，把我国几千年以来在这方面的发明创造分为下列七大类，即：1）整地机械；2）播种机械；3）中耕除草机械；4）灌溉机械；5）收获及脱粒机械；6）加工机械；7）农村交通运输机械。谨分别叙述如下。

结　语

根据过去我曾整理过的中国机械工程发明史和以上七章所叙述的内容看，

我们可以得到以下几点结论：

1. 在我国历代发明的机械里面，以对农业服务的为最多。在过去二十多年以来，我曾系统地整理过我国机械工程发明史。在得到的文字及实物的资料中，很清楚地表明绝大多数的发明创造都是为农业生产服务的。更有一个特点，就是在几千年的历史上，常常遇到反对机械发明创造的言论或行为，甚至当时的统治者对于发明的人不但不予以应有的鼓励，反予以斥责或处罚；但是对于有益于农业生产的任何机械，则从来没有人反对过。这是我国自有史以来就重视农业的一个有力证据。

2. 我国历代发明的农业机械不但在数量上相当丰富，而且在时间上也是比较早。就农业上所利用的原动力说：在殷代帝乙以前，就开始了利用畜力耕田，已有三千二百多年的历史；在西汉晚年，就发明了利用水力舂米，已有二千多年的历史；在东汉初年，就发明了利用水力鼓风以铸造农器，已有一千九百多年的历史；在宋末元初，就发明了利用风力磨面，已有七百多年的历史。就整地机械说：铜犁铧至晚应发明于西周战国之间；铁犁至晚应创始于战国。根据《考工记》上的记载看，在战国时代似已有了原始的犁壁；惟材料可能是用木，名称则不叫犁壁而叫作“庛”，汉代就有了犁铧和犁壁连接在一起的铁犁；唐代更有了基本上定型了的畜力犁，并且有调节耕地深浅及耕地宽窄的设备；根据王祯《农书》上的记载，至晚到元代，更有了犁刀。就播种机械说：根据《吕氏春秋》上的记载，在战国晚年，似乎就有了条播；到汉武帝时，赵过发明了三行播种器，而且就着传到近代的播种耧看，它对于调节籽粒量、开沟、下种及复土等四种功用都完全具备；到元明时代，更有了同时施肥及掺药等播种方法。就农村交通运输机械说：我国车的发明已有四千五百年的历史。它发展的种类很多，其中尤以后汉或三国时代发明的独轮小车在农村中应用最为普遍，已有一千七百多年的历史。船的发明可能比车稍晚，但至少也有四千年以上的历史了。总之，所有以上这些发明创造，不但数量上相当丰富，而且在时间上也多是比较早的。

3. 农业机械的发明和进展与社会制度及社会经济情况的相互关系。农业机械的发明和进展对于农业生产有直接的关系，间接着对于社会制度也有互相影响的关系。即农业生产对于社会制度有促进的影响；反过来，社会制度又能够限制或促进农业机械的发展。

我国在殷代虽说已发明了牛耕，到西周可能已发明了铜犁，但当时因为仍处在奴隶社会，而且产铜量少而价值高，采用犁耕仍不能大量推广；结果，反映多数奴隶起土翻土的千耦万耦独载之《诗经》。这是社会制度及社会经济情况影响农业机械进展的一个实例。到战国时期，一方面缺乏大量奴隶的来源，一方面又有了价值较低的铁农具出现，才普遍推广了犁耕，农业生产发达，因之吾国社会制度也就随之由奴隶社会开始进入封建社会。这又是农业机械的进展能够促进社会进步的一个实例。汉武帝时，因为迫切需要粮食的增产，就促使赵过大大改进了几种重要田器；东汉初年，因为迫切需要大量铁农器的铸造，就促使几种水力加工机械大量发展。这也说明社会经济情况足以促使农业机械的进展。

社会制度足以影响农业机械的进展，更显著的一个实例就是在封建社会制度之下，农业经营过度分散，结果能阻止农业机械的进一步发展。如前边所述，我国在战国时代，就开始使用了铁犁，至晚到唐代，畜力犁的结构已经达到近代的情况，在新中国成立以前一千多年，除元代表现出增加了犁刀以外，基本上没有什么改进。甚至直到现在，有一些边远地区所使用的犁，仍保留着两千多年以前的式样。我国在西汉时代就发明了三行播种器，但是直到近代，有些地区仍用手播。因为在封建社会，没有生产上的迫切的要求，就没有进展的推动力。

以上这些事实，都说明社会制度或社会经济情况对于农业机械的进展有着密切的相互关系。

4. 在过去一两千年，对农业机械推广的工作做得太差。我国在过去一两千年里边，政府对于某一个地方已成功的农业机械，很少做推广工作，使它普及到全国其他适用的地区。例如汉代壁画上所表现的犁，尤其是唐代陆龟蒙《耒耜经》上所叙述的犁，就构造及铁质木质组成的件数说，都和我国近代农村所用最好的畜力犁差不多了，但是据近年来的实际调查，仍有些地方用人力拉犁，而且有些地方的犁仍是只用木制，结构上也极为原始。又如水力加工机械，我国在西汉晚年就早有了水碓，自晋代开始，水磨、水碾更为发达，但是在《顾亭林文集》里边，与潘次耕书上说："……雁门之北，五台之东，应募开垦。……彼地有水而不能用。当事遣人到南方求能造水车、水碾、水磨之人。"可知在山西五台一带的水碾、水磨等加工机械是到清代初年才介绍去的。距发明的年代差不多落后一千三四百年。筒车在唐代已有记载，在元代王祯《农书》上连图都很清楚地画出来了，可是兰州黄河沿岸用水力自动提水进行灌溉的筒车，据记载说是明代嘉靖年间（公元 1522—1566 年）段续才由福建介绍去的，至少也落后了七八百年。这样某一个地方已发明一种很好的农业机械，往往相差几百年甚至一千多年，别的地方还不知道采用或仿造的情形，在我国过去历史上是相当多的。像王景为庐江太守，就把牛耕介绍到庐江，皇甫隆为敦煌太守，就把耧犁介绍到敦煌和宋代由政府发下踏犁式样，令地方仿制的例子是很少见的。

5. 帝国主义国家侵入我国以后，我国农业机械的情况。自 1840 年鸦片战争以后，紧接着英法联军、甲午之战及八国联军等帝国主义国家对我国的侵略和压迫，我国一部分开明人士为了发愤图强，曾提倡并实行过所谓"新政"，停科举，兴学校。当时一部分外国传教士也曾翻译出版了少数有关农业机械的书籍。后来国家设立新式大学，有的也设置了农科。不久各省也设立了几处农业专门学校，农具学一门也列入课程之内，北京和各地区更设立了一些大大小小的农事试验场，买来了一些外国新式农具。但是结果怎样呢？差不多都成了一种装饰品。不做实验，不想研究，不做比较，根本就不想使用。有时甚至把一件所谓"洋犁"高高地挂在墙上！对于全国绝大多数的农民没有发生任何关系或影响。现在回忆起来，在半封建半殖民地的社会里，没有增加生产的迫切需要，发生这种现象也是无足怪的。

6. 新中国成立以前的几年里边，当时的卖国政府几乎把我国的农业机械事业完全推向殖民地地位。在 1944 年 1 月，贵州企业公司、中国农民银行和当时的伪农林部曾合作办了一个“中国农业机械有限公司”（无疑背后有四大家族的关系）。在抗战胜利以后，这个公司就代表政府向联合国善后救济总署申请补助机器，一面更由中国银行、交通银行、中央信托局及私人经营的兴中机械公司共同参加投资，改组为后来在上海设立的“中国农业机械公司”。又在抗战胜利以后，1945 年 10 月，卖国政府曾向美帝提出农业技术合作的建议，双方同意共同组成所谓“中美农业技术合作团”。由美国团员十人，中国团员十三人组成。1946 年 6 月 27 日开始工作[①]。这个团当然是很支持这一个公司。他们对于这个公司的组织计划是：“在上海设一总厂，各省设十八个分厂，全国各地设小铁工厂三千处[②]。”这一个计划实质上是美帝国主义要对我国作全面经济侵略，置我国于殖民地地位的一个方面！这样推断更可由下列事实加以说明：第一，当时美帝代我国培养的高级农业机械人才，只准他们学习一般的使用和维修的知识，甚至使他们利用假期练习怎样做推销工作；但是不允许他们学习制造各种农业机械的专门技术。第二，当时美帝供给上海总厂的机械，极少是专门为制造各种农业机械用的。所以我们有理由推断它们的真正目的是：在上海的总厂要成为美帝在中国的农业机械装配总厂（特别是美国万国农具公司的），在各省的十八个大分厂将为它们做小装配和大修理的工作，在全国各地的三千个小铁工厂将为它们做小修理和推销的工作，以达到美帝全面在农业机械方面对我国作经济侵略的目的。如果卖国政府不被打倒，则我国农业机械事业早已完全陷于殖民地的地位。这是我国几千年以来，农业机械事业最危险的一段时期。

7. 新中国成立以后，我国农业机械事业的蓬勃发展。自新中国成立以后，不但把完全走向殖民地的危险彻底加以肃清，同时由于领导上的重视，社会制度的优越性，合作社及人民公社组织下的土地集体经营，以及全国劳动人民积极性的高涨等，我国的农业机械事业有了空前的发展。1949 年 4 月，就在北京东郊设立华北农业机械总厂，随后，沈阳西安等处也相继设立农业机械厂。

---

① 《改进中国农业之途经》,《中美农业技术合作团报告书》绪言，商务印书馆出版，1947 年 8 月。
② 《中美农业技术合作团报告书》，25 页，上海，商务印书馆，1947 年。

1951年2月，中央农业部召开第一次全国农具会议。不久，全国各地又设立了若干处有关农业机械的工厂。为了培养必要的人才，在北京和各重要城市相继设立了若干处有关农业机械的学院和科系。同时并在全国各重要城市设置了几处水平较高的农业机械研究机构。到1958年5月，在北京举办全国农具展览会。展出的成品共分：综合；耕作机械；水利排灌机械；交通运输机械；加工机械；畜牧机械；经济作物机械；农林机械和动力机械等几大类。事后，由中央农业部加以整理编订，出版了《农具图谱》四巨册。编入的共计有三千五百多件，其中百分之五十八，即两千零几十件，是在新中国成立后几年中群众改革创造的新农具。短短几年的发展，即大大超过了历史上的几千年！1960年，国务院更设置了农业机械部，专门领导全国的农业机械事业，相信今后我国在这方面的成就，一定会比过去更加伟大。这又一次很清楚地证明，社会制度的优越性和集体经营农业的迫切需要，足以促进农业机械的蓬勃发展。

我写《中国机械工程发明史》的时候，曾表示过我的感想；现在我写完《中国古代农业机械发明史》以后，也有同样的感想，就是："光荣的历史和伟大的将来！"

（《中国古代农业机械发明史》，科学出版社出版，1963年6月第一次印刷）

7. 我为什么加入中国共产党

我今年已经六十五岁了。早年曾加入过同盟会，参加过辛亥革命。自从一九一八年大学毕业以后，一直在工程教育界服务，到现在已经有三十七年的历史。这中间除在北洋大学担任过四年的行政工作外，其余的时间多是教书，单在清华大学就教了二十年。直到一九五二年，才又担任学校行政工作。

在二十多年以前，我也曾抱过"教育救国"和"工业救国"的幻想；但是，事实证明，不能实现，使我非常灰心。所以在新中国成立以前，有相当长的一段时期，我是不问政治的，甚至连任何行政工作都不愿意参加。在一九四七年，我五十七岁的时候，自己还这样盘算过，也公开向朋友讲过："我剩下的一段时间，顶多再教十年书，再写五本书，就算尽了我一生的责任了！”那时认为业务和政治是可以分开的。我认为人的性格，各有不同。有少数特别聪明的人，对于搞政治和搞学问可能都好；但是有的就宜于搞政治不宜于搞学问，有的就宜于搞学问不宜于搞政治，如果弄得不得当，就会成绩很差，甚至毫无成就。我当时主要的目的就只是想说明：“宜于搞学问的人最好不参加政治！”

新中国成立以后，在各方面受到党的教育，思想上逐渐有了转变。

新中国成立后的第一年，即一九四九年，我参加了当时农业部关于水车问题的座谈会。部里提出要在一九五〇年推广十万辆水车，为华北人民解决春旱问题。这是第一次使我感到人民政府的伟大。一九五〇年初，我第一次参加河北省人民政府委员会，那次主要的议题是全省河防水利问题和生产救灾问题。所有这些真正为人民兴利除害的问题，都是过去自己常常梦想，但是当时反动政府决不肯花力量去做的。这使我明确地认识到：中国共产党所领导的人民政府和过去的反动政府有本质上的不同，它是言行一致的，它的一切计划和措施都是为人民的。由于这些事实，我对中国共产党发生了很高的信仰。

一九五二年春季，学校进行思想改造运动的时候，大家把我过去“只重视个人的事业（如埋头教书写书），对人民的事业不够热心”的缺点作了彻底的批判，使我开始认识到自己过去的不正确的思想，衷心接受了大家的意见。后来，在全系总结会上，我曾说过：“……我虽说是老了一些，但是我决心要一步不停地向着共产主义迈进！”

一九五三年三月五日，人类伟大的导师斯大林逝世的那天，我受到很深的感动，觉着这样一位为全人类谋幸福的领导者，竟不幸逝世，真是全世界无法估计、无法补偿的损失！在得到确实消息的时候，我们正在学校的大礼堂开教学研究会，当时竟使我难过得落了泪，从内心里感到异常的悲痛。一转念间，便发生了决心加入共产党的情绪，觉得我应当加入这样一个为全人类谋幸福的队伍，把我所余下的全部力量，贡献给共产主义事业——人类历史上最伟大的事业。

但是自己经常也感觉到自己过去的旧习惯，旧思想，还没有完全去尽，怕不够共产党员的条件。后来，一方面经常参加政治理论的学习，一方面不断旁听党课，政治觉悟继续有些提高，更觉着：我的旧习惯，旧思想残余，如果在党的组织生活里边，由同志们多帮助我，一定会改得快一些。直到一九五四年三月五日，斯大林逝世一周年的那一天，一年以前的情绪又行发生，所以就毅然决然地向学校党委会提出申请入党。

后来，在党的教育和关怀之下，一方面继续加强政治学习，一方面亲身在校内校外参加实际工作，使我对自己思想上所存在的一些问题有了更进一步的认识。

在对待业务和政治的关系这个问题上，由于几年来我在实际工作中多次的体会，使我认识到任何业务不但不能脱离政治，而且必须由马克思主义的政治思想指导才能搞好。拿学校的工作来说，我已深深地体会到：不仅是学校的教学改革工作，就是任何单位的行政工作，都是必须把政治思想工作搞好，才能有比较好的成绩。清华大学的教学改革工作所以能在相当艰难的情况之下稳步前进，都是同党的正确领导和大多数教师政治觉悟的提高分不开的。所以深入地学习政治理论，努力提高自己的政治觉悟，对于我们任何人都是头等重要的事情。它不是过去我们一般所说的政治，它是指导我们一切思想和行动的普遍真理。因此，无论是研究学问也好，进行工作也好，都绝不能脱离政治。这样就把我过去多年对于业务和政治的关系的错误看法彻底纠正了。

在对于“民主自由”这个问题上，过去自己也有一些不正确的思想。一九五〇年我第一次参加河北省各界人民代表会议的时候，河北省工会向大会献了一面大旗，上面写着“巩固人民民主专政”八个字。这本来是很好的。因为当时我的政治思想水平还很差，所以就想：只用“巩固人民民主”多好，何必要“专政”两个字呢？当时在我的思想里，认为任何“专政”都是不大好的。记得在五四运动的时候，林纾曾给蔡元培写过一封信，责备他不应该放任一部分教师提倡白话文和新思想。蔡元培回信的大意说：他为北京大学延聘教师是采“兼容并包”主义，就是说，只要教师对于所担任的课程能够胜任就行，不管他抱着什么思想。思想很新的，如陈独秀等，他固然容许他们在校；思想很旧的，如辜鸿铭（当时还带着小辫子，主张宣统复辟，赞成妇女缠足），他也允许他在校。他这种说法，当时很得到不少教育界人士的赞成。我当时也是赞成者之一。在新中国成立以后的几年当中，我对“民主自由”的问题曾认真地加以思索和比较，并用亲身经历的伟大事实加以证明，使我对这个问题有了一定的正确的认识。所谓亲身经历的伟大事实，最重要的一个例子是中华人民共和国宪法制定的过程。当一九五四年三月宪法草案初稿提出来以后，宪法起草委员会从北京和全国各大城市组织了各民主党派、各人民团体和社会各方面的代表人物共八千多人，分组讨论了两个多月，修改的地方很多。六月十四日，中央人民政府委员会又把修改后的草案公布，交给全国人民讨论。在刘少奇同志的报告里说：全国参加讨论的有一亿五千多万人。收到所提意见以后，对草案作了许多修改，才制定成九月九日的最后草案，在开全国人民代表大会第一次会议的时候，全国人民代表大会的代表们又作了讨论，在九月二十日正式通过。资本主义国家的政客们，以为我们在大会上只讨论了几天，一点没有争论，更没有打架，就全体一致地通过了宪法，认为一定是不民主。他们不知道我们是全国人民能参加的都参加了讨论。第二个重要的例子是我国发展国民经济第一个五年计划制订的经过。大家都知道，我国第一个五年计划的草案是经过几年的时间和不少专家多次反复的研究讨论制订的。今年七月初，全国人民代表大会第二次会议开会以后，又分组详细深入地加以讨论。据我所知道的，根据各小组所提的意见，又修改了三百多处。最近颁布的农业生产合作社示范章程草案，又是一个很好的例子，在发表以前也经过各方面的反复的研究和广泛的讨论。由于这些事实，使我看见了新中国的人民所享有的真正的民主自由的实质。这样的民主自由，是任何资本主义国家里的人民所绝对不可能享有的。因此，对革命的敌人需要实行专政这一点，也使我有了明确的认识。我们的政府既然是人民的政府，人民是我们国家的真正的主人，如果有人反对这样的政府，破坏我们的国家，他就是和全国人民为敌，他就是真正犯了罪恶，那还不应该对他实行专政吗？

以上所说的是我在新中国成立以前相当长的时期的思想情况，新中国成立以后六年多以来，在党的教育和关怀之下，思想转变的情况。直到最近，我已经明确地认识到中国共产党是根据科学的真理，社会发展规律，来领导人民，排除一切障碍，向着全人类永久和平幸福的目标前进的部队。任何一个决心献身于真理的人，都会毫不迟疑地争取加入这样一个队伍，尽他应尽的力量。我本着这样的认识，这样的决心，请求学校党委会对我的申请加以讨论审核。结果，在伟大的十月社会主义革命三十八周年纪念日那个好日子，党的支部大会经过讨论通过，接受我入了党。

在入党大会上，最使我感动的是党员同志和参加大会的学校领导干部们对我亲切的握手和祝贺。从入党的第二天起，我就不断地接到许多人给我拍来的贺电和寄来的贺信。在给我拍贺电、寄贺信的人们当中，有教育工作者，科学工作者，其中有许多是我的学生，还有我的一位七十多岁的老师，在辛亥革命以前介绍我入同盟会的苏少衡先生，他也由西安给我寄来了贺信。他们一方面祝贺我，给我许多鼓励，一方面表示要坚决和我走同一的道路——争取入党。这一切都使我感到无限的兴奋和温暖。

我愿意利用这个机会，向我所敬爱的全国教育工作者、科学工作者和正在其他各方面的实际工作岗位上的同志们致意，因为我相信在他们中间一定有不少是经历过同我类似的历史和曾抱过同我类似的思想的人。让我们紧紧地团结在党的周围，一同进步，一同携起手来，向着共产主义的光明大道迈进吧！

（《人民日报》，1955 年 12 月 4 日第 3 版）

8. 清华大学五十年

清华大学建立在 1911 年。到今年恰恰是五十周年。这五十年学校的历史，反映了我国过去五十年的政治斗争史。它的教学制度、教学方法和学风，也反映了我国过去五十年的教育发展史。在新中国成立以前的三十八年里边，前八年是完全处在美帝国主义文化侵略的控制之下。自 1919 年五四运动起，同学们才开始关心政治。1926 年党的第一个支部在学校成立，在党的领导下，就有越来越多的同学提高了觉悟，团结起来，对帝国主义和封建军阀国民党反动派的压迫作坚决的斗争。参加了有名的“一二·九”“一二·一”这两次震动全国的学生运动。直到新中国成立前夕，清华同学一直有着光荣的革命传统。新中国成立以后的十二年里边，主要是在党的领导下越来越深入地由无产阶级政治思想领导与资产阶级政治思想作斗争的历史。斗争逐步胜利，学校各方面的工作也就随着逐步前进。

在新中国成立以前的三十八年中，前十四年是留美预备学校。后二十四年，逐步发展为有文、法、理、工、农五个学院的资产阶级的综合性大学。并曾一度附设国学研究院和若干理工科的研究所。在抗日以前，它在教学质量方面和科学研究方面，虽说在当时国内外的大学中也达到了相当的水平，但是从本质上看，它的半殖民地的色彩还是非常的浓厚，师生们存在着比较严重的亲美、崇美思想。如绝大多数的课程仍是采用美国的教科书，科学研究的论文多用英文发表，学生和青年教师学习的目标也多以能得到出洋留学为最高的理想等。一直到全国新中国成立以后，清华大学才获得了新的生命，走上新的正确发展道路，逐渐成长为社会主义大学。

在新中国成立以后的十二年中，开始三年，主要是改造师生员工的政治思想，洗刷过去多年来亲美崇美恐美的殖民地思想。1952 年，经过院系调整以后，清华大学成为为祖国社会主义工业建设培养必需的大量的优秀干部的多科性工业大学。结合中国实际向苏联学了许多宝贵经验。这样才改变了过去三十多年来抄袭美帝国主义的一套。由 1953 年到 1960 年，苏联、德意志民主共和国、捷克、波兰等六十多位专家帮助我们进行教学和科学研究工作，他们热诚无私的帮助，对我校各方面的工作都起了很大的作用。在这样的基础上，清华大学坚决贯彻执行了党的“教育为无产阶级政治服务，教育与生产劳动相结合”的方针，初步形成以教学为中心，生产和科学研究的三联合基地。现在又提出了向共产主义大学的伟大目标前进。

从时间上看，三十八年与十二年之比是两倍多，但是十二年间的进展，无论从学校发展的规模上看，或是从教学质量和科学研究的水平上看，都远远胜过了新中国成立以前的三十八年。

现在清华大学是有十二个系、三十八个专业的多科性工业大学。它包括尖端科学技术的最新专业。现在全校学生是一万多人，为新中国成立前1948年旧清华工学院学生人数最高年份的10.8倍。全校教师有1823人，为1948年旧清华工学院教师人数的10.4倍。十二年来，新清华毕业学生9826人，为新中国成立前旧清华三十八年毕业学生总数的3.7倍。其中工科毕业学生8980人，相当于旧清华工学院毕业学生总数的13倍。十二年来，学校的经费和物质建设都有巨大的增长。新中国成立后，学校的新建筑群不断出现。现在的总面积为旧清华三十八年的建筑面积的3.34倍。实验室已有98个，为新中国成立前13个的7.6倍。图书仪器设备等，也都有很大的发展。

除了上面这些数字清楚地反映了新清华和旧清华在发展规模上的对比之外，更值得提出的是，在贯彻执行了党的教育方针以后，教学质量上的提高和科学研究上的发展。一些过去为研究生才能学到甚至还学不到的课程，今天同学们都学到了。现在各专业所作的科学研究和毕业设计，绝大多数都是结合国家工农业建设的需要，“真刀真枪”地进行。所以毕业生离校后多能担负起比较实际的任务。

此外使我感到更根本更重要的一方面，就是在党的亲切教育和培养之下，在许多老年教师和青年教师的辛勤指导之下，成千成万的青年同学们自觉地提高政治觉悟，刻苦学习，锻炼身体。他们都在按照毛主席指示的“身体好，学习好，工作好”地生活着。努力把自己锻炼成为“有社会主义觉悟有文化的劳动者”。

当每年一届新的毕业生走向生活的前夕，我们总是祝贺和勉励他们成为党和人民最忠诚的、全心全意为人民服务的‘又红又专’的好干部。他们没有辜负党和人民的期望。在我们时刻获悉来自祖国四面八方，宏伟的社会主义建设各条战线上的捷报的同时，其中也经常带来本校的毕业生们在自己工作岗位上取得进步和成就的喜讯。这些报告和信件，有的是他们工作单位特别寄来的，有的是他们自己写来的。譬如以水利系 1958 年毕业的一个班作统计，其中就有 40% 位同学获得了“红旗突击手”“五好青年”等光荣称号。还有一些毕业生被选拔，参加了自己工作所在单位、地区的群英会，或者出席全国的群英会。

在贯彻执行党的教育方针之后，广大师生员工参加了生产劳动，思想觉悟有了很大的提高。知识分子根深蒂固的轻视劳动和轻视劳动人民的贵族思想、几千年来劳心与劳力分离的旧传统开始被人们唾弃了。他们逐步有了与亿万劳动人民同呼吸、共命运的感情。水利系同学们的理想是“拦住幸福黄金水，洗尽人民万代穷”，土木建筑系同学们的理想是“盖得广厦千万间，亿万人民尽欢颜”。特别是在学习和劳动中，他们既能做设计、写论文，又能亲手参加制造、兴建。有些同学在毕业前夕已经达到了四级工或五级工的水平。从思想到言行，都开始与工人融为一体了。老工人称赞他们：“又红又专、能文能武、能说能干的好学生、好工人”。从他们的身上，进一步体现了理论与实际结合、政治与业务结合、脑力劳动与体力劳动结合的特点。使我们看到了知识分子劳动化的雏形，真是朝气勃勃、共产主义一代的新人正在迅速成长。

这一切的一切，都是党的正确领导的胜利，都是党的总路线和教育方针的胜利。

不过，因为学校各方面都发展得很快，许多新的工作对我们来说都是生疏的，都是在摸索着前进，所以一定难免有一些不够完善的地方。我衷心地希望全校师生员工们在党最近提出的“调整、巩固、充实、提高”的方针下，进一步团结起来，总结经验，共同努力，向着共产主义的清华大学前进！

（《新清华》1961 年 4 月 29 日星期六 2 版）

9. 清华大学第一次科学讨论会总结（1956 年）①

清华大学在 4 月 22—28 日举行了第一次全校科学讨论会。会上共提出科学报告和论文 132 篇，其中本校教师的有 117 篇，校外企业部门 14 篇，苏联专家 1 篇。报告中属于专题研究性的共 65 篇，属于综述或读书报告、实验报告的共 65 篇，其他性质两篇。本校报告中由教授、副教授提出的共 48 篇，讲师 35 篇，助教 24 篇，研究生 9 篇，还有学生科学小组 1 篇。科学讨论会分成 10 个分组举行，共开了 37 次讨论会。参加第一次科学讨论会的，除了本校教师、研究生外，还有兄弟学校、科学院、中央机关和企业部门的同志共计 1800 余人。高等教育部副部长黄松龄、曾昭抡同志也到会指导。全校苏联专家都参加指导了会议准备工作，并由萨洛夫专家在大会上作了"苏联高等学校的科学研究工作"的报告。在举行科学讨论会的同时，还举办了科学工作展览会，展出了教师研究工作中制造的仪器设备和教师的科学论文。

这次科学讨论会对全校的科学研究工作起了很大的推动作用；并充分反映了本校在教学改革基础上开展科学研究工作的特点。这次会议主要有以下四点收获：

一、检验了教学改革以来的科学研究工作成绩，用事实肯定了本校教学改革的步骤是正确的，并指出了今后进一步开展科学研究工作的正确方向。

这次讨论会上本校的 117 篇报告，比较突出地反映出三个特点：第一，科学研究工作密切结合生产实际和结合教学工作，绝大部分专题都是有实际生产价值的，其中 13 个还是与产业部门合作进行的，例如竹材研究、汽车行驶速度研究、水轮发电机的特性试验、引黄济卫灌溉工程等。另一方面，许多研究工作的结果可以直接用于提高讲课、设计和实验质量，例如他激振荡器的计算方法、重力坝和空心坝的应力分析等。第二，多数研究工作是在教学改革以后

---

① 1956 年 4 月 22—28 日，清华大学举行第一次科学讨论会。参加会议的有全体教师、研究生、进修教师，还有中国科学院、产业部门、兄弟学校的来宾 1800 多人。蒋南翔校长致开幕词，高教部副部长黄松龄、曾昭抡讲话。4 月 28 日闭幕式上，刘仙洲副校长致闭幕词（科学讨论会总结）。

才掌握的新专业，例如在过去学校中从来没有的焊接、自动调节、电视、电器、施工机械化等专业中进行的，而且都是在教学改革后新建立的实验室中完成的。第三，开展的面比较广，科学研究的队伍已经扩大。参加报告的教研组占总数 90%；在老教师的指导下，青年教师提出的报告占全部报告的 65%，而很多人反映对他们报告的水平还比较满意，例如材料力学教研组助教杨报昌作了“空心坝的应力计算及实验”的报告，董亚民作了“重力坝应力分析的位移法及实验”的报告，他们都是 1952 年由二年级学生中抽调出来的助教，在杜庆华教授指导下进行了上述研究工作，得到比较满意的结果。

这次提出的科学论文的水平，虽然总的说来并不算高，但已有十余项研究具有比较大的经济价值或较高的学术水平，得到到会的企业部门、外校同志和本校教师的重视：例如吴柳生教授领导的竹材研究工作，钟士模教授和童诗白、郑维敏副教授进行的脉冲调节器研究，章名涛教授领导的水轮发电机试验研究，庄前鼎教授的中国煤的分类研究，吴仲华教授的燃气的热力性质，宋镜瀛教授的汽车行驶速度研究，常迵教授的他激振荡器设计，王遵明教授的球墨铸铁研究，杜庆华教授领导的重力坝应力分析等研究工作等。此外，青年教师所完成的工作中，也有一些比较好的，例如讲师潘际銮的学位论文工作“杜拉铝在小功率设备上点焊问题研究”，得到了较满意的实验结果，并进行了理论上的分析，表现出已初步具有独立研究的能力；讲师谷兆琪进行的“引黄济卫进水闸设计”，研究生张连弟进行的“自动焊药研究”等，都已由产业部门采用，收到了实际效果。另外一些青年讲师和助教在实验室中进行的工作，例如助教伦景光报告的“在汽车拖拉机试验中采用电测量方法”也引起听众的很大兴趣。如果考虑到上面这些工作，多数是在去年暑假做完毕业设计后不久才开始进行的，而且本年度建立实验室和准备五年制课程的教学任务还很重，能够在短期内取得这些成绩，应该说，全校的科学研究工作已经有了一个良好的开始。

从以上的事实中，可以说明两个问题：第一，本校过去三年中首先集中力量初步完成教学改革的步骤是正确的。这样才奠定了基础，使科学研究工作能在短期内沿着正确的方向有了较广泛的开展，并获得一定的成绩，而且这样也才有可能在占本校过半数的新专业方向上开展了科学研究工作。第二，学校的科学研究工作要密切结合生产实践，并与提高教学质量、提高教师水平相结合，这是取得初步成绩和继续开展今后工作的基本保证；因此在今后要继续贯彻执行这一工作方针。

二、这次科学讨论会鼓舞了教师进行科学研究工作的信心，吸引了更多的青年教师参加科学研究工作。

由于在科学讨论会上肯定了成绩，教师们都感到很兴奋，特别是青年教师都是第一次作科学报告，尤其得到很大鼓舞。而另一方面，这次企业部门和兄弟学校对我校讨论会非常重视并提出很多要求，也使本校教师加重了责任感。青年教师参加了科学讨论会后，就打破了过去认为科学研究高不可攀的思想，有些助教反映：像这样的研究工作，我也有能力参加。科学研究工作开展得不够的教研组，也注意了听取别组的经验，准备改进工作。

三、检查了科学研究工作中的缺点和问题，推动了今后工作的改进。通过科学讨论会和会议前的准备过程，特别是通过讨论会的最后几天，多数分组研究了本系、组科学研究工作的情况，进行了总结，就发现了目前工作中存在着不少缺点和问题，例如：全校对科学研究工作的领导不强；规划工作亟待具体化；在对待科学研究工作的态度上有某些急于求成、患得患失等表现；学术讨论和批评与自我批评的风气还不很开展；许多科学研究的水平不高，新的理论和实验技术还不掌握，进行研究的方法也待改进；各教研组科学研究工作的开展还很不平衡，有些教研组教师参加科学工作还不够普遍，没有运用适当的方式广泛吸引青年教师参加到科学工作中来；与中国科学院、企业部门以及兄弟学校合作还不是很有计划地进行，而本校各教研组间互助合作也很不够；进行科学研究的条件，如工作时间、辅助人员、物资设备、图书资料等，还没有得到足够的保证等。许多系对以上缺点提出了改进工作的措施；科学讨论会在闭幕大会上并针对这些方面作出进一步开展科学研究工作的决议。

四、加强了与企业部门、兄弟学校的联系。这次讨论会来校的有 180 余单位，包括的面很广。从科学讨论会中校外的同志更加了解学校研究工作情况，我们也更了解校外的要求，可以为今后进一步合作打下基础。

这次科学讨论会本身的缺点是很多的，特别反映在两方面。

第一，会议的准备工作不充分：一方面题目确定太晚，资料印发和邀请、评阅等工作都不及时，资料的印刷质量也差，使到会听众不能事先研究提出的论文或报告，因而不能准备更多的批评意见。另一方面，各分会虽然事先选择了报告的题目，但也没有充分时间研究报告的内容和报告的方式，以致主持会议的同志难于掌握会场，并且有些教师在报告时重点不明确，甚至采用讲课方式，时间超过很多而效果反而不好。

第二，会议的领导不够，讨论进行得不充分。由于全校缺乏经验，对于会议进行的思想和业务上的领导是不够的。事先没有充分研究如何进行讨论的问题，以致各分组每次会议安排报告太多，没有讨论的时间；加以在开展学术讨论中还存在着不愿当面争论等一些顾虑，因此会上发言也不踊跃。各分组会除了个别的以外，多数都讨论得不够好，讨论会还没有起到应有的效果。在各分组会上进行的总结也由于全校事先并没有明确要求，因而缺乏准备，做得很匆忙，总结不够深入。

今后的科学讨论会，要吸取此次经验，提早充分做好准备工作，加强对讨论会的思想上和业务上的领导，更充分开展学术上的批评与自我批评，使它能更好地推动全校科学研究工作前进。

在这次科学讨论会以后，全校的科学研究工作将要在更普遍的范围内开展起来。在大会决议中提出的各个方面，都是很重要的问题，需要在今后工作中加以注意，而目前要解决的各项问题中，以下几点是特别迫切的。

一、要根据国家总的科学规划，做好全校及教研组的规划，以便有计划地、长期地进行系统的科学研究工作，做到真正在某一科学方向上钻深、钻透，改变在开始阶段科学研究工作比较无计划的现象。前一阶段各组已提出了科学方向，但范围还比较大，难以据以拟订具体计划。现在全国科学规划即将完成，各项中心问题与具体措施都将确定。本校应根据全国规划中所指定的任务，重新做好规划，并订出较长远的具体计划。虽然并不要求同一教研组的教师都去做一个中心问题，但集中教研组较多的人力，坚持长期地进行钻研某一中心问题，是非常必要的。

二、要继续贯彻执行科学研究工作结合提高教学质量和提高教师水平的方针。目前全校已经完成初步教学改革，今后进一步提高教学质量要将取决于全校教师科学水平的提高，而许多新专业的建立也要通过带有科学研究性质的整理资料和建立实验室等工作才能完成，科学研究工作已经成为学校发展的关键问题。当然，学校科学研究的目的之一也是为了教学工作，而教学法工作仍然是学校经常要重视的一项任务，因此，今后仍应防止忽视教学的偏向。从这次科学讨论会中可以看出有些系和教研组，如无线电系等，已经注意把备课、准备新实验和设计中的专题和科学研究有机地结合起来，这样就使更多的教师能经常进行科学研究工作，各系、教研组在今后制订工作计划时，都要更善于把这两方面结合起来，才能把工作做好。

三、要加强与企业部门、科学院和兄弟学校的合作，进一步贯彻理论联系实际的方针。今后学校与企业部门和科学院的联系，根据国家科学规划，不仅要求按照具体研究题目，订立合同，互相配合地进行，而且要求在比较长远的研究计划和人力、物力的发展计划上，取得配合，互相合作。学校成立科学研究室和学校及企业部门、科学院工作人员互相支持的问题，也是值得特别注意的。由于我校是多科性工学院，联系范围较广，除了全校要进行这一工作外，各系目前即应主动积极地经常开展对外联系工作。兄弟学校在科学研究工作上有很多优点和经验，应该向他们学习，并加强科学情报的工作。

四、加强对科学研究工作的领导。首先全校的科学研究领导机构要加强，具体方案已送高教部请求批准。学校每学期应在校委会上至少讨论一次科学研究工作的问题。在全校的科学研究机构中，要扩大并改进现有的制造工厂，逐步做到能及时地供应研究工作所必要的许多仪器。同时，要加强本校各系及各教研组间的相互联系合作。科学研究题目往往是综合性的，即使在某一专业范围内问题的解决也要牵涉到各种其他专业或基础理论的问题，再加上目前青年教师较多，业务基础较仄，因此加强各教研组及各系之间的联系合作，已经成为保证科学研究工作顺利进行的必要条件。过去我校这方面情况并不是很好的，在合作订计划时、争取业务上的辅导以及在人员设备上互相支援有时还遇到一些障碍。今后要加强对综合性研究题目的领导（可以成立专门组织），订立答疑、公开举行小型科学报告会等制度，提倡互助合作的风气。今后还应加强思想领导，注意及时克服不正确的思想作风，解除思想顾虑。目前科学研究开展不久，比较普遍地出现两种问题：一种是部分教师认为自己选的题目没有把握，怕所做的工作水平不够高，不愿意订入教研组计划，不愿意公开讨论，因而失去了教研组集体的支持与帮助，这是对目前科学研究工作有妨碍的。需要提倡实事求是的精神，解除思想顾虑，采用一面工作一面累积经验的办法，更勇敢地前进。另一方面，青年教师中也有些热情很高、急于求成、不是循序渐进的表现。目前在本校普遍开展科学研究是有许多困难的。例如，在许多新专业方面不仅本校指导力量缺乏，校外也难以争取到；因此目前开始做副博士论文工作的教师就发生比较大的困难，甚至影响工作信心。这一问题的解决，固然一方面要争取加强指导，另一方面也要强调科学研究工作本身主要是要靠独立工作，不能过分依赖领导教师，目前主要是提倡踏踏实实做工作，不要只想向副博士进军，而要向科学进军，从科学研究的基础步骤做起，在科学研究工作基础上开始副博士论文工作，这样循序渐进，才能收到效果。

五、交流与推广好的经验，采取有效的方式，吸引更多青年教师参加科学工作。目前各系和教研组科学研究工作开展得很不平衡。除了业务性质、设备条件、工作负担等客观原因外，没有交流与推广好的经验、没有广泛采取切实可行的步骤来广泛吸引青年教师参加科学研究工作，也是很主要的因素。在这方面有些教研组已经创造了一些好的经验，例如汽车、高压等许多教研组定期进行的学术报告会，如果逐步提高报告水平，鼓励在会上开展学术讨论，就可以成为系及教研组领导推动科学研究的一种重要形式。又如材料力学教研组有计划地吸收青年教师参加教授领导的科学研究工作，并对不同水平的青年教师提出了不同的任务和要求；无线电系有 70% 以上教师结合教学广泛参加科学研究工作；这些经验都可以加以总结和推广。

六、加强系对科学研究工作的领导，指定系主任和秘书一人主要负责领导这一方面工作，并且系务委员会上每学期也至少要讨论一次科学研究工作的问题。

其他如物资设备等问题，在1955—1956年度总结中已经说明，此处不再重复。

总之，从这次科学讨论会的情况看来，在教学改革的基础上，我校有条件也有必要在今后大力开展科学研究工作，这是提高教师水平、提高教学质量的一个关键。全校各行政部门、各系、各教研组和各实验室都要根据第一次科学讨论会的决议，检查工作中存在的问题，订出具体措施，使今后的科学研究工作更加前进一步。

（清华大学档案，全宗号2，目录号校4，案卷号58003）

10. 清华大学1958年科学研究工作的总结（在第三次科学工作讨论会上的报告）[①]

（一）一年来我校在科学研究工作中所取得的主要成就

（1）在改变思想和党的教育方针方面

自去年年底我校举行第二次科学讨论会以后，一年以来，在全国工农业大跃进的形势下，在党的教育方针光辉照耀下，我校整个科学研究工作的面貌已经发生了根本的变化。不仅在数量、质量、速度和规模上，它都大大超过了往年，更重要的是从实际工作中彻底改变了我校科学研究工作的政治方向和做法，极大地鼓舞了我校师生员工向科学进军的信心和干劲。一年前，不少人还把科学研究当作个人求名得利的阶梯，现在则普遍认识到科学研究一定要为社会主义建设服务；一年前，科学研究还是少数人进行的少量工作，现在则是广大教师、学生、职工轰轰烈烈进行的共同事业；一年前，人们还觉得科学研

① 1958年12月29日—1959年1月29日，清华大学举行第三次科学讨论会。第一副校长刘仙洲作“清华大学1958年科学研究工作”报告。教育部部长杨秀峰在会上讲话。

究是高不可攀的事业，现在则是打破迷信，解放思想，敢想敢干，群众中的创造发明不断涌现；一年前，人们还觉得科学论文只是少数专家的“天才杰作”，现在人们已认识到科学论文不过是进行了科学研究及生产实践之后的总结。

回顾我校科学研究工作向前跃进的过程，使我们深刻地体会到：全国工农业生产大跃进的形势，社会主义的政治思想革命及党的教育方针对科学研究工作的巨大推动作用。

全国农业生产大跃进促进了全国工业生产的大跃进，而全国工农业生产大跃进又推动了全国文化科学技术的大跃进。于是全国生产建设波澜壮阔的局面就一浪接一浪地掀起了学校科学研究工作的高潮。工农业生产不断向学校科学研究工作提出新的要求，促使学校科学研究工作加速发展并为它服务，而学校科学研究的成果又能及时地在工农业生产建设中得到应用，并通过生产实践接受严格的考验。同时生产实践又不断丰富研究成果的内容和向它们提出新的要求。如此互相促进，就使学校科学研究工作跳出了过去的小圈子，走上了无限广阔发展的道路。

从去年年底开始，我校先后进行了十多次群众性思想运动，如科学研究两条道路的大辩论，教学两条道路的大辩论，双反，插红旗拔白旗等。在这些运动中，大鸣、大放、大字报、大辩论、全校性大会、小组会、座谈会、报告会、谈心会、讨论会应有尽有，人人都充分发表了自己的意见，搞透了思想，这就为我校科学研究工作的跃进，打下了思想基础。

一年来，我校很多教师和同学都深刻地体会到党的领导、政治挂帅是一切工作获得成功的关键；都体会到集体主义、群众路线是科学研究中贯彻多快好省总路线的重要保证；都体会到劳动实践是知识的源泉，生产是科学发展的基础；批判了鄙视劳动、脱离实际、为个人名利搞科学研究的资产阶级思想，扭转了过去不愿参加劳动，一心想钻入“象牙之塔”的歪风；立志要做一个又是工人，又是工程师，又是科学工作者的共产主义劳动者。

党的教育方针是促进学校科学研究工作大跃进的另一根本因素。自从我校今年二月根据党中央的精神，坚决而尽快地上了学校搞生产劳动的马以后，不仅在校外进行了生产劳动，而且在校内大办工厂，大搞生产劳动。生产工作的开展，又推动了科学研究及教学改革等运动，并且使科学研究、教学改革、生产运动及思想运动等逐步形成一环套一环，一浪高一浪，互相推动，互相促进的新气象，新局面。我校科学研究工作也正是在这种虚实结合，校内外互相促进的条件下获得了大跃进。

（2）在提高科学研究质量和新产品试制方面

就科学研究及新产品试制来说，根据最近的统计，今年我校已完成了 902 项。我们一方面在原子能、无线电电子学、自动控制等新的科学领域内进行了研究工作；另一方面使科学研究和国内工农业大跃进直接结合起来，在校内外大协作之下，在机械制造、动力机械、发电、水利、土建等方面解决了一系列当前经济建设中迫切需要解决的关键性技术问题；支援了钢铁、机械、粮食三个“元帅”和电力、交通两个“先行”。

我校接受国家经济委员会、水利电力部、中共北京市委的委托，在校内 6 个系的师生员工、校外 15 个单位的大力协作下，奋战两个多月，建成了一座容量为 2000 千瓦的燃料综合利用电厂。它为我国各中小城市电力工业的发展及各人民公社很经济地达到电气化创造了一个很好的经验。

又如铸工教研组，根据“以铁代钢、以铸代锻”的方针，大力开展了球墨铸铁的研究工作，将球墨铸铁试用于铁轨、汽轮机主轴及叶轮、混凝土中的铁筋、土铁球墨铸铁刀具等方面，其中球墨铸铁铁轨及汽轮机叶轮等已由国家技术委员会和国家经济委员会在本校分别召开了现场会议。

我国第一台用电子计算器控制的程序控制铣床，在我校机械制造系、电机系、自动控制系和北京第一机床厂的合作下，初步设计试制成功。这种机床是世界上近几年来发展起来的尖端技术。这对我国机械加工全面高度自动化将是一个很好的尝试。

其他如 200 周波交流计算台、射电天文望远镜、电子感应加速器、电子模拟计算机、半导体硅、聚四氟乙烯、高压反应筒、钣极电渣焊、土电器、微型汽车、高标号烧黏土水泥、纸风道、过水土坝、天然铺盖、中小型摄谱仪等已初步试验成功的项目，也都具有一定的经济和科学意义。

以上所说的几项仅是我们完成项目中的一部分，另外，我们还部分完成或正在进行着一些具有重大国民经济意义及较高科学水平的科学研究项目，例如巨型水利枢纽及电力系统，新型发电设备，首都重点建筑工程，徐水人民公社建筑规划、设计及当地建筑材料的研究，旋转深耕犁，以及原子能、无线电电子学、自动控制等方面的许多研究工作。

（3）在科学研究队伍的形成和科学研究条件的改进方面

一年来我校已开始形成一支有战斗力的科学研究队伍。这支队伍，不仅包括教师，而且还包括了同学和职工。我校绝大多数的教师和部分职工投入了科学研究工作的战斗中。通过这些工作的实践，他们不仅在生产知识和科学水平方面大大地丰富和提高了，而且积累了组织及进行科学研究工作的经验。信心大为加强，干劲更加充沛。更主要的是找到了正确的科学研究方向和途径。与过去不同，我校大量同学也积极地参加了科学研究工作，他们在工作中不仅学到了丰富的实际知识及生产技能，还进一步深入地理解了所学的理论知识。过去有些理论知识虽然学过，但往往体会不深或不会应用。今年参加了科学研究工作以后，他们不但能掌握这些理论，而且常常还能提出一些独创性的见解。学生通过科学研究工作，也提高了他们的独立工作能力，不仅学会如何选择任务，搜集资料，深入实际，进行调查、试验、分析及总结等科学研究的工作方法，而且还使他们的眼界大为开阔，思想得到解放，劳动锻炼得到加强，负责精神得到提高，对劳动人民的感情大大增加。这一切都给同学们在未来建设祖国社会主义的工作中打下良好的基础。

学生参加生产劳动的结果，使他们不仅是学生，也是一支劳动大军，同时还是一支科学研究的新生力量。高等学校的这个转变，大大加强了全国的科学研究的力量，为今后科学研究工作的跃进提供了有利的条件。这支科学研究力量还具有它自己的许多特点，首先是一支拥有年长教师、年轻讲助、学生、工人及技术人员等人数众多的科学研究队伍，而且是便于互相配合及协作的一支队伍。

一年来，我校在科学理论、教学质量及学术气氛方面也有了很大的提高和改进，有些科学研究成果已经总结提高到理论的阶段。编写科学论文、技术资料及教学参考书的群众运动已经形成了。到现在为止，我校编写了科学论文、技术资料和教学参考书共计 207 种，这些论著已不是过去某些脱离我国实际东拼西凑的东西，而是经过亲身深入实际进行调查、研究、试验、分析，作出的科学总结。本年的科学研究工作也大大促进了全校的学术气氛，现在在车间里、实验室里、教室里经常看到人们聚集在一起，讨论着科学技术问题，在校内举办或参加校外的科学报告会也更加经常了。

学校大办工厂、大搞生产使我校科学研究的物质条件也得到了改进。过去有不少仪器设备只能依靠校外单位制造或向国内外定购现成产品，现在用自己的劳动来制造，不仅能节约国家的资金及外汇，缩短得到的时间，而且便于设计及制造具有创造性的仪器设备，为试制新产品和进行开创性科学研究工作创造了有利条件。此外，学校所办工厂还起着中间工厂的作用，使科学研究成果更符合于生产的要求。

总之，在我校一年来科学研究工作的实践中，进一步证明了党对科学研究工作的领导是迅速发展我国科学技术事业的根本保证……

（二）一年来我校在科学研究工作中所取得的主要经验

（1）必须坚决贯彻执行党的教育与生产劳动相结合的方针

在去年我校举行第二次科学讨论会的时候，对科学研究工作中存在着两条道路的斗争曾作过深入的辩论。绝大多数的师生员工基本上都有了正确的认识。但是在思想上辩明科学研究工作的两条道路，并不等于在实践过程中就没有问题了。有少数人在辩论中虽然口头上承认，心里却仍有怀疑，甚至个别人还有抵触情绪。

学校在校内外大搞生产、在校内大办工厂，一方面使科学研究工作与国家工农业大跃进获得了密切的联系，大大推动及检验着科学研究工作，并直接为科学研究工作提供了物质条件及基地；另一方面，绝大多数人都亲身投入了这一工作，并通过工作，有效地提高了思想和业务。

在学校开始搞生产的时候，有人说："勤工俭学、大搞生产，在中等技术学校还可以，如果高等学校也搞，就是浪费时间，得不偿失"，"学校里又搞生产又搞学习，一定会降低教学质量及科学水平"。但正是这些自认为"高明"的人，在生产实践面前遇到困难往往束手无策，因而不得不承认自己书本知识的片面性。与此同时，他们的崇拜者和同情者也就不得不重新考虑问题了。以我校今年二、三月间开始搞生产的情况为例，机械制造系个别教师设计的工夹具投入生产后，80% 以上要返修；电机系教电机设计的教授在制造出转速只达到规定转速的一半的电动机时，好久找不出原因来；土木系某些教师在课堂上可以大讲施工，但到了施工现场，有人却连线也不会放，砖也不会砌。事情已经很明显，看得起生产也好，看不起生产也好，不进一步学习是不行了。思想和业务同样都需要进行改造和提高的问题，开始在一些人的头脑里自觉地提出来了。

学校大搞生产、大办工厂的结果，不仅从生产中提供了一些具体的科学研究课题，同时更重要的是因为与企业部门取得了更密切的联系，了解到很多在国家生产中存在的重要科学技术问题，因此也就跳出了"从书本中来，到书本中去"的状态，打开了学校的围墙，使学校科学研究与全国工农业生产结合起来，使人们对待科学研究，在思想认识上和实际行动中，逐步走上为社会主义建设服务和理论联系实际的道路。又因为这些任务都具有重要的国民经济意义，所要解决的问题也比较具体，所以就大大增强了人们研究的责任心和干劲。

学校办工厂还起着另外一个极其重要的作用，那就是它可以分担"中间工厂"的作用，使研究工作可以及时地投入实践中加以试验，并在试验中求得不断改进，最后达到工业生产的要求。这样可以提出比较完整的技术资料，并迅速地推广到工业生产中去，使它及时在生产中发生应有的作用。过去在学校实验室里搞科学研究，即使有少量的产品得到成功，但在投入大量生产时，往往还会发生很多问题。所以在学校里办工厂，有使研究成果更加接近生产实际的好处。

以铸工教研组为例，今年三月间开始接受生产锅驼机上的球墨铸铁曲轴和连杆各四千套任务的时候，有的教师自以为遍读了国内外球墨铸铁的文献，在实验室里也曾做过多次成功的试验，生产这种单拐曲轴有什么困难！但是实践是那样无情，当实际生产时，每天都大出废品！发生球墨铸铁的质量不稳定：铁水温度提不高，球化处理不稳定，工艺方案有缺陷等一系列的问题。摆在平时对熔化、合金、工艺理论讲得头头是道的某些教师和学生面前的是“急需解决的生产任务”，因此就必须认真地解决这些问题，虚心与工人们合作，向生产实践学习。经过师生工人共同努力，苦战一个多月，失败了多次，先后试验过十多种工艺方案，才制造成功，并稳定下来了。在这一基础上接着研究试制比较复杂的汽车和拖拉机上的五种曲轴和凸轮轴，就不太困难了。这个教研组过去在球墨铸铁研究方面曾作过不少努力，而且也获得了一些成果，但由于过去在教研组内不搞生产，其成绩是比较有限的。只有在今年春天开展生产工作后，他们的球墨铸铁科学研究工作才像雨后春笋一样，为球墨铸铁攻下了很多新的应用阵地，如球墨铸铁铁轨、铁筋、汽轮机主轴及叶轮等，都具有重要的国民经济意义及相当高的科学水平。一年以来，铸工教研组的师生工人已完成了 20 项科学研究课题，编写出版了 18 篇科学论文。现在他们尚在继续努力，为土铁利用、全民办电、交通运输等事业进行着大量的科学研究工作。

有些人片面理解党的教育与生产劳动相结合的方针，认为学校大批生产一般产品或把学生调到校外作一般劳动力使用就可以了，很少考虑充分发挥高等学校的特点及长处。这样做，虽然可以完成一些生产任务，但对提高教学质量及开展科学研究工作好处较少。这对高等学校的中心任务是不符合的。而且从长远看，培养不好各种生产战线上的领导干部，对整个国家的生产说，也是不利的。我校因为坚持了生产与教学及科学研究互相结合的原则，既搞了不少一般生产，也进行了大量的科学研究工作，同时在教学工作上也获得了显著的跃进，这样就使学校整个的工作起了深刻的变化。以电机系为例：他们派出了工作队支援邯郸、登封等县的工业建设，还在学校内进行了一般生产，解决了校内外的迫切需要，同时又进行了具有先进水平的交流计算台及电力系统动态模拟的建设工作，为开展超巨型的三峡水电站和电力系统等研究工作初步创造了实验研究的条件。这样就使电机系更充分地发挥了它的潜力，为国家的生产贡献了力量，教学及科学研究工作也得到了提高。根据上面的这些经验，我们认为：学校必须是教学、科学研究和生产的联合基地。只有三者密切结合，才能很好地发挥它应有的作用，并完成它全部的任务。

（2）必须从社会主义建设需要出发来确定科学研究任务

在第二次科学讨论会时，我们已经辩明并进一步体会了党的科学研究方针，那就是说科学研究任务应该根据社会主义建设的需要来决定；理论应该联系实际；科学研究中应该发挥集体力量；科学的评价标准不是抽象的理论的多少，更不是数学公式的有无，而是是否符合社会主义建设的要求，是否符合客观存在的规律。一年来的实践证明党的这些原则具有伟大的指导意义。过去资产阶级知识分子从个人名利及狭隘个人兴趣出发，在书本中绕来绕去，苦于找不到研究题目，或者抓一些无关紧要的问题，进行一些数学游戏之类的理论脱离实际的研究。今年则是广大师生深入了实际，与全国工农业生产有了密切的联系，从实际生产及自己的实践中，遇到了很多需要解决的问题，因而就发生了如何根据学校特点，选择对国民经济有重大意义的研究课题的问题。

一年来，我校选定的科学研究任务，基本上都是服务于“元帅”“先行”与对国民经济建设及国防事业具有重要意义的新技术的研究工作。这些项目不仅为当前社会主义建设所迫切需要，而且有些还具有为生产发展开辟新途径的探索性意义。

在选定任务时，我校对尖端科学技术一直给予了很大的重视。因为尖端科学技术在我国建设事业及国防事业中占着极重要的地位。例如一年多来，在原子能应用、无线电电子技术及三峡水利枢纽等方面，我校就进行了不少工作。另外，尖端科学技术是一般科学技术发展的高级阶段，所以重点抓住尖端科学技术，就可以带动相当广泛的科学技术提高，因为尖端科学技术的新发展，往往就向许多其他科学技术提出新的要求。例如，我校抓住了长江三峡水利枢纽工程和电力系统的研究任务后，水利、电机等系的科学研究及生产工作就有了纲，就有力地带动了这些系的研究工作，我们在安排人力、物力时，也总是把尖端科学技术任务，摆在重要的位置。

在重点抓住尖端的同时，我校也搞了许多一般技术。因为一般技术是尖端技术的基础。离开了一般技术，尖端技术就不容易甚至不能发展。电子计算机控制的程序控制铣床初步试制成功的全部过程，给上述观点作了有力的说明。我校机械制造系过去尝试制造程序控制机床的议论酝酿了一二年之久，但却连一台简易的机床都没有生产出来。实行勤工俭学以后，他们在七月一日献礼以前，先试制出了五台不同类型的机床。在这样一般生产的基础上，积累了经验，就在不到三个月的短短时间内，按期于“十一”胜利地试制成了这一尖端产品。其次，因为尖端技术与一般技术并不是截然无关、机械分开的，它们是相互关联、相互促进的。以工程物理系进行的加速器制造过程为例，如果没有机械制造系及电机系在机械及电机方面的一般技术的支持，就会寸步难行。更不可能在较短的时间内完成试制任务。反过来，如果没有原子能科学的发展，就不能利用同位素进行探伤及土工试验。最后我们还应当认识到一般技术与尖端技术的关系并不是永远不变的，而是可以转化的。如铸工教研组所进行的球墨铸铁工作，原本是一般的科学技术，但当他们完成了球墨铸铁铁轨汽轮机主轴及叶轮等世界创举性的工作以后，球墨铸铁方面的研究工作就进入了尖端科学之列。

在选定科学研究任务时，还有一个“土洋并举”的问题。党的“土洋并举”的方针，应当在学校的生产、教学及科学研究工作中得到充分的反映。有人认为“土就是低级”“土办法就是穷办法，只能济一时之急，不能作长久之计”。这是不正确的。土办法实际上是结合我国具体资源、设备、技术条件，土生土长的办法，往往具有切合我国具体条件的独创性。在开始阶段，某些土办法未免在若干方面表现得简陋一些，但是随着事物的发展，今天简陋的办法，明天也许就会变成完整的办法，所以我校在向科学技术进军的过程中，一方面学习了世界先进技术，一方面也进行了土办法的生产及生产科学研究工作，因为这些土办法符合全民办工业的要求，易于广泛而迅速地推广，所以也具有重要的国民经济意义。

土洋并举当然并不意味着“为土而土”。例如，我校建立的燃料综合利用试验电厂，不仅为全民办电、农村电气化作出了贡献，同时它也取得了一些土洋并举的经验。在这项工作中，先后提出了一百多项技术革新及合理化建议，大大地加快了建厂速度，节约了建厂投资。

在选定科学研究任务时，还应当考虑到学校教学的特点。学校是培养人的场所，学校开展科学研究工作又是提高教学质量的重要手段，所以在选定科学研究任务时，必须考虑到学生通过这些工作所要达到的学习效果，以及学生在参加这些工作时应具备的条件及应参加的时间。一年来，我校已经在这方面积累了一些经验，涌现了不少好的例子。实践证明，只要我们思想明确，就能很好地安排这一工作，而且可以胜利地完成这两方面的任务。

要使科学研究为社会主义建设更好地服务，就要在技术上不断革命，把工作做到能推广的阶段，并不断总结提高到理论的阶段，掌握它们的规律，以便指导实践及接受实践的考验。但要推广及总结，就必须把工作做彻底，做完整。不能把工作停留在初步研究或试验阶段。也不能停留在实验室的小量样品生产阶段。而应该把需要解决的设计、试验、理论、生产、检验等一系列工作进行到能够推广总结的阶段。工作推进到一定阶段时，就应该加以总结，写出科学报告、技术资料或规范、教学参考书或普及册子等。特别重大的还应该举行现场会议，组织参观等工作，以便尽快地使科学研究成果在建设中发生作用，并不断提高。我校在向科学技术进军的过程中，总是朝着这样一个目标前进。现在有些工作已经初步达到了这样的要求。今后我们还应该进一步加强这方面的工作。一年来，我校在领导部门及有关企业单位的领导及协助下，开过五次现场会议，对于促进科学研究工作及推广科学研究成果起了一定的作用。

（3）在科学研究工作中必须坚持党的领导，走群众路线

在第二次科学讨论会时，我们曾就科学研究的集体性及计划性问题进行了讨论。一年来，我们在这方面有了很大的进步。个别人或少数人的力量总是有限的，而研究任务又是繁重而多样的，因此一方面要充分发动群众，大搞群众运动；另一方面也要全面规划及统一领导，根据任务轻重缓急，组织起来，

有计划地发挥集体的智慧和力量。

因为当前的科学研究任务多是国民经济建设中重大与尖端的项目，科学技术水平要求较高，任务又较紧迫，工作中遇到的困难又较多，所以在进行研究时必须将重点项目，组成大兵团作战，有计划、有组织、有步骤地猛攻科学堡垒，以便更快地完成任务。

在组织起来进行科学研究工作的时候，应该实行党组织领导下的教师、学生和工人的三结合。

一年前人们还觉得科学研究工作似乎只能是少数“专家”“教授”能做的事情，青年教师是不能问津的，作为被“加工对象”的学生更摸不上边。但是这几个月的实践已经把这些陈腐的观点彻底粉碎了。在这一阶段的工作中，不但青年教师及高年级学生作出了很多的成绩，而且低年级学生也作出了令人满意的结果。例如，水利系三年级学生在为该系所完成的具有创造性的过水土坝实验中，创造了十多种面板，获得了不少成绩。所以学生、特别是高年级学生，是科学研究的一支重要力量，他们虽然知识及经验还有限，但他们人数众多，而且绝大多数对党的方针政策接受较快，思想束缚较少，勤于动手，干劲很足，在科学研究上，他们常常能够打破框框。所以我校的很多科学研究工作中都吸收了学生参加，有的还是其中的重要骨干。这样做既有利于对他们的培养，又有利于科学研究的开展。

教师是我校科学研究工作中的一支指导力量。大多数年长的教师，一年来先后投入了生产及科学研究工作的群众运动中，并起了良好的作用，有些还起了重要指导作用。实践证明，年长教师的理论知识一旦与实际相结合，个人一旦与群众相结合，就可以在科学技术上发挥更多的作用。在教师队伍中，大多数已经是新中国成立后毕业的年轻教师，他们一般具有与学生一样的特点，而且知识及经验比学生多，很多年轻教师在科学研究工作中起了重要的作用。

高等学校工人及技术人员的数目虽然不多，但是他们在科学研究工作中也起着重要的作用。他们一般思想觉悟较高，有技术，有实际生产经验。所以他们不仅可以制造或指导别人制造出科学研究所需要的重要设备，更重要的是他们还能够在科学研究中提出一些实际可行的办法或者具有启发性的概念，正好弥补了教师和学生缺乏技术及实际经验的缺点。同时，他们还以自己的劳动态度对同学的思想教育起着良好的作用。

我们组织起来后，还要经常进行务虚工作，以便随时明确工作中的方向、方法及指标，另外还有互相启发、互相学习、互相促进的作用。否则就不能及时发现并解决存在的问题，也很难发挥集体的智慧及鼓舞我们的斗志。有人也许认为科学研究工作中开开业务会议及科学报告会还可以，还有什么虚可务？其实不然，例如我校水利系在三家店水库的设计中，泥沙组的成员，开始时不从调查研究入手，而是从创造一个解决一切问题的公式入手，因而钻进了杂志文献堆里。甚至水土保持组的成员搜集了资料给他们送上门去，他们还置之不理，结果是任务没有按期完成。与此同时，水土保持组则作出了较好的成绩。于是一场所谓“泥水之战”（意思是泥沙组与水土保持组之争）的务虚会就开始了。起初人们还觉得这是设计方法的程序问题，但经过整整的三天的辩论后，问题清楚了。原来成名成家的思想又把他们引向资产阶级的科学研究道路上去了！问题弄清楚以后，工作紧跟着也就前进了。在务虚会中，可以帮助我们从现象中发现问题的本质，透过具体技术问题看到政治思想问题，并自觉革命。

在工作过程中，要防止过去只关门查资料做实验的偏向。必须经常深入实际及群众，向实际和广大群众请教，向能人请教，向“外行”请教。水利系今年毕业班 165 个学生，在进行毕业设计及相应的科学研究工作时，为了深入实际，进行调查研究，一共跑了约十八万里路之多。平均每人跑了一千里以上。建筑系和土木系在进行首都重点建筑工程的初步设计竞选中，不仅仔细讨论分析了世界各国最大建筑的优缺点，我国许多建筑物的特点及风格，并且还向建筑工人、钢铁工人、农民以及许多其他方面的“内行”及“外行”请教。实践证明：这种经常务虚、深入实际、向群众请教是科学研究的正确方法。

经验证明：协作是猛攻科学堡垒、多快好省地完成重大科学研究任务的重要因素，同时也是科学研究工作走群众路线、发挥集体作用的一种重要形式。近代科学技术多是几门科学的综合成果。因此，只专长一个部门的工作者，在单独进行科学研究工作时，常常遇到很多困难，而组织协作就可以使困难大大减少。特别是像我校这样的多科性工业大学，组织各系或各专业之间的协作，就更加便利及重要。在重大的科学研究项目中，一年来，各专业教研组之间协作加强了，各公共教研组与各专业教研组的协作大大增多了。这样做，不仅在科学研究工作中作出了成绩，而且在教学质量方面也起了很大推动作用。此外，协作还可以在人力、物力上互通有无，互相支援，因而可以促进任务的加速完成。又组织与校外单位的协作是发挥各自特长的重要手段。在今年的科学研究工作中，有很多事实说明，这种协作是有效地发挥双方人力、物力的良好途径。如我校燃料综合利用电厂，所以能够在短短的两个多月内全面投入生产，正是由于充分发挥了校内外协作的关系。在这一工程任务中，校内在党委领导下，组织了动力、电机、工程化学、土木、建筑、机械等六系师生大协作，校外则在经委和市委的领导下，得到了良乡修造厂等 15 个单位的有力支持。

今年二月份以来，我校也为全国 45 个县（市）150 个单位完成了生产及科学研究任务 400 多项。工作量达 182 万工时。在座的本校同志们一定很清楚地记得：一年以前我校某些实验室之间互不合作“壁垒森严”的情形及其所造成的损失！所以自今年以来，我校在这方面的进步也是很大的。今后还要继续加强这方面的工作。

（三）克服缺点，改进工作，争取明年科学研究工作的更大成就

（1）进一步贯彻科学研究为社会主义建设服务的方针政策

一年来，在党的领导下，经过一系列的思想革命与生产及科学研究的实践，我校科学研究的方向已经基本走上了社会主义的道路。但是在具体工作中还有少数同志没有将这一重要原则的贯彻执行提到足够重视的高度。例如有个别人在选定及评价科学研究时，不是首先根据社会主义建设的需要来考虑，而是对所谓“尖端”的兴趣特别大。对当前有重大国民经济意义的项目不够积极。是的，我们对尖端科学研究是很重视的，但是我们所以对它重视，一方面是因为它对当前国民经济及国防事业具有重大的意义；另一方面又因为它对科学事业的将来具有极为广大的前途。盲目地“为尖端而尖端”的思想，实质上仍是资产阶级“为科学而科学”观点的另一种表现。对这种思想我们必须加以克服。

为了更好地为社会主义建设贡献力量，一年来我校总是按照把科学研究工作做到能够推广及不断总结提高到理论阶段的原则来进行，而且绝大多数的同志也是按照这一要求进行了工作。但是有人认为产品及研究成果作出来就可以了，还要写文章、作总结、组织推广等，费时间多，收获不大，而且还妨碍其他工作。这种看法也是片面的。我们知道，实验室产品与工业产品之间有一个很大的距离，作出产品到总结到理论之间还有一定的过程。所以写文章、作总结，既可巩固和提高已取得的工作成果，又便于推广交流，它的意义是很大的。特别是在高等学校，这种提高到理性认识阶段的总结，对培养干部的工作也具有重大的意义。

另外，将科学研究的成果尽快地编写入教学资料或教科书中，也具有极重要的意义，特别是在结合我国实际的教科书还非常缺乏的今天，这一工作的意义就更加突出。所以我校随着生产及科学研究工作的开展，已经形成了写书之风，并且已经在这方面取得不少成绩。今后我们还应大力开展这方面的工作。

为了更好地为社会主义建设服务，必须做好科学研究的情报及宣传工作，过去我校在这方面的工作做得很不够，今后必须大力加强。

情报工作的重要意义首先在于根据党的科学技术发展方针，及时了解研究科学技术的发展动向和我国经济建设对科学技术的具体要求。其次，在于及时了解与学习国内各厂、矿、企业部门、兄弟学校、科学研究机关的先进经验。另外，我们也要经常注意了解世界各国重大的科学技术动态及成就。宣传工作的重要意义，首先在于及时向党和人民汇报我们的科学研究工作，迅速推广我们已经取得的成果，以便最快地在国民经济中发生作用。其次，在于推动我们总结经验，鼓舞我们的干劲。

在进行科学情报及宣传工作的过程中，必须注意迅速及时、准确及全面的要求；防止草率、空洞及作假报告等不良现象。为此，就须充分发动群众，使科学情报宣传工作变成人人所关心的工作，另外各系也应指定一定的专人负责。

（2）进一步使科学研究工作与教学及生产工作密切结合起来

在高等学校里大力开展科学研究工作是提高教师理论水平和搞好教学工作的重要基础；而学生参加科学研究工作的结果，不仅提高了理论学习的水平，还有效地培养了他们进行开创性工作的能力。同时，科学研究的成果又不断丰富了教学内容。这一论点，已为一年来的实践，进一步用许多生动的事例证实。所以就是从提高教学质量的角度来看，我们也应该积极地开展科学研究工作。

一年来的实践证明，组织学生，尤其是高年级学生，参加科学研究工作，不仅对开展科学研究工作极为有利，而且也是培养高质量学生的一种很好方式。但是学生毕竟还是学生，而不是科学研究专职干部，所以如何结合科学研究工作有效地培养他们是一个需要经常注意的问题。科学研究工作一般分工较细，容易深入一点，但在全面了解方面就可能不够，所以在同学参加科学研究工作的过程中，应该注意抓紧他们的技术讨论及交流工作。必要时还应进行专题讲授，使他们在工作过程中，不仅能够掌握自己所担任的工作，而且还有意识地从培养他们的角度组织他们了解研究工作的其他部分。有时，还应加以轮换。我们不仅要通过具体研究工作，使他们学会如何做，而且还要使他们懂得为什么这样做。那就是说，要使他们既有实践，又学到理论。过去我们曾对资产阶级知识分子只有书本知识、缺乏实际知识的片面性进行过深刻的批判，但是我们一直认为理论是很重要的。我们反对的只是脱离实际和不切合实际的理论。因为理论只有与实际结合并经得起实践的考验后，才是真正的理论，才值得重视。而且也只有与实际结合后，理论才能不断提高。我校许多科学研究工作不仅具有重大的国民经济意义，而且也有较高的科学水平，不正是很好的说明吗？

一年来，我校在进行科学研究工作的过程中，很多同志对学生的培养工作给予了很大的重视，并作出了不少成绩。但也有个别同志对使用学生有兴趣，对培养他们缺乏足够的注意，理由是怕影响科学研究工作。这种理由是站不住脚的。首先学生是来校学习的，所以我们有责任通过科学研究工作把他们培养得更好，而不是专为使用他们的劳动力。其次，不注意培养的结果，必然会使他们的科学理论及科学研究能力停留在一定的水平，因而对科学研究工作也是不利的。另一方面，也有些教师与学生不了解“重点突破带动全面”在学习中的重要意义，因而贪多求快，要求学生对各方面都有所了解，而不肯在科学研究工作中下苦功夫重点深入，以致体会不深。觉得做科学研究工作与全面学习矛盾很大。这当然也是很不正确的。马克思早已讲过“在科学上是没有平坦的大路可走的，只有那在崎岖小路的攀登上不畏劳苦的人，有希望到达光辉的顶点”。希望这些同志能够从这句名言中得到应有的启发。

在工作中必须注意教学、科学研究及生产工作三者密切结合的问题。事实已经一再告诉我们，结合得好，三者就可获得全面跃进；单打一的结果，常常是在各方面都做不好。这些经验很宝贵，我们应该加以很好地总结及提高。此外，在生产工作中应该大力开展技术革新工作，我们应该力争技术革新工作变成学校所办工厂的重要特征之一。

（3）加强组织领导，充分调动一切积极因素

一年来，我校在勤俭办科学方面也有了较多的改进。但是现在还存在着一些缺点。对管理工作重视不够，经济观点不强。例如有些同志在进行工作之前不但没有精打细算，甚至连一些必要的准备工作都没有做好就“上马”了，结果造成不少返工、窝工、报废、使用不当、损坏设备等浪费现象。今后在工作中应该特别珍惜我们仅有的技术力量及物力，把这些有限的人力及物力安排在最需要的地方。

同志们！我校是建立在祖国首都的一个多科性工业大学，既具有一定的人力和设备，又具有多种专业互相配合的优越条件。科学研究工作，对校内说，它对教学和生产都有很大的提高作用，对校外说，更可以与不少的企业部门合作，共同为祖国的社会主义建设事业服务。这一工作的正确地、积极地进行是我校完成祖国交给我们的光荣任务的一个主要方面。我们相信在党的正确领导下，一定能够进一步调动一切积极因素，并多、快、好、省地完成 1959 年的各项科学研究任务。同志们！让我们用更大的成就来迎接伟大祖国的十周年吧！

（《新清华》第 398 期，1959 年 1 月 14 日）